钱曾怡文集

山东大学中文专刊

第五卷

社会科学文献出版社
SOCIAL SCIENCES ACADEMIC PRESS (CHINA)

本卷目录

普通话语音

胶东人怎样学习普通话

山东人学习普通话指南

普通话语音

重 版 说 明

为了帮助中、小学教师和知识青年学习掌握普通话语音知识，现将一九六〇年出版的《普通话语音》修订重版。

这次修订，原书内容和章节未作大的变动，只是改动了一些文字，更换了一些例词。缺点和错误之处，希望读者批评指正。

编　者

一九七五年五月

目　　录

第一章　引　　言

一　什么是语音

　　说话的声音叫做语音。说话是为了表达思想。一个人说话给另外的人听，说的人从嘴里发出声音，从声音里传出来他要说的意思；听的人从耳朵听到声音，从声音里知道了对方的意思。于是，他们便达到了彼此了解的目的。

　　能够运用语言来作为交流思想的工具，这是人类通过劳动从动物界区分出来的重要标志之一。我们说话，就是对于语言这一工具的运用。当然，使用语言并不一定都要从嘴里发出音来，比如思考问题、看书等等。但是我们所思考的内容、在书上所看到的文字，每个字、每句话，也还都是以语音的形式反映在我们的头脑中的。所以说，语言是借语音而存在的，语音是语言的物质基础。

　　语音既是人们表达思想、交流经验的声音，那它就必然包含一定的意义，这是语音和其它任何声音不相同的地方。那么，什么样的声音包含什么样的意义呢？这声音和意义是怎么样结合起来的呢？是专门有人在那儿把声音和意义一个一个地搭配起来的吗？不是的。语音意义和声音的结合，例如：我们叫"桌子"这样东西为"zhuōzi"，而不能叫"yǐzi"（椅子）。

这是社会成员在长期实践过程中约定俗成的，是大家 使 用、共同固定的结果。不是大家承认的声音，个别人想另外造出来是不行的，因为它起不到互相交际和表情达意的作用。语音是社会成员公认的东西，它通行在大家的口头，是社会成员所共有的，这就是语音的社会本质。

专门研究语音的科学叫做语音学，是语言学的一个组成部分，是专从构成语言的声音材料这个方面来研究语 言 的。研究语音学的目的，总的说来，是为了使大家能更好地运用语言这一交际工具。

二　学习普通话语音的意义

既然语音是社会的，人们说话都受到约定俗成的 影 响，那么，为什么我们还要学习普通话语音呢？

先说什么是普通话，什么是普通话语音。普通话就是"以北京语音为标准音，以北方话为基础方言，以典范的现代白话文著作为语法规范"的现代汉民族共同语。普通话语音就是北京语音。北京语音的特点是音系简单，表达力强。在日常生活中，我们跟普通话语音接触的机会是很多的，象广播电台播音员的读音，电影演员说话的语音，字典和课本上的注音，都是用的普通话语音。

伟大领袖毛主席在一九五八年指示我们："一切干部要学普通话。"学习普通话语音是祖国社会主义建设的需要，是进行汉字改革的必要准备。

我国汉民族的语言，是世界上最发达的语言之一。但是，由于历史的原因，汉语存在着比较严重的方言分歧。这种状况给我们的政治、经济和文化生活带来了不便，也是汉字进行根本改革的一大障碍。当然，方言也是交际工具，但它是只为某一地区的人服务的，它受到地区的局限。方言的分歧主要是在语音方面。别说广东、福建等地的话山东人听不懂，就是在山东一个省内，不同地区的语音也还有不少差别。例如：胶东人把"人"、"燃"，"端"、"酸"，"歌"、"何"几个字说得跟"银"、"颜"，"丹"、"三"，"锅"、"活"一样，胶东人说"燃料"，济南人听了，还以为他说的是"颜料"；泗水、滕县人把"书"、"树"、"霜"、"刷"几个字说得跟"夫"、"父"、"方"、"发"一样，他们说"刷牙"，就跟别地方的人说"发芽"一样。又如：诸城人把"东"、"中"、"农"几个字说得跟"登"、"争"、"能"一样，他们把"林"、"邻"说成"len"，等等。这样的方言分歧很容易造成误会，使我们在交流思想时受到一定的影响。

十几年来，在毛主席革命路线指引下，推广普通话工作已取得了很大成绩。这对于促进我国人民的团结，对于亿万工农群众掌握文化，读马列的书，读毛主席的书，起了积极的作用。实践证明，中央制定的推广普通话的方针是完全正确的，今后应当继续努力贯彻执行。因此，我们应当学好普通话语音。

学习和推广普通话语音也是汉字改革的重要条件之一。目前，我们使用的汉字是一种表意文字，字和音没有多大联系。汉字字数多，字形复杂，难认、难写、难记，这就必然要延长识字教育的时间，影响到我国的教育事业和科学文化水平的提高。伟大领袖毛主席早在《新民主主义论》中就指出："文字必须在一定条件下加以改革"。毛主席还进一步指示汉字改革"要走世界文字共同的拼音方向"。要把汉字改革成表音文字，先决条件就是统一语音。各地的人如果各说各的方音，那么，要运用一种统一的拼音文字是根本不可能的。因此，我们学习和推广普通话语音也是为汉字改革铺平道路。

周恩来总理一九五八年一月在《当前文字改革的任务》报告中指出：在我国汉族人民中努力推广普通话"是一项重要的政治任务"。为了更有利于社会主义建设的顺利开展，为了使汉字早日实现拼音化，我们应当很好地完成这个光荣的政治任务。

三　《汉语拼音方案》

《汉语拼音方案》是一九五八年二月十一日在第一届全国人民代表大会第五次会议上被批准的。这个方案经过几次修订和多方面的讨论，是集体智慧的结晶。它的产生是我国人民文化生活中的一件大事，受到广大人民的热烈欢迎。

《汉语拼音方案》并不是用来代替汉字的拼音文字，而是用来为汉字注音和推广普通话的。这个方案简单明确，一共只有二十六个字母，掌握起来比较方便，用它来给汉字注音，就可使汉字容易被人掌握，加快小学的识字教育和成年人扫盲工作的速度。利用《汉语拼音方案》进行识字教育的过程，实际上也就是推广普通话的过程。因为《汉语拼音方案》是根据普通话语音的系统制订出来的，用它来编印的拼音读物和注音字典，可以随时随地告诉大家普通话的读音；既方便又正确，不用每一个字都去请问教师。所以，《汉语拼音方案》是推广普通话的良好工具。

汉语拼音方案

一　字母表

字母：	Aa	Bb	Cc	Dd	Ee	Ff	Gg
名称：	ㄚ	ㄅㄝ	ㄘㄝ	ㄉㄝ	ㄜ	ㄝㄈ	ㄍㄝ

Hh	Ii	Jj	Kk	Ll	Mm	Nn
ㄏㄚ	ㄧ	ㄐㄧㄝ	ㄎㄝ	ㄝㄌ	ㄝㄇ	ㄋㄝ

Oo	Pp	Qq	Rr	Ss	Tt
ㄛ	ㄆㄝ	ㄑㄧㄡ	ㄚㄦ	ㄝㄙ	ㄊㄝ

Uu	Vv	Ww	Xx	Yy	Zz
ㄨ	ㄪㄝ	ㄨㄚ	ㄒㄧ	ㄧㄚ	ㄗㄝ

ⅴ只用来拼写外来语、少数民族语言和方言。

字母的手写体依照拉丁字母的一般书写习惯。

二　声母表

b	p	m	f		d	t	n	l
ㄅ玻	ㄆ坡	ㄇ摸	ㄈ佛		ㄉ得	ㄊ特	ㄋ讷	ㄌ勒

g	k	h		j	q	x
ㄍ哥	ㄎ科	ㄏ喝		ㄐ基	ㄑ欺	ㄒ希

zh	ch	sh	r		z	c	s
ㄓ知	ㄔ蚩	ㄕ诗	ㄖ日		ㄗ资	ㄘ雌	ㄙ思

在给汉字注音的时候，为了使拼式简短，zh ch sh可以省作 ẑ ĉ ŝ。

三 韵母表

	I　衣	u　乌	ü　迂
a　Y　啊	ia　丨Y　呀	ua　ㄨY　蛙	
o　て　喔		uo　ㄨて　窝	
e　さ　鹅	ie　丨せ　耶		üe　ㄩせ　约
ai　ㄞ　哀		uai　ㄨㄞ　歪	
ei　ㄟ　欸		uei　ㄨㄟ　威	
ao　ㄠ　熬	iao　丨ㄠ　腰		
ou　ㄡ　欧	iou　丨ㄡ　忧		
an　ㄢ　安	ian　丨ㄢ　烟	uan　ㄨㄢ　弯	üan　ㄩㄢ　冤
en　ㄣ　恩	in　丨ㄣ　因	uen　ㄨㄣ　温	ün　ㄩㄣ　晕
ang　尢　昂	iang　丨尢　央	uang　ㄨ尢　汪	
eng　ㄥ 亨的韵母	ing　丨ㄥ　英	ueng　ㄨㄥ　翁	
ong　(ㄨㄥ)轰的韵母	iong　ㄩㄥ　雍		

（1）"知、蚩、诗、日、资、雌、思"等七个音节的韵母用ⅰ，即：知、蚩、诗、日、资、雌、思等字拼作 zhi, chi, shi, ri, zi, ci, si。

（2）韵母儿写成 er，用作韵尾的时候写成 r。例如："儿童"拼作 ertong，"花儿"拼作 huar。

（3）韵母ㄝ单用的时候写成 ê。

（4）ⅰ行的韵母，前面没有声母的时候，写成 yi（衣），ya（呀），ye（耶），yao（腰），you（忧），yan（烟），yin（因），yang（央），ying（英），yong（雍）。

　　ｕ行的韵母，前面没有声母的时候，写成 wu（乌），wa（蛙），wo（窝），wai（歪），wei（威），wan（弯），wen（温），wang（汪），weng（翁）。

　　ü行的韵母，前面没有声母的时候，写成 yu（迂），yue（约），yuan（冤），yun（晕）；ü上两点省略。

　　ü行的韵母跟声母 j，q，x 拼的时候，写成 ju（居），qu（区），xu（虚），ü上两点也省略；但是跟声母 n，l 拼的时候，仍然写成 nü（女），lü（吕）。

（5）iou，uei，uen 前面加声母的时候，写成 iu，ui，un。例如 niu（牛），gui（归），lun（论）。

（6）在给汉字注音的时候，为了使拼式简短，ng 可以省作 ŋ。

四　声调符号

阴平	阳平	上声	去声
ˉ	ˊ	ˇ	ˋ

声调符号标在音节的主要母音上。轻声不标。例如：

妈 mā	麻 má	马 mǎ	骂 mà	吗 ma
（阴平）	（阳平）	（上声）	（去声）	（轻声）

五　隔音符号

ɑ,o,e 开头的音节连接在其他音节后面的时候，如果音节的界限发生混淆，用隔音符号(')隔开，例如：pi'ɑo(皮袄)。

本章练习题

1　从自己的方言中找几个特殊字音的例子。

2　为什么说学习普通话语音是一项政治任务？

第二章   语音基础知识

一   发音器官

学习语音要会摹仿。比如：他发一个ɑ，我也能够马上跟着发个ɑ。但光靠摹仿是很不够的，有时候有些音怎么也学不象，这就需要懂得一点语音的常识，了解语音是从哪儿发出来的？怎么样发出来的？能知道语音是从哪儿发出来的，怎么样发出来的，学习起来就能又快又好。我们讲发音器官，主要是解决"语音是从哪儿发出来的"这个问题。

说话的声音是从人的发音器官里发出来的。人的肺部象是发电站，肺的收缩造成气流，通向口外的气流是发音的原动力。气流经过气管、喉头、口腔、鼻腔等部位时，受到不同部位的不同影响，就发出了各种不同的声音。

发音器官除去肺和气管以外，还有喉头、口腔和鼻腔。

1.**喉头**   喉头的外部是喉结，在男同志的脖子上可以看得到的。喉头的里面藏着声带。声带有两条，能并起，也能分开，叫做声门。声门闭了，气流出来时就去冲击声门，这时声带就颤动。声带一颤动，声音就发出来了。声门开时，气流可以自由地从声门出入，象我们平时呼吸空气，没有声音。但在气流通到口腔时，口腔的动作也可以节制气流，发

发音器官图

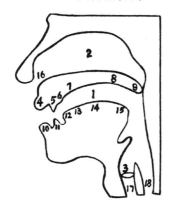

1. 口腔	2. 鼻腔	3. 声带
4. 上唇	5. 上齿	6. 上牙床
7. 硬腭	8. 软腭	9. 小舌
10. 下唇	11. 下齿	12. 舌尖
13. 舌面前	14. 舌面中	15. 舌根
16. 鼻孔	17. 气管	18. 食道

出声音。这种声音都没有从声门发出来的那么响亮。

2.口腔　口腔分上腭和下腭两部分。上腭是固定的,不能移动;下腭很灵活,可以随意使口腔开合。上腭有上唇、上齿、上牙床(又叫齿龈 yín)、硬腭、软腭、小舌六个部 分;下腭 有下唇、下齿和舌头。舌头又可分舌尖、舌面。舌面有舌面前、舌面中、舌面后三个部分。舌面后就是我们通常所说的舌根。

口腔的各个部位可以有多种配搭,造成多种形状来影响气流。气流受到这些不同形状的口腔的影响,就发出了各种不同的音。例如:上齿和下唇接近,中间只留一条缝,使气流通过这里时只好从这条缝里挤出来,这时候就 发出了 f。又如:舌根抬起接近软腭,也留一条缝,气流从这里挤出去时也发出了声音,这声音便是 h 而不是 f 了。

3.鼻腔　鼻腔是固定在口腔上面的,专管发鼻音。例如m, 发音时软腭下垂,打开了气流从气管到鼻腔去的通路(说话时如果不发鼻音，气流从气管到鼻腔去的通路是闭住的），气流从鼻腔出来。

熟悉发音器官的各个部位，对我们学习语音很有 帮 助。发音器官在气流通过时起作用的部位不同，声音也就不同，上面我们讲到的 f 和 h 的不同，就是这个道理。又如：我 们 想知道普通话语音里的 z、c、s 到底和 zh、ch、sh 有些什么不同，就可以了解一下它们的发音部位：发 z、c、s，舌尖平平地向前面伸开，和上齿背造成气流的阻碍；发 zh、ch、sh，则要把舌尖翘起，和硬腭造成气流的阻碍。再如：发 a 时口腔开得很大（舌头位置低），发 i 时口腔就很小（舌头位置 高）；发 i 时嘴角还向两边拉开，嘴唇是扁的，发 u 时则要把嘴唇收拢，形成圆状。

语音学上，有不少音是按它的发音部位来称呼的，象上面所说的几个音：f 是齿唇音，h 是舌根音，a 是低元音，i 是高元音；i 又是不圆唇元音，u 是圆唇元音。由此可见，搞清楚发音器官各部位的名称和作用，对我们学习语音是很有帮助的。

二　音节和音素

我们要和别人交流的思想，是用一句一句的 话 来 表 达的，有的意思只要一句就说清楚了，有的要好几句。一句一句的话是用一个一个的词组成的。从语音上看，有的词是一个音节，有的是两个以上的音节。例如："社会主义好。"这句话由两个词组成。其中"社会主义"是四个音节，"好"是一个音节。

　　要从成句的话里分出音节来是容易的。一般地说，一个汉字就是一个音节。音节是语音的自然单位。平常我们说话，总是一个字一个字地说出来的。所以，在我们说话的时候，音节就已经在我们的发音器官里自然地划分好了。

　　一个字音常常被看成是一个最单纯的声音，例如："大"（dà）"地"（dì）、"图"（tú）"书"（shū），它们似乎是语音的最小单位。可是，如果我们再仔细地分析一下这些不同的音节，把"大"和"地"，"图"和"书"连起来接连地读几遍，就可以发现："大地"两字的开头相同、"图书"两字的结尾相同。那么，为什么这两组字又是属于不同的音节，而且听起来声音也不同呢？原来音节不是语音的最小单位，音节还可以再分析成为音素。就上面的四个字说，"大"是 d—a，"地"是 d—i，"图"是 t—u，"书"是 sh—u。这里的 d、t、sh、a、i、u，就是音素。"大地"两字是后面的音素不同，"图书"两字是前面的音素不同。音素才是语音的最小单位。

　　音节是由音素构成的。一个音节有时是一个音素，有时是两个到四个音素。例如："啊"（a）是一个，"大"（da）是两个，"胆"（dan）是三个，"端"（duan）是四个。音素是构成语音的基础材料。普通话语音的音素只有三十二个，但是数量很少的音素可以组成许多音节。普通话语音的音节不算声调的差别共有四百多个。我们学习语音，应该先把音素的发音学好。

《汉语拼音方案》基本上以一个字母代表一个音素，如 u、u，d、t 等，用两个字母代表一个音素的只有 zh、ch、sh，ng 和 er 五个。

三　元音和辅音

音素可以分成两类，一类是元音，一类是辅音。元音又叫母音，辅音又叫子音。在上面讲到过的音素里面：a、i、u 是元音，d、t、sh 是辅音。

元音和辅音，都是构成音节的重要因素。拉长声音发几遍 a、i、u，再发几遍 d、t、sh，我们就可以感觉到：在发前面的三个元音时，气流经过口腔时畅通无阻，发后面的三个辅音就不一样。如 d、t，气流经过口腔是在突破舌尖和上牙床造成的阻碍后冲出来的；再如 sh，气流经过口腔是从翘起来的舌尖和硬腭造成的一条缝里挤出来的。发辅音时气流通过口腔都没有象元音那么顺当，它一定要遇到口腔里某两个部位所形成的阻碍。这点，是元音和辅音的主要不同。

元音和辅音还有两点不同：

第一，发元音时气流较弱，发辅音时气流较强；

第二，发元音时发音器官是全部均衡地保持紧张，发辅音时只有成阻的那一部分在气流通过的那一会儿比较紧张。

上面两点是与气流通过口腔时受不受阻碍密切相关的：因为发辅音时，气流必须通过阻碍才得出来，所以必须强一些；发元音时，气流既然可以自由通过，就不必那么强了。

再则，正因为发元音时口腔没有阻碍，所以发音器官就不会有某一部分特别紧张的现象了。

有人还把声带颤动不颤动作为区别元音和辅音的标准之一，其实这是不完全符合实际情况的。尽管发元音时声带必须颤动，发辅音时并不全部如此，但在发辅音时也有一些是需要颤动声带的，普通话语音中就有 m、n、ng、l、r 五个。

本章练习题

读一读下面几个音节，分出组成这些音节的音素；再根据元音和辅音的特点，体会一下这些音素中哪几个是元音、哪几个是辅音：

1．打　　　　2．努
3．午　　　　4．移
5．泼　　　　6．夫
7．歌　　　　8．鱼
9．吕　　　　10．题

第三章　汉语语音的基本要素

　　汉语语音有两样要紧的东西：一是音素，一是声调。前面讲过：音素可以分为元音和辅音两类。汉语语音的多数音节都具备元音、辅音、声调这三样东西。我们可以读一下"中国"（zhōngguó），不论是普通话还是山东话，这两个音节都是有元音、有辅音、有声调的。有的音节不一定元音、辅音都全，但是缺少的只能是辅音。我们看"雨衣"（yǔyī）、"一月"（yíyuè）这四个音节，用普通话或山东话读，都没有辅音。有些音节，如："袄"和"爱"，用普通话读是（ǎo）和（ài），没有辅音；用山东济南话读，则是（ngao）和（ngai），都有辅音。再如"五"和"外"，用普通话读是（wǔ）和（wài），没有辅音；用山东微山话读，则是（vu）和（vai），都有辅音。这是方言和普通话的不同。普通话的音节中，辅音可以没有，但是元音、声调不能缺少，象上面所说的"雨衣"、"一月"、"袄"、"爱"、"五"、"外"等等都是有元音和声调而没有辅音的。

一　元　音

　　元音可以分为舌面元音、舌尖元音、卷舌元音和鼻化元音四类。

舌面元音，发音时由舌面起主要作用。同是舌面元音，由于发音时口腔的形状不同，发出来的声音就不一样。如果我们对着镜子去发ɑ和i，就可看到：发ɑ时嘴巴张得很大，发i时嘴角向两边拉开，嘴巴张得小。口腔形状还不限于这点，这只是举个例子。

口腔形状有哪些不同呢？根据舌面元音的性质，下面分三点来说：

1．舌位的高低

舌头连在下腭。下腭是活动的。下腭下来，离开上腭远了，嘴巴开了，舌位就低；下腭上去，离上腭近了，嘴巴闭了，舌位就高。我们说舌位的高低和口腔的开闭是一回事。就拿上面举到的例子ɑ和i来说：ɑ是舌位低、口腔开；i是舌位高、口腔闭。ɑ是低元音、i是高元音。

舌位的高低有不同的程度，通常把它分成四度来表示，就是：高（口腔闭）、半高（口腔半闭）、半低（口腔半开）、低（口腔开）。

2．舌位的前后

舌位的前后，是指舌面抬起的那一部分是在前面，还是在后面。发音时舌面前部抬起的，叫做前元音，例如ü；舌面后部抬起的，叫做后元音，例如u。

通常把舌位的前后分成前、央、后三部。前，是指舌面的前一部分向前硬腭抬起，例如i和ü；央，是舌头中间部分高于舌面前后，这是我们平常嘴巴休息时的舌头状态，例如单元音ɑ；后，是指舌面的后一部分向软腭 抬 起，例如 u 和 o。

3. 嘴唇圆不圆

舌位的高低一样，前后也一样，例如：u 和 i，发出 的 声音不同，这是什么道理？这是因为嘴唇的样子不 同：发 u 时，上、下嘴唇合起来成个圆形；发 i 时，嘴唇却 是 扁 的。嘴唇圆不圆，也是元音不同的条件之一。

舌面元音的名称是由口腔的形状来决定的。例 如 i，从舌位的高低说，它是高元音；从舌位的前后说，它是前元音；从嘴唇的样子说，它又是不圆唇元音。所以，i 是前 高 不圆唇元音。每个舌面元音的口腔形状，都可在元音图上表 示 清楚。

元 音 图

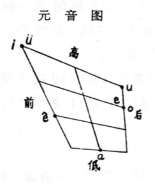

目前，我们通用的是四边形元音图，由四条横线和三条竖线组成（见左图）。四条横线表示舌位的高低。上面第一条线是高，第二条是半高，第三条是半低，下面一条是低。一个元音，如果它是在上面第一条线上，那么它便是 高 元音，例如：i、u、u；如果在第二条线上，它便是半高元音，例如：o、e；如果在第三条线上，它便是半低元音，例如：ê；如果在最下面的那条线上，它便是低元音了，例 如：ɑ。三 条竖线表示舌位的前后。靠左边的那条是前，中间那条是央，右边那条是后。一个元音，如果它是在前面那条线上，它便是前元音，例如：i、u、ê；在中间那条线上，它便是央元音，例如：a；在右边那条线上，它便是后元音，例如：u、e、o。区别元音的第三个条件，嘴唇圆不圆，是看这个元音字母是写在每一条竖线的左边还是右边：写在左边的是不圆唇，例如：i、ê、e、a；写在右边的是圆唇，例如：u、u、o。

普通话语音的舌面元音中较重要的有以下六个单元音：

a 张大嘴、舌位低；舌面中间部分抬起；嘴唇不圆。就是"啊"的声音，"妈妈"、"发达"这些字的元音就 是 a 。a 是央低不圆唇元音。

o 嘴稍为开一点；舌头向后缩，舌面后部抬起；嘴唇是圆的。就是"喔"的声音，"伯伯"、"薄膜"这些字的元音就是 o。o 是后半高圆唇元音。

e 舌位和 o 一样，嘴唇是扁的，嘴角向两边拉开。就是"额"的声音，"哥哥"、"客车"等字的元音就是 e 。e 是后半高不圆唇元音。

i 嘴合拢，上、下牙齿对齐；舌尖放在下齿背后，舌面前部抬起；嘴角向两边拉开，嘴唇是扁的。就是"衣"的声音，"弟弟"、"喜气"等字的元音就是 i 。i 是前高不圆唇元音。

u 嘴也合拢；舌头向后缩，舌面后部抬起；嘴 唇 很圆。就是"乌"的声音，"姑姑"、"互助"等字的元音就是 u。u 是后高圆唇元音。

u 舌位和 i 一样，嘴唇是圆的。就是"雨"的声音，"语句"、"区域"等字的元音就是 u。u 是前高圆唇元音。

《汉语拼音方案》的 e 字母还用来表示其它几个元音。它们大多是和别的字母配搭起来才出现的，例如 ei 中的 e 是前半高不圆唇元音，en、eng 中的 e 是中央元音。这些都可由前后出现的不同字母而加以区分，不会和总是单独出现的后半高不圆唇元音相混。只有一个前半低不圆唇元音，除了跟在 i 和 u 的后面，作为复合元音（详见第四章）的组成部分以外，还单独出现，用来表示答应的声音"诶"。为了在书写上能使它和后半高不圆唇元音区别清楚，《汉语拼音方案》规定，这个前半低不圆唇元音在单独用来表示"诶"时写作 ê。

舌面元音以外，普通话语音中还有两个舌尖元音和一个卷舌元音。

舌尖元音是发音时由舌尖起主要作用的元音。普通话语音中的两个舌尖元音，一个是"丝"的元音、一个是"诗"的元音。前面一个叫舌尖前元音，因为它的舌位较前；后面一个的舌位较后，叫做舌尖后元音。这两个元音不单独成为音节。舌尖前元音只在 z、c、s 的后面，和 z、c、s 合成音节；舌尖后元音只在 zh、ch、sh、r 的后面，和 zh、ch、sh、r 合成音节。这两个元音都不用单独练习发音，在我们发 z、zh 这两组辅音的时候，把声音拖长，这后面拖长了的，就是舌尖元音。所以，只要我们学会了 z、zh 这两组辅音的发音，也就等于学会了这两个舌尖元音的发音。这两个舌尖元音，拼音方案都用 i 来表示，要分清楚这个 i 是舌面元音呢还是舌尖元音，就得看 i 的前面是什么辅音：如果是 z、c、s，那么这个 i 是舌尖前元音；如果是 zh、ch、sh、r，那么这个 i 便是舌尖后元音，前面辅音不是这七个的话，就一定是舌面元音ı。

卷舌元音是在发舌面元音的同时，又把舌尖卷起，舌面、舌尖同时都起作用。普通话语音中的卷舌元音是 er。发 er 时嘴巴半开半闭，舌位不高不低、不前不后，舌尖轻轻地向上一卷。"儿"和"二"的声音就是 er。

总起来说，普通话的元音共有三类，就是：舌面元音、舌尖元音、卷舌元音。就音素来说，普通话语音的单元音共有十个，就是：a、o、e、i、u、ü、ê、-ı（前）、-ı（后）、er。

普通话元音音素表

舌位的高低	舌面元音 前 不圆	舌面元音 前 圆	舌面元音 央 不圆	舌面元音 后 不圆	舌面元音 后 圆	舌尖元音 前 不圆	舌尖元音 后 不圆	卷舌元音 央 不圆
高	i	ü			u			
半高				e	o			
中						-ı	-ı	er
半低	ê							
低			a					

普通话语音里通常没有鼻化元音。鼻化元音是在发元音时软腭下垂，气流同时从口腔和鼻腔出来。鼻化元音又叫半

鼻音，所有的元音都可以鼻化。山东话不少地方有鼻化元音，例如：胶东人读"安"、"恩"、"音"等字，是发的鼻化元音，记作ɑ̃、ẽ、ĩ。

二　辅　音

普通话语音中的辅音共有二十二个，就是 b、p、m、f、d、t、n、l、g、k、ng、h、j、q、x、z、c、s、zh、ch、sh、r。

辅音的分类可以从发音部位和发音方法两方面说。发音部位，是讲气流通过口腔的时候在什么地方遇到阻碍，解决音是从哪儿发出来的问题；发音方法，是讲气流在口腔受到了什么样的阻碍，它是怎么样通出来的，解决音是怎么样发出来的问题。例如："打靶"（dǎbǎ）两个字，后面的元音一样，前面的辅音不同，"打"字开头的音是由舌尖和上牙床造成阻碍发出来的，"靶"字开头的音则是由上下嘴唇造成阻碍发出来的，这就是发音部位的不同；再如：呼（hū）、姑（gū）两个字，后面的元音一样，前面辅音的发音部位也一样，两个字的开头都是由舌根和软腭造成阻碍发出来的，可是发"呼"时，气流是从舌根和软腭间的缝里挤出来的，发"姑"时，气流是突然破除舌根和软腭的阻碍冲出来的，这就是发音方法的不同。下面分别说明辅音的发音部位和发音方法：

一个辅音的发音部位总是两个部分，一个是上腭的某一部分，一个是下腭的某一部分；因为下腭是活动的，所以下腭起决定作用。普通话的二十二个辅音按发音部位可以分成七类：

1．双唇音 由上唇和下唇造成气流的阻碍，有 b、p、m 三个。例如："巴"（bā）和"布"（bù）的开头是 b，"怕"（pà）和"坡"（pō）的开头是 p，"马"（mǎ）和"米"（mǐ）的开头是 m。

2．齿唇音 由上齿和下唇造成气流的阻碍，有 f。例如："发"（fā）和"父"（fù）的开头是 f。

3．舌尖前音 舌尖向前平平地伸出去，和上齿背造成气流的阻碍，有 z、c、s 三个。例如："资"（zī）和"租"（zū）的开头是 z，"辞"（cí）和"粗"（cū）的开头是 c，"私"（sī）和"苏"（sū）的开头是 s。

山东临沂地区的一些同志，在发 z、c、s 时，好把舌尖放到上、下齿的中间，以致造成发音不准。发音时要注意舌尖的位置，把舌尖放在上齿背后。

4．舌尖中音 由舌尖和上牙床造成气流的阻碍，有 d、t、n、l 四个。例如："大"（dà）和"地"（dì）的开头是 d，"他"（tā）和"梯"（tī）的开头是 t，"拿"（ná）和"你"（nǐ）的开头是 n，"拉"（lā）和"力"（lì）的开头是 l。

5．舌尖后音 舌尖稍微向上翘起，和硬腭造成气流的阻碍，有 zh、ch、sh、r 四个。例如："知"（zhī）和"猪"（zhū）的开头是 zh，"吃"（chī）和"出"（chū）的开头是 ch，"诗"（shī）和"书"（shū）的开头是 sh，"日"（rì）和"入"（rù）的开头是 r。

山东有不少地区的话没有这四个辅音，学习的时候，要首先把发音部位放准。初学时不习惯翘舌动作，不妨把舌尖向后多卷一点，慢慢地习惯了就会好的。胶东和鲁南的一些地方，还有人常把知、吃、书等字的开头发得既不象 z、c、s，又不象 zh、ch、sh。这些同志要特别注意发这些音的 翘舌动作。

6．舌面前音　舌尖往下，抵在下齿背后，舌面前 部抬起，和硬腭造成气流的阻 碍，有 j、q、x 三个。例如："鸡"（jī）和"居"（jū）的开头是 j，"妻"（qī）和"区"（qū）的开头是 q，"西"（xī）和"虚"（xū）的开头是 x。

山东荣成、莱阳等不少胶东地区的人，在读"鸡"、"居"等字的开头时，舌面抬起来的部分总是太后。他们发出来的 j、q、x，不是舌面前音，而是舌面中音。发这个音时要注意把舌面抬起来的部分稍为移到前面一点。把舌尖靠在下齿背后，是不让舌面抬得太后的一个方法。

7．舌根音　由舌根和软腭造成气流的阻碍，有 g、k、ng、h 四个。例如："歌"（gē）和"古"（gǔ）的开头是 g，"课"（kè）和"库"（kù）的开头是 k，"河"（hé）和"湖"（hú）的开头是 h。在普通话语音里，ng 辅音从不放在一个字音的开头，它只能作为一个音节的尾巴，例如："生"（shēng）和"忙"（máng）的末尾都是 ng。山东有不少地方的话，也可把 ng 辅音作为 一个音节的开头，例如：济南人读"安"、"袄"、"额"、"欧"等字，开头都有 ng 辅音。

就发音方法说，普通话的二十二个辅音可从三方面讲：

1．受阻的状态　是指气流在口腔受阻的情况，有五种：

塞音　塞音又叫破裂音，它的特点是：口腔的成阻部分完全将气流的通路封闭，然后突然打开，气流一冲即出。例如b，发音时双唇闭紧，气流出来时完全被双唇阻住，等到双唇一开，气流就冲出来了。塞音有b、p、d、t、g、k六个。

擦音　擦音又叫摩擦音，它的特点是：口腔的成阻部分没有完全将气流的通路封死，例如f，发音时下唇接近上齿，中间还留一条细缝，气流出来时不完全受阻，它可以从这条缝里挤出来。擦音有f、s、sh、r、x、h六个。

塞擦音　塞擦音是由塞音和擦音结合起来的，它的特点是：口腔的成阻部分开始也将气流通路完全封闭住，但后来不象塞音一样突然打开，让气流可以一下子那么痛快地出来，而是稍为放开一点点，只让气流象发擦音一样挤出来。例如z，发音的开始舌尖抵住上齿背，气流受阻，然后舌尖稍为往下，和上齿背形成一条细缝，气流从这条缝里挤出来。塞擦音有z、c、zh、ch、j、q六个。

鼻音　鼻音的特点是软腭下垂，气流从鼻腔出来。发鼻音时，口腔成阻部分的动作和发塞音一样，只是因为软腭下垂了，气流尽管不能从口腔出来，但还可以从鼻腔出来。例如m，发音开始时双唇紧闭，然后软腭下垂，声带颤动，气流从鼻孔里出来，就发出了鼻音。最后双唇打开，发音也就完了。鼻音有m、n、ng三个。

边音　普通话的边音就是l。发l时舌尖抵住上牙床，声带颤动，气流从舌的两边或一边出来。

2．送气不送气　是指气流在通过口腔的阻碍时用力不用力。用力的话，气流就强，叫做送气，发出来的音就叫送气音；不用力的话，气流较弱，叫做不送气，发出来的音就叫不送气音。就说 b、p，d、t，g、k，z、c，zh、ch，j、q 这六组字罢，它们的发音部位相同，受阻的状态也一样，但实际声音是不同的。这是什么道理？这就是因为 p、t、k、c、ch、q 是送气音；b、d、g、z、zh、j 是不送气音。我们可以拿一张薄纸，对着它发 b、p，就可以看到：发 b 时薄纸不动或者动得很轻，发 p 时薄纸就动得厉害。这就是发 b 时气流弱、发 p 时气流强的缘故。

3. 带音不带音　是指发音时声带颤动不颤动。发音时声带颤动，就是带音，又叫浊音；声带不颤动，就是不带音，又叫清音。例如：sh 和 r，发音部位和受阻状态都一样，它们都是擦音，没有什么送气不送气的区别。它们的不同，就在于发 sh 时声带不颤动，发 r 时声带颤动。普通话的二十二个辅音中，共有五个浊音，就是：m、n、ng、l、r。其余都是清音。所有的浊辅音，气流从肺部通到口腔外面，都要受到两次阻碍，一次是声门的，一次是口腔的。

总起来说，不同的辅音是由不同的发音部位和不同的发音方法来决定的。学习普通话的辅音，首先要放准普通话的发音部位，然后照着发音方法去练习。

普通话辅音音素表

发音方法 ＼ 发音部位		名称	双唇音	齿唇音	舌尖前音	舌尖中音	舌尖后音	舌面前音	舌根音
			上腭	上唇	上齿	上齿背	上牙床	硬腭	硬腭	软腭
			下腭	下唇	下唇	舌尖	舌尖	舌尖	舌面前	舌根
塞音	清	不送气	b			d			g
		送气	p			t			k
塞擦音	清	不送气			z		zh	j	
		送气			c		ch	q	
擦音		清		f	s		sh	x	h
		浊					r		
鼻音		浊	m			n			ng
边音		浊				l			

说明：本表发音部位的次序是按部位的前后来排列的。

三　声　调

声调指的是一个字音的高、低、升、降。汉语的字音都有声调，这是汉语的一个重要特点。

汉语的声调有区别词的作用，例如："买"（mǎi）和"卖"（mài）、"胰子"（yízi）和"椅子"（yǐzi）、"实践"（shíjiàn）

和"时间"（shíjiān）、"知道"（zhīdào）和"指导"（zhǐdǎo）等等，元音、辅音各都相同，可就是读起来觉着有些不一样。这种不同，就是声调的不同。

声调的高低是由声带的松紧来决定的。发音的时候，声带愈紧，声音愈高，声带松了，声音就低。这和拉胡琴时，由琴弦的松紧来决定声音的高低是一样的道理。

一个字的声调不一定从头到尾都一般高，字音的高低常常是变化着的：从低变到高是升，从高变到低是降，还有升了又降或降了又升的。这便是声调的升、降问题。

山东人学普通话，元音、辅音的问题不很大，就是学声调困难，所以山东同志在学普通话时，应该特别注意声调问题。

普通话语音的调类共有四个，就是：阴平、阳平、上（shǎng）声、去声。这四个声调是怎么分出来的呢？调类是根据调值来分的，把调值相同的字归在一起，就是一类。同样调值的字，属于同一调类；一个方言有几个调值，就有几个调类。调值是调类的实际读音，也就是这一类字音的高、低变化的实际情况。普通话有四个调值，所以普通话是四个调类。

把声调的高、低一共分为五度，最高是五，最低是一。普通话四个声调的调值可以用下图表示：

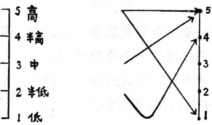

1.阴平　阴平简称阴,调值┐55。读这个声调时,声音从头到尾都是最高,不升也不降,所以又叫做高平调。 例如："翻身"(fānshēn)、"香花"(xiānghuā)等等。

普通话读阴平的字,象"刚、知、专、尊、丁、边、安"等,山东话多数也是属于阴平,但是实际读音不同,也就是调值不同。例如:济南的阴平调值是╱213,曲阜是╱13。这些地方的人,就应该丢掉自己家乡话的调值╱213或╱13,把"刚"、"知"等字的调值读成普通话的┐55。

2.阳平　阳平简称阳,调值╱35。读这个声调时,声音从中间升到最高,所以又叫做高升 调。例如:"人民"(rén-mín)、"河流"(héliú)等等。

普通话读阳平的字,象"穷、陈、床、才、唐、平"等,山东话多数也是属于阳平,但是调值不是╱35。例如:济南的阳平调值是╲42,文登是┐55。这些地方的人,就应该丢掉自己家乡话的调值╲42或┐55,把"穷"、"陈"等字的调 值 读成普通话的╱35。山东方言一般没有上升的调子,所以山东人在学普通话的这个声调时,不是开头太高,就是后面升不上去,应该多多注意,多多练习。

3.上声　上声简称上,调值是╲╱214。读这个声调时,声音开始就不高,后来又降到最低,最后又从最低升起来,升到比阴平低一点的程度,所以又叫做低降升调。例如:"永"(yǒng)、"远"(yuǎn)、"理"(lǐ)、"想"(xiǎng)等 等。

普通话读上声的字,象"古、展、纸、走、短、比、袄"等,山东话多数也是读上声。有的地方象海阳、乳山、牟平、蓬莱等，调值也是╱₂₁₄，但是多数地方的调值是不同的，例如：济南是┐₅₅，淄博是╲₅₃，这些地方的同志应当注意纠正自己家乡话的调值┐₅₅或╲₅₃，把"古"、"展"等字的调值读成普通话的╱₂₁₄。

4.去声　去声简称去，调值是╲₅₁。读这个声调时，声音从最高降到最低，所以又叫做全降调。例如："跃进"（yuèjìn）、"胜利"（shènglì）等等。

普通话读去声的字，象"盖、帐、正、醉、对、变、爱"等，山东话多数也是属于去声，而且有的地方象莱阳、莱西等，调值也是╲₅₁。还有不少地方的调值和普通话的接近，都是降调，只是开始不是从最高降下来的，例如：济南是╲₂₁，青岛是╲₃₁，滕县是╲₄₁，这些地方的人在学习普通话的去声时只要注意在开始时把声音起得高一些就行了。也有不少地方象曲阜、威海等，调值和普通话的完全不同，曲阜是╲₃₁₂，威海是┤₄₄，这些地方的人，就应该丢掉自己家乡话的调值╲₃₁₂或┤₄₄，把"盖""帐"等字的调值读成普通话的╲₅₁。

总起来说，普通话的声调共有四个，它们是根据调值的不同分出来的。

普 通 话 四 声 表

调　类	阴　　平	阳　　平	上　　声	去　　声
调　值	˥55高平调	˧˥35高升调	˨˩˦214低降升调	˥˩51全降调
调　号	－	′	∨	＼
例　字	妈 mā	麻 má	马 mǎ	骂 mà

《汉语拼音方案》规定：声调符号标在主要元音上，下面是标调号的三种情况：

第一，一个音节的调号一定标在元音上面，不标在辅音上面。例如："巴"（bā）、"南"（nán）；

第二，一个音节如果有两个以上的元音，调号就一定标在主要元音上面。例如："加"（jiā）、"减"（jiǎn）、"快"（kuài）；

第三，iou、uei，在省去中间的 o 和 e 时，调号就标在后面那个元音上。例如："流"（liú）、"嘴"（zuǐ）。

上面三条，我们可以利用四句口诀来帮助记忆：

单个元音不会错，　　a 母出现别放过，

没有 a 母找 e、o，　　i、u 并起标最末。

本章练习题

（一）读下面几组元音，比较它们在发音时舌位和口腔形状的不同：

31

1. ü——u　　　　　2. i——u

3. a——e　　　　　4. e——o

5. u——o　　　　　6. ü——e

（二）读下面几组辅音，比较它们发音部位和发音方法的不同：

1. p——t——k　　　2. zh——z——j

3. n——l　　　　　4. g——h

5. sh——r　　　　　6. j——q

（三）分辨下面几组字的辅音：

1. 姿——支　　　　　2. 插——擦

3. 诗——丝　　　　　4. 秋——抽

5. 然——蓝　　　　　6. 肉——漏

7. 热——业　　　　　8. 益——日

9. 奋——顺　　　　　10. 睡——废

（四）把下面四个声调的字读熟：

1. 巴（bā）　拔（bá）　把（bǎ）　爸（bà）

2. 科（kē）　咳（ké）　可（kě）　课（kè）

3. 衣（yī）　移（yí）　椅（yǐ）　意（yì）

4. 呼（hū）　湖（hú）　虎（hǔ）　户（hù）

5. 居（jū）　局（jú）　举（jǔ）　句（jù）

6. 师（shī）　时（shí）　使（shǐ）　是（shì）

7. 光（guāng）明（míng）　磊（lěi）　落（luò）

8. 中（zhōng）流（liú）　砥（dǐ）　柱（zhù）

9. 科（kē）　学（xué）　讨（tǎo）　论（lùn）

10．工 （gōng）　　农 （nóng）　　子 （zǐ）　　弟 （dì）

（五）读下面的音节，体会它们在声调方面的不同：

1．言 （yán）　　　　　眼 （yǎn）

2．梨 （lí）　　　　　　李 （lǐ）

3．刘 （liú）　　　　　柳 （liǔ）

4．情 （qíng）　　　　请 （qǐng）

5．灯 （dēng）　　　　等 （děng）

6．收 （shōu）　　　　手 （shǒu）

7．招 （zhāo）　　　　找 （zhǎo）

8．爬 （pá）　　　　　怕 （pà）

9．头 （tóu）　　　　　透 （tòu）

10．年 （nián）　　　　念 （niàn）

（六）把下面的音节标上声调：

1．人民 （renmin）

2．红旗 （hongqi）

3．条件 （tiaojian）

4．文化 （wenhua）

5．宣传 （xuanchuan）

6．国家 （guojia）

7．学校 （xuexiao）

8．雨衣 （yuyi）

9．十六 （shiliu）

10．开会 （kaihui）

第四章　复 合 音

复合音是由两个或两个以上的音素结合起来的新的语音单位。普通话语音中，复合音有两种：一种叫复合元音，是元音和元音的结合；一种叫复合鼻尾音，是元音和辅音的结合。

一　复合元音

复合元音是对着单元音的名称提出来的。单元音就是单个的元音音素，发单元音时，口腔形状从头到尾没有任何变动。复合元音是几个元音音素的密切结合，发复合元音时，口腔形状要有变动。例如：i是单元音，发 i 时一直是舌位高、口腔闭、嘴唇不圆，不管你声音拉得多长，口腔形状始终不变；ia 是复合元音，开始发音时，口腔形状和发 i 的时候一样，到了最后，嘴巴张大了，舌位也就低了。这说明口腔形状已经由原来发 i 时的样子变成了发 ɑ 的样子。

复合元音，从这个元音的口腔形状变到那个元音的口腔形状，不是跳过去而是滑过去的，并且气流也不中断。例如：ɑi，不是发完了 ɑ，再去发 i，而是发出 ɑ 后马上就把口腔移向 i 的部位。所以，"挨"（ɑi）和"阿"（ɑ）"姨"（i）不同，

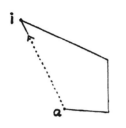

"挨"是滑动的。在滑动的过程中，由于口腔形状不断变动，实际上就有不少个元音音素在这个时候不断出现（如左图：图中左边线上的圆点代表不断出现的音素，箭头表示由ɑ到ｉ的滑动）。而ɑｉ，则只是表示这个复合元音的起头和结尾的方向。

复合元音在滑动的过程中，只有一个元音特别显著，特别清楚、响亮，我们叫这个元音为主要元音，例如：ɑｉ中的ɑ、uo中的o、uei中的e等等。

普通话语音中的复合元音可以根据主要元音的位置不同分为三类：

1．前响的复合元音

主要元音在前面，后面那个元音字母只是表示舌位滑动的方向。前响的复合元音有四个：

ɑｉ　ɑｉ中的ɑ，舌位要比单元音ɑ靠前，发音时可以把舌尖靠在下齿背。ɑ要发得清楚、响亮。ｉ只代表舌位滑动的方向，实际发音中，没有等舌位滑到ｉ的地方，声音就发完了。"耐"(nɑi)、"派"(pɑi)等字的后半，就是ɑｉ。

ei　ei中的e，舌位的高低和单元音e一样，嘴唇也不圆，只是舌面抬起部分与单元音e不同，单元音e在后，ei中的e在前。e要发得清楚、响亮。ｉ只代表舌位滑动的方向，实际发音中，没有等舌位滑到ｉ的地方，声音就发完了。"内"

(nèi)、"配"（pèi）等字的后半，就是 ei。

ao　ao 中的 a，舌位要比单元音 a 靠后，发音时舌头要往后面缩。a 要发得清楚、响亮。o 也代表舌位滑动的方向，但在实际发音中，舌位要滑到比 o 还高一点，到了 o 与 u 之

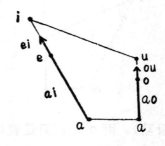

间的位置以后，声音才发完。"闹"（nào）、"炮"（pào）等字的后半，就是 ao。

ou　o 要发得清楚、响亮。u 只代表舌位滑动的方向，实际发音中，没有等舌位滑到 u 的地方，声音就发完了。"透"（tòu）、"漏"（lòu）等字的后半，就是 ou。

2. 后响的复合元音

主要元音在后，开始发音时，前面的元音轻轻带过，响亮程度逐渐变大。后响的复合元音有五个：

ia　i 音轻轻带过，舌位移到 a 的地方。a 是舌位滑动的终点，一定要发得清楚、响亮。"鸭"（yā）字和"家"（jiā）的后半，就是 ia。

ua　u 音轻轻带过，舌位移到 a 的地方。a 是舌位滑动的终点，一定要发得清楚、响亮。"蛙"（wā）字和"瓜"（guā）的后半，就是 ua。

uo　u 音轻轻带过，舌位移到 o 的地方。o 是舌位滑动的终点，一定要发得清楚、响亮。"窝"（wō）字和"国"（guó）的后半，就是 uo。

ie　i音轻轻带过，舌位移到ê的地方。ê是舌位滑动的终点，一定要发得清楚、响亮。ie中的e，不圆唇，舌位比单元音e低，也比单元音e前,它是前半低不圆唇元音。"耶"（yē）字和"爹"（diē）的后半，就是ie。ie实际是iê。

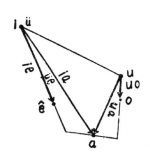

ue　u音轻轻带过，舌位移到ê的地方。ê是舌位滑动的终点，一定要发得清楚、响亮。ue中的e同ie中的e一样，要注意把它们跟单元音e分别出来。"约"（yuē）字和"觉"（jué）的后半，就是ue。ue实际是uê。

上面两种复合元音都叫二合元音,前响的前面响亮,终点不确定；后响的后面响亮，终点是确定的。

3．中响的复合元音

中响的复合元音就是三合元音，主要元音在中间。三合元音有四个：

uai　u音轻轻带过，舌位移到a的地方，声音响亮、清楚，接着马上又向i的方向滑动。"歪"（wāi）字和"乖"（guāi）的后半，就是uai。

uei　u音轻轻带过，舌位移到e的地方，声音响亮、清楚，接着马上又向i的方向滑动。"威"（wēi）字和"规"（guī）的后半，就是uei。

iao　i音轻轻带过，舌位移到a的地方，声音响亮、清

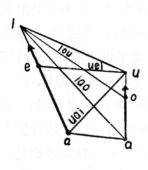

楚，接着马上又向 o 的方向滑动。"妖"（yāo）字和"交"（jiāo）的后半，就是 iao。

iou　i 音轻轻带过，舌位移到 o 的地方，声音响亮、清楚，接着马上又向 u 的方向滑动。"优"（yōu）字和"究"（jiū）的后半，就是 iou。

从上面的元音图里，我们可以看到三合元音的舌位变化不和二合元音一样：二合元音是笔直地从这个元音滑到另一个元音，或者是从这个元音朝另一个元音的方向滑动；三合元音的舌位滑动比较复杂，它开始是由这个元音滑到了另一个元音，但接着又马上从另一个元音折向第三个元音滑去，所以，三合元音是曲折的。三合元音实际上是前响的二合元音加上介音 i 或 u 组成的，如果除去在主要元音前面滑动的那一部分，后面剩下的，就是前响的二合元音。三合元音中主要元音的舌位、唇形都和前响的二合元音一样。例如：uai 中的 a 和 ai 中的 a，都是前 a；ao 中的 a 和 iao 中的 a，都是后 a。我们只要正确地掌握好前响的二合元音的发音，那么，要发好中响的复合元音也就不费力了。

总起来说，普通话语音中的复合元音共有十三个，其中有二合的，也有三合的。二合元音有前响的，也有后响的；三合元音是中响的。复合元音中的主要元音，有的字母和单元音字母所表示的音一样，有的不完全一样。

右边的图说明十三个复合
元音的主要元音的舌位。

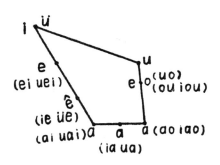

　　山东人在学习普通话
的复合元音时，要多注意
移动舌位，尤其是发 ɑi 和
ɑo（包括 uɑi 中的 ɑi 和 iɑo
中的 ɑo）的时候。照普通
话，应该在开始时把嘴张开，舌位放得很低，然后下腭向上
移动，舌位渐渐地高起来。但是许多山东同志在发这两个音
时，开始时嘴张得不够大，到后来也没有把嘴变小。应该是
口腔从大到小，舌位从低到高
的复合元音，他们却往往发成
了口腔半开、舌位半低的单元
音（如左图：图上的黑点是山
东同志发 ɑi、ɑo 的位置）。 也
有一些山东同志，他们在发这

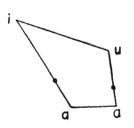

几个复合元音时，舌位也稍有变化，但变得太少，开始发音
时嘴巴还是张得不够大，最后收得也太早，只是稍微把舌位
往上升了一点点就完了，这样，还和普通话的 ɑi、 ɑo 不同。
为把这两个音发准，最好能对着镜子多做做嘴巴开、闭的动
作。注意发音时一定把嘴张大， 然后强迫下腭上升， 这样，
发出来的就不会再是自己方言的那个单元音了。

二　复合鼻尾音

普通话语音里，和元音结合的辅音通常只有 n、ng 两个鼻音，我们叫这两个在与元音结合时的鼻辅音为鼻尾音。

鼻辅音和元音的结合，是元音一发出，口腔里发鼻音的部位立刻开始行动，放好部位，同时软腭下垂，气流从鼻腔出去。这中间气流不中断，声带的颤动也不停顿。

鼻辅音在和元音结合的时候，只能发它的纯鼻音，不能发我们平常叫这两个辅音时的名称 ne 和 nge，因为那是带上的。

普通话语音中的鼻尾音有两种：

1. 前鼻尾音

以 n 为鼻尾音的，因为 n 是舌尖中音，发音部位在前，所以通常称为前鼻音。前鼻音有八个：

an　先发 a，然后舌尖往前，抵住上牙床，同时软 腭下垂，气流从鼻腔出来。a 是前 a。"安"（ān）字和"搬"（bān）的后半，就是 an。

ian　an 的前面有个 i，也就是说，这个音的开始，舌位是从 i 滑过来的。"烟"（yān）字和"铅"（qiān）的后半，就是 ian。

uan　an 的前面有个 u，"弯"（wān）字和"宽"（kuān）的后半，就是 uan。

üan　an 的前面有个 ü，"渊"（yuān）字和"捐"（juān）的后半，就是 üan。

en 先发 e，然后舌尖往前，抵住上牙床，同时软腭下垂，气流从鼻腔出来。e 要发得比单元音 e 前一点、低一点，比 ie、üe 中的 e 后一点，高一点，比 ei、uei 中的 e 后一点，低一点。"恩"（ēn）字和"本"（běn）的后半，就是 en。

in 先发 i，然后舌尖向上抵住上牙床，同时软腭下垂，气流从鼻腔出来。"音"（yīn）字和"拼"（pīn）的后半，就是 in。

uen en 的前面有个 u，"温"（wēn）字和"吞"（tūn）的后半，就是 uen。

ün 先发 ü，然后舌尖向上抵住上牙床，同时软腭下垂，气流从鼻腔出来。"韵"（yùn）字和"军"（jūn）的后半，就是 ün。

2．后鼻尾音

以 ng 为鼻尾音的，因为 ng 是舌根音，发音部位在后，通常称为后鼻音。后鼻音也有八个：

ang 先发 a，然后舌根抬起，软腭下垂，气流从鼻腔出来。a 是后 a。"肮"（āng）字和"邦"（bāng）的后半，就是 ang。

iang ang 的前面有个 i，"央"（yāng）字和"江"（jiāng）的后半，就是 iang。

uang ang 的前面有个 u，"汪"（wāng）字和"光"（guāng）的后半，就是 uang。

eng 先发 e，然后舌根抬起，软腭下垂，气流从鼻腔出来。e 要发得和 en 中的 e 一样，舌位不前不后，不高不低。

"争"（zhēng）、"能"（néng）的后半，就是 eng。

ing　先发 i，然后舌根抬起，软腭下垂，气流从鼻腔出来。"英"（yīng）字和"丁"（dīng）的后半，就是 ing。

ueng　eng 的前面有个 u，"翁"（wēng）、"嗡"（wēng）两个字就是 ueng。

ong　先发 o，然后舌根抬起，软腭下垂，气流从鼻腔出来。o 要发得比单元音 o 高一点。"东"（dōng）、"工"（gōng）的后半，就是 ong。

iong　ong 的前面有个 i，i 要发得有点圆唇化，但也不象 u 那么圆。"拥"（yōng）字和"胸"（xiōng）的后半，就是 iong。

总起来说，普通话语音中的复合鼻尾音共有十六个：八个前鼻音、八个后鼻音。

复合鼻尾音的发音，在口腔从发元音的舌位移到发辅音的部位时，气流不能中断，鼻音要发本音。复合鼻尾音中也有一个主要元音，这些主要元音的字母在实际

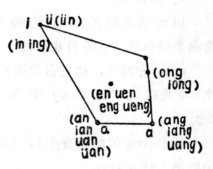

发音中有的也和单元音字母所表示的音不同，右图说明十六个复合鼻尾音的主要元音的舌位。

山东人在学习普通话的复合鼻尾音时，要注意下面两个问题：

第一，元音不要鼻化。山东同志在发复合鼻尾音时，往往在一开始发元音时就把软腭垂好了，这样就把元音发成了鼻化元音（参见 20 页鼻化元音）。

第二，发鼻尾音一定要把舌位放好。山东同志在发复合鼻尾音时，往往不习惯移动舌位，使口腔形成发 n 或发 ng 的阻碍。尤其是发前鼻音的时候，舌尖根本没有贴到上牙床去。

例如发 in，按照普通话的读法，应该在发出 i 以后，软腭才下垂；在这同时，舌尖向前移动，贴到上牙床去。山东人发起来却不这样，他们的软腭早在发 i 时就垂下了，舌尖却只移了一点点，有的根本没移动，这样发出来的音，常常是鼻化的单元音ĩ。

针对这样的情况，我们练习时要先掌握好 n 和 ng 的发音，多做做舌尖向上牙床贴了又开、开了又贴和舌根贴向软腭的动作。发音时一定记住移动舌位，发完音后，检查一下舌尖是不是已经贴在上牙床或者舌根是不是已经靠到软腭去了。

另外，在拼写的时候，初学的同志常常把 in 写成 ien，把 ing 写成 ieng。事实上，in、ing 两个，都不象 uen、ueng 一样在 u 和鼻音的中间还有个 e。所以在拼写的时候一定要注意不要在 i 和鼻音中间添上个 e。

本章练习题

把下面的词拼出来，熟读它：

1．亚洲	2．小麦
3．说话	4．友爱
5．飞跃	6．协会
7．安全	8．生产
9．相信	10．东风
11．温暖	12．真正
13．青年	14．英雄
15．星火燎原	16．多快好省
17．人定胜天	18．冲锋陷阵

第五章　音节结构

一　音节的构成

音节由音素构成。就普通话语音的情况来说，一个音节至少要有一个元音音素，例如："巴"（bā）；一个音节可以没有辅音，例如："啊"（ā）；元音最多有三个，例如："晓"（xiǎo）；辅音最多有两个，例如："人"（rén）。一个音节如果有两个以上的元音，其中只有一个元音比较响亮，例如：tuan 是两个元音，发音时如果只有 a 比较响亮、清楚,那么，它就是一个音节，如"团"（tuán）字；如果 a、u 都响亮、清楚，那么，它就是两个音节，如"图案"（tú'àn）两个字。

音节开头部分的辅音叫做声母，声母以外的部分叫做韵母。我们通常说的零声母字，是指那些没有辅音声母开头的音节。每个音节都有声调，声调的区别在每一个音节的韵母上表现出来。

在音节中，韵母是单元音的，叫单韵母，是复合音的，就叫复韵母。复韵母还可以分为韵头、韵腹和韵尾。其中的韵头又叫介音，韵尾又叫尾音。

普遍话语音的音节结构，根据不同的构成情况，可以归纳成下表八种类型；

类型	例字	读音	声母	韵头	韵腹	韵尾	声调	说　明
1	交	jiāo	j	i	a	o	—	声、韵（头、腹、尾）调全具备的
	年	nián	n	i	a	n	ˊ	
2	吵	chǎo	ch		a	o	ˇ	缺韵头的
	明	míng	m		i	ng	ˊ	
3	花	huā	h	u	a		—	缺韵尾的
4	主	zhǔ	zh		u		ˇ	缺韵头和韵尾的
5	威	wēi		u	e	i	—	缺声母的
	羊	yáng		i	a	ng	ˊ	
6	藕	ǒu			o	u	ˇ	缺声母和韵头的
	安	ān			a	n	—	
7	月	yuē		ü	e		ˋ	缺声母和韵尾的
8	雨	yǔ			ü		ˇ	缺声母、韵头和韵尾的

（表头：音节成分／音素；类型／例字／读音。韵母分：头、腹、尾。）

　　这个表，大体上表明了普通话语音的音节构成情况。下面还有几点说明：

　　第一，一个音节至少要有韵腹和声调；所有的单元音都可以作为韵腹。

第二，有的音节没有声母；普通话语音中的二十二个辅音，除 ng 以外，全都可以作为声母。

第三，作韵头的，只有 i、u、ü 这三个元音音素；作韵尾的，有 i、u、o 这三个元音音素和 n、ng 两个辅音。

二　声母、韵母和辅音、元音

声母、韵母和辅音、元音是两套不同的名称，是从两个不同的角度来称呼的。大多数的辅音在音节中是作声母用的；而元音又只能作韵母用，绝大多数的韵母都得有一个或一个以上的元音。声母、韵母和辅音、元音之间虽然有这么密切的关系，但是它们仍有不同的含义，不能把它们等同起来。

辅音、元音，是从发音时发音器官的不同情况来区别的，主要是气流通过口腔时受阻、不受阻的问题。辅音、元音，是表示音素的不同种类。

声母、韵母，是从分析汉语音节时不同的音素在不同的地位来称呼的：辅音音素在音节的开头叫声母，声母以后，不论辅音、元音，都属于韵母部分。声母、韵母，是表示音节的不同成分。

辅音常常出现在音节的开头，这时候，我们应该称它是辅音呢？还是声母呢？我们说两种名称都可以：称它是辅音，是从音素的种类说的；称它是声母，是从音节的成分说的。但辅音并不全部都可作为声母，在普通话里，ng 就是从不在音节开头出现的一个辅音，它只能作为韵尾跟随在作为韵腹的元音后面。同一个辅音 n，可以作声母，也可 以 作韵尾。这就要看它在音节中所处的实际地位来分别，象"南"（nán）有两个 n，前一个 n 是在音节的 开头，是声母，后一个 n 作为韵尾紧跟在韵腹的后面，是韵母的组成部分。所以，辅音并不等于声母。

韵母也不等于元音，因为韵母中也有辅音，在复合鼻尾音作为一个音节的韵母时，鼻尾音是韵母的组成部分。

三　拼　　音

我们把音节分析成为音素，再按音节的结构规律把它们拼合在一起，成为音节，这就叫拼音。拼音，要能够从音节中分析出音素，又要能够把音素拼合成为音节。

单元音自成音节，谈不上什么拼音；复合音是一个整体，自成音节时，也不用什么拼音。普通话语音的拼音是声母和韵母的拼合。

声、韵拼合法，把声母作为一个单位，韵母作为一个单位，两者急速连读，就拼成了一个音节。具体点说，是在辅音声母发完时，气流不中断，口腔紧接着安排韵母的活动。

声、韵拼合法要注意下面几点：

第一，声母要念辅音的本音。有的辅音如果不带元音就不响，所以我们平常念辅音，都是带上了元音 念 的，例如：bo、po，de、te 等等。 拼音时如果把辅音念成带上元音的，拼起来就不正确了。注意，声母要念得轻些短些。

第二，韵母要看作是一个整体，把它作为一个成分来与声母相拼。复合音原来就是一个整体，拼音时不要把它解剖为音素然后再和声母去拼。这样，我们就必须把复合音的发音练熟。

第三，声母、韵母拼合时，中间气流不要中断。声母一发出，韵母应迅速接上去。

四　介音和开、齐、合、撮

前面讲过，韵头又叫介音。汉语中作为介音的元音有 ɪ、u、ü 三个。

普通话语音中的三十八个韵母可以根据有没有介音和介音的不同分为四类，就是开口呼、齐齿呼、合口呼和撮口呼。

开口呼　简称开，没有介音的韵母，除去单韵母 ɪ、u、ü 以外，都是开口呼。开口呼的韵母有十五个，就是：ɑ（他）、o（坡）、e（歌）、er（儿）、-ɪ（诗）、-ɪ（私）、ɑɪ（百）、eɪ（飞、ɑo（老）、ou（漏）、ɑn（番）、en（分）、ɑng（汤）、eng（能）、ong（公）。

齐齿呼　简称齐，凡是以 ɪ 为介音的韵母，以及单韵母 ɪ，都是齐齿呼。齐齿呼的韵母有十个，就是：i（医）、iɑ（亚）、ie（爷）、iɑo（腰）、iou（优）、iɑn（烟）、in（因）、iɑng（秧）、ing（英）、iong（用）。

　　合口呼　简称合，凡是以 u 为介音的韵母，以及单韵母 u，都是合口呼。合口呼的韵母有九个，就是：u（乌）、ua（挖）、uo（我）、uai（外）、uei（位）、uan（完）、uen（文）、uang（王）、ueng（翁）。

　　撮口呼　简称撮，凡是以 ü 为介音的韵母，以及单韵母 ü，都是撮口呼。撮口呼的韵母有四个，就是：ü（去）、üe（约）、üan（远）、ün（运）。

　　认识了韵母中开、齐、合、撮的分别，就可以帮助我们更系统地了解普通话语音，因为在韵母和声母的拼合关系中，开、齐、合、撮的不同是一个很重要的条件。

五　声、韵配合关系

　　音节的构成有一定的规律，这是指什么声母可以和什么韵母拼起来成为一个音节而说的。发音部位相同的声母和同一呼的韵母，拼不拼的条件往往是相同的。例如 j 不拼 开口呼，与它同部位的 q、x 也都不拼。

　　普通话语音的声、韵配合关系表现了普通话语音的特色，如果超出了它的拼合规律，就是超出了普通话的音节范围。例如：普通话语音中的 f 不与齐齿呼拼，有的山东人把"飞"字读成（fi），而"fi"这个字音是不属于普通话语音的，因为普通话语音根本就没有这样的音节。

普通话语音的声、韵配合关系表

声母 ＼ 韵母	开	齐	合	撮
b　p　m	能拼	能拼	只拼u	不拼
f	能拼	不拼	只拼u	不拼
d　t	能拼	能拼	能拼	不拼
n　l	能拼	能拼	能拼	能拼
g　k　h	能拼	不拼	能拼	不拼
j　q　x	不拼	能拼	不拼	能拼
zh　ch　sh　r	能拼	不拼	能拼	不拼
z　c　s	能拼	不拼	能拼	不拼

上表说明了普通话语音的声、韵配合关系，主要有以下特点：

第一，各组声母，除去 j、q、x 外，都能与开口呼拼；

第二，能与撮口呼拼的，只有 n、l、j、q、x 五个声母；

第三，二十一个辅音声母中，只有 n、l 能与四呼拼；

第四，f，g、k、h，zh、ch、sh、r，z、c、s，这十一个声母只和开、合两呼拼，不和齐、撮两呼拼；j、q、x 正相反，只与齐、撮拼，不与开、合拼。

第五，b、p、m、f 能和合口呼拼，但是只拼 u，不拼以

u 为介音的复合音。

　　学好普通话语音，掌握普通话语音的声、韵配合关系是很要紧的，因为方音的声、韵配合关系在某些方面常常与普通话的不同。山东不少地方有 z、c、s 和齐齿呼拼 的 音 节。有些人甚至在练习普通话语音的时候，还把"细小"(xìxiǎo) 读成 sisiao，"洗清"(xǐqīng) 读成 sicing。如果这些同 志 知道普通话没有 z、c、s 和齐齿呼相拼的音节，那么，这个 错误是一定可以避免的。又如：有些同志在拼写普通话时，常常把"小巧"(xiǎoqiǎo) 写成 xaoqao，"九千"(jiǔqiān) 写成 jouqan，如果这些同志知道普通话的 j、q、x 只能和齐、撮两呼拼，不能与开口、合口拼，那么，这些字的介音也就不会 丢 掉了。

六　拼写的几个问题

　　我们说话，都是一个词、一个词地连着说的；拼音字母用来为汉字注音，为了阅读方便，最好以词为单位拼写。

　　以词为单位拼写，两个音节以上的词就要把音节和音节连在一起。这就会产生音节之间界 线 不 清 的 问 题，例如：jiang，是一个音节的"江"字呢？还是两个音节的"激昂"呢？这就需要隔音。

　　隔音，就是用一定的记号来划清一个词里几个音节的界线。需要隔音的音节，限于开头没有辅音声母的零 声 母字；零声母字如果连在其它音节后面，一律都要隔音。例如："图案"(tú'àn)、"养 鹅"(yǎng'é)、"翻译"(fānyì)、"新 闻"

(xīnwén)、"节约"(jiéyuē)。下面介绍怎样隔音：

1．《汉语拼音方案》里面提到：a、o、e 开头的 音节连在其它音节后面的时候，如果音节界限发生混淆，用隔音符号（'）隔开，例如：pí'ǎo（皮袄）。

2．i、u 或者是以 i、u 为开头的音节 连在其它音节的后面，就要用 y、w 隔开。i 或以 i 开头的音节用 y；u 或以 u 为开头的音节用 w。y、w 的使用有两种情况：

第一，要隔开的音节如果只有一个元音，就在 i、u 的前面加上 y、w：i(yi)、in(yin)、ing(ying)；u(wu)。这时候，y、w 只起隔音作用，不发声音。

第二，要隔开的音节如果不止一个元音，就把前面的 i、u 分别改成 y、w：ia (ya)、ie (ye)、iao (yao)、iou (you)、ian (yan)、iang(yang)、iong(yong)；ua(wa)、uo(wo)、uai(wai)、uei(wei)、uan (wan)、uen(wen)、 uang (wang)、ueng(weng)。这时候，y、w 除了隔音的作用以外，还要发 i、u 的音，有代替 i、u 的作用。

3．ü 或者是以 ü 为开头的音节，把 ü 的上面两 点去掉，前面再 加 y：ü(yu)、üe(yue)、üan(yuan)、ün(yun)，yu 发 ü 的音。这样，既不和 u 混也不和 i 混，因为 u 在隔音时前面加 w 不加 y；i 的前面虽然也是 y，但是后面是 i 不是 u。

拼写的另外一些问题，下面再着重说几点：

1．省写：

第一，iou、uei、uen，自成音节时写成 you、wei、wen，例如："优"(yōu)、"威"(wēi)、"温"(wēn)；前面有声母时，省去

中间的 o、e，例如："秋"（qiū）、"堆"（duī）、"昏"（hūn）。

第二，ü 在 j、q、x 的后面，可以省去上面两点，例如："居"（jū）、"捐"（juān）。因为在普通话语音的声、韵配合 关系中，j、q、x 不和合口呼的韵母拼，所以省去两点以后，虽然形式上是 u，但也不会把它误认为 u。也正是因为声、韵配合关系，所以 n、l 后面的 ü 就不能省去上面两点，因为 n、l 能与合口呼的韵母拼，例如："女"（nǚ），省两点 就 变成"努"（nǔ）；"绿"（lǜ），省两点就变成"路"（lù）。

2．有音变现象的，拼写时仍旧写原来的标准 读音。例如：上声和上声相连，前面的上声变成阳平，但拼写时不必把前面的上声标为阳平，例如："友好"（yǒuhǎo）。

3．轻声一律不标调，反过来说，凡不标调 号 的 都 读轻声。当然，如果拼写时全不标调，那就不能把所有的音节全都看成是轻声。

本章练习题

（一）练习下面的拼音：

1. l——a　　l——i　　l——u　　l——ü
2. n——a　　n——i　　n——u　　n——ü
3. b——a　　b——i　　b——u
4. d——a　　d——i　　d——u
5. b——an　　p——an　　m——an　　f——an
6. zh——ao　ch——ao　sh——ao　r——ao

7. d——uei　　t——uei

8. j——iou　　q——iou　　x——iou

9. z——ang　　c——ang　　s——ang

10. g——uan　　k——uan　　h——uan

（二）下面的几个音节拼写错了，请改一改：

1. 新　sīn　　　　　　2. 英　yīeng

3. 飞　fī　　　　　　　4. 吵　chiǎo

5. 林　lién　　　　　　6. 叫　jào

7. 对　duèi　　　　　　8. 音　yn

9. 问　wuèn　　　　　 10. 优　yū

11. 五　yǔ　　　　　　 12. 名　lǎo

13. 流　lióu　　　　　 14. 水　shǔi

15. 海岸　hǎiàn　　　　16. 座位　zuòuèi

第六章　音　　变

　　每一个音，原来都有固定的读法，有时因为各种原因，象音素和音素的互相影响、声调和声调的互相影响等等，使得读出来的声音和本来的声音不一样了，这叫音变。了解音变，可以使我们的话说起来更加方便，听起来更加优美、动听。普通话语音里的音变现象很多，下面只讲儿化、变调和轻声。

一　儿　　化

　　普通话语音里的卷舌元音虽然只有一个 er，但在实际的普通话里，元音卷舌的情况却是很多的。这是什么缘故呢？这就是儿化问题。

　　儿化，是指音节末尾有个卷舌动作。严格地说，应该是原先没有卷舌动作的音节，说话时在它的末尾卷舌了，才叫儿化。象单韵母 er，原来就是卷舌的，就不能算做儿化。儿化韵用 r 来表示，写在一个音节的末尾，例如"马儿"（mǎr）。儿化韵的 r 不同于辅音中 zh、ch、sh、r 的 r，而且辅音 r 是从不在音节末尾出现的。

　　我们在发每个舌面元音时，都可以把舌尖卷起一点来发，所以每个舌面元音都可儿化。普通话语音中的儿化韵情况有下面几种：

1．音节末尾如果是 a、o、e、u（包括 a、ia、ua、e、ie、üe，o、uo，ao、iao，u、ou、iou），由于这几个元音 卷舌方便，所以只要在发音时把舌尖卷 起 就 行。例 如："哪 儿"、（nǎr）、"花儿"（huār）、"盒儿"（hér）、"唱歌儿"（chànggēr）、"碟儿"（diér）、"活儿"（huór）、"水珠儿"（shuǐzhūr）、"小牛儿"（xiǎoniúr）等等。

2．i、u 是前高元音，卷舌不方便。如果音节末尾 是 i、u（包括 i、ei、uei、ai、uai、u），单元音就 变 ier、üer，例如："小鸡儿"（xiǎojīr）实际读成 xiǎojiēr、"金鱼儿"（jīnyúr）实际读成 jīnyuér。如果音节末尾是复合元音，就先去韵尾，然后韵腹儿化，例如："刀背儿"（dāobèir）实际读成 dāobèr、"小孩儿"（xiǎoháir）实际读成 xiǎohár 等等。

3．鼻尾音是辅音，不能卷舌，就把 n、ng 去掉，n、ng 前面是 a、o、e 的（包 括 an、ian、uan、üan、ang、iang、uang、eng、ueng、en、uen、ong、iong），a、o、e 卷舌，例如："笔尖儿"（bǐjiānr）实际读成 bǐjiār、"花盆儿"（huāpénr）实际读成 huāpér、"车轮儿"（zhēlúnr）实际读成 chēluér；前 面的元音是 i、u 的（包括 in、ing、ün），就变得和单元音 i、u 的儿 化 一 样，成为 ier、üer，例如："捎信儿"（shāoxìnr）实际读 成 shāoxièr、"云儿"（yúnr）实际读成 yuér。由于 ng 的鼻音较强，虽 然去掉，但还留着一点鼻音，所以 ng 前面的儿化元音，还有一点鼻音，象"帮忙儿"（bāngmángr）实际读成 bāngmár，"外甥儿"（wàishēngr）实际读成 wàishér。

4．舌尖元音不便卷舌，"诗"、"私"的韵母在儿化时都要变成 er，例如："什么事儿"（shémeshìr）实际读成 shémeshèr，"写字儿"（xiězìr）实际读成 xiězèr 等等。

儿化的作用很多：有表示"小"的意思的，在感情上也常表示喜爱的心理，例如："苗儿"（miáor）、"妞儿"（niūr）、"小刀儿"（xiǎodāor）等等；有区别词义的，例如："一块儿"（yíkuàir）是指在一起，不是"一块布"的"一块"等等；有区别动词和名词、形容词和名词的，有的动词和有的形容词在儿化之后就变成了名词，例如："干活儿"（gànhuór）的"活儿"是名词，而"活着"的"活"是动词，"抽空儿"（chōukòngr）的"空儿"是名词，而"空出来"的"空"是动词，"笔尖儿"（bǐjiānr）的"尖儿"是名词，而"笔很尖"的"尖"是形容词等等。

儿化是普通话语音的特点之一，这里只是从发音上说明普通话语音的儿化韵情况。普通话里儿化韵的发音是很自然、很方便的，我们只要能把普通话语音的韵母发音掌握好，那么，学好普通话的儿化韵也就并不困难了。

二　变　调

汉语的每一个字音都有声调，一个字属于什么调类、读什么调值，在单独念的时候是固定的，但是有些字在和别的字连在一起时，读起来声调就变得和原先单独念的时候不一样了，这叫做变调。例如："下雨"（xiàyǔ）的"雨"字，单独念时是上声，但它如果在"水"的前面，"雨水"（yǔshuǐ）的"雨"，读起来就变得和"鱼水"（yúshuǐ）的"鱼"字一个样了，可"鱼"是阳平字，不是上声字。

一个字，原来是什么调，后来又变成什么调，要看不同的情况。同一个字在不同的情况下可能读成不同的声调，例如："友"（yǒu）是上声字，而"友好"的"友"要读阳平，和"游泳"的"游"一样，在"人"的前面，"友人"的"友"则又另是一种读法。又如："一"（yī），"一针"的"一"读去声，"一线"的"一"就读阳平。普通话语音中的声调变化，往往不在一个词的末一个字，而是在前一个字；这前一个字怎么变，就得看后一个字是什么调。下面从三点说明普通话语音的变调情况：

1．上声的变化

上声字连在任何字的前头都要变调，它的变化有两种情况：

两个上声连在一起时，前面的上声变成阳平，例如："有水"（yǒushuǐ），两个字都是上声，连在一起时，前面的"有"字就变成了阳平；"有水"，变成和"油水"（yóushuǐ）一样的声音了。如果三个上声连在一起，那么前面的两个上声都要变成阳平，例如："洗脸水"（xǐliǎnshuǐ），前面的"洗"和"脸"，都要读成阳平，象"习"（xí）和"连"（lián）的声音一样。

上声在其它字调的前面，都要变成半上。上声原来是个低降升调√214，变成半上以后，就只剩下了前面低降的部分√21，降下来就不再升上去了。例如："有灯"（yǒudēng）、

"有来"（yǒulái）、"有去"（yǒuqù）、"有了"（yǒule），"有"字在"灯"、"来"、"去"、"了"等字前面，读起来和在"水"（shuǐ）字的前面是不一样的，前者是半上，后者是阳平。

总起来说，上声的变调是：

上上相连，前上变成阳；

上 $\searrow_{214}$ + 上 $\searrow_{214}$ —→ 阳 $\nearrow_{35}$ + 上 $\searrow_{214}$ 好纸（hǎozhǐ）

阴阳去轻，前上变半上。

$$上 \searrow_{214} + \begin{cases} 阴 \rceil_{55} \\ 阳 \nearrow_{35} \\ 去 \searrow_{51} \\ 轻 \end{cases} \longrightarrow 半上 \searrow_{21} + \begin{cases} 阴 \rceil_{55} 好钢（hǎogāng） \\ 阳 \nearrow_{35} 好人（hǎorén） \\ 去 \searrow_{51} 好事（hǎoshì） \\ 轻 \quad 好了（hǎole） \end{cases}$$

2．去声的变调

去声只在去声前面才有变化。例如：会议（huìyì）两字都是去声，前面的"会"字要变成半去。去声原来是全降调，变调后就只降到一半 $\searrow_{53}$。

去 $\searrow_{51}$ + 去 $\searrow_{51}$ —→ 半去 $\searrow_{53}$ + 去 $\searrow_{51}$ 跃进（yuèjìn）

3．"一"、"七"、"八"、"不"的变调

"一"的变调：

下面四句话说明"一"的变调情况，每句话的右边是具体例子：

一字基调是阴平，　　　一（yī）、十一（shíyī）

阴阳上前变去声，　　　一天（yìtiān）、一年（yìnián）、

　　　　　　　　　　　一把（yìbǎ）

去声前面读阳平，　　　　一概（yígài）、一切（yíqiè）

嵌在词中读轻声。　　　　看一看（kànyikan）

"七"、"八"的变调：

"七"、"八"的本调都是阴平，在多数情况下不变调，只在去声前面变为阳平。例如："七万"（qíwàn）、"八 亿"（báyì）。

"不"的变调：

"不"的本调是去声，在阴平、阳平和上声前都不变调，只在去声前变阳平，嵌在词的中间 读 轻 声，例如："不断"（búduàn）、"不灭"（búmiè）、"好不好"（hǎobuhǎo）。

"一"、"七"、"八"、"不"变调表

字	基　调　单念句末	连 读 条 件 及 变 调 情 况		
		在阴阳上前	在去声前	在词中间
一	一　第一	╱ 一一枝、一生　╱ 一人、一名　∨ 一种、一尺	╱　　　＼　一　　　次　一　　　岁	轻　声　碰 一 碰　叫 一 叫
七　八	一　八　第七　第八	一 ╱ 七分、八分　╱ 七十、八十　∨ 七尺、八尺	╱　　　＼　七次、八次　七岁、八岁	
不	＼　不　知道不	╱ 一不低、不脏　╱ 不同、不白　∨ 不远、不少	╱　　　＼　不　　　问　不　　　去	轻　声　去 不 去　要 不 要

上表告诉我们两点：

第一，去声前面，不论是"一"、是"七"，是"八"、是"不"，一律都读阳平；

第二，其它调前，只有"一"字要变去声，"七"、"八"和"不"，仍旧读本调。

三　轻　声

一个音节，原来的声调变了，变得又轻又短，就叫轻声。《汉语拼音方案》规定：一个音节如果读成轻声，在拼写时就不标调号。

不管是哪一个声调的字，都可以变成轻声。所有的轻声都要失去它原来的调值，但是轻声和轻声比较，在音的高低上还是不相同的。念轻声的字，音的高低不由它原来的声调决定，这和变调不同。变调是原来什么调，在一定的条件下它就一定怎么变，原来的声调还有着决定性的作用，轻声不管原来属于什么调，光看前面的条件。轻声的高低，可以分为两种：高的叫高轻，低的叫低轻。

1.高轻　前面那个音节是上声，后面的轻声就是高轻。例如："走着"(zǒuzhe)、"紫的"(zǐde)、"暖和"(nuǎnhe)、"好了"(hǎole)。

2.低轻　前面那个音节是阴平、阳平或去声，后面的轻声就是低轻。例如："书上"(shūshang)、"桌子"(huōzi)、"姑娘"(gūniang)；"儿子"(érzi)、"头发"(tóufa)、"凉快"

(liángkuai)；"地上"(dìshang)、"凳子"(dèngzi)、"豆腐"(dòufu)、"事情"(shìqing)。

　　读轻声的音节，不但原来的声调变得轻了、短了，就是声母、韵母，有时也会有些变化。下面举的是轻声字声母、韵母的变化情况：

　　1.辅音声母，原来是送气的，有些字读轻声后就变得不送气了。例如："糊涂"(hútu) 读成 húdu、"琵琶"(pípa) 读成 píba。

　　2.辅音声母，原来是不送气的清音，有些字读轻声后就变成了浊音。例如："热的"(rède)、"五个"(wǔge)，d、g 是浊音。

　　3.主要元音趋向中 e。这是因为中 e 的舌位不高不低，不前不后，发音方便、省力。例如："李家"(lǐjia) 读成lǐjie、"买卖"(mǎimai) 读成 mǎimei、"屋里"(wūli)读成 wūle、"棉花"(miánhua) 读成 miánhue。

　　4.原来圆唇的元音，有些字读轻声时就变成了不圆唇。例如："上去"(shàngqu)读成 shàngqi、"婆婆"(pópo)读成 pópe。

　　5.原来两个音节，读轻声后，后面的音节失去了韵母，它的声母变成了前一音节的韵尾。例如："我们"(wǒmen)读成 mǒm、"他们"(tāmen) 读成 tām。

　　轻声的作用也很多：有区分词性的，例如："和平"(héping)是形容词，可以形容一个人的性格，"报告"(bàogao) 是动词，不是名词；有区别词义的作用，例如："兄弟"(xiōngdi)是弟弟，不是哥哥和弟弟、"过年"(guònian) 是明年，不是过新年；至于一些语气词、助词、代词等等念成轻声，就可以使语音更加活泼，例如："我们"（wǒm）、"来吧"（láiba）、"好了"（hǎole）、"不嘛"（bùme）等等。

本章练习题

（一）说出下列各词的儿化韵

1. 今儿	jīn		2. 座儿	zuò	
3. 尖儿	jiān		4. 格儿	gé	
5. 壶儿	hú		6. 事儿	shì	
7. 孩儿	hái		8. 后儿	hòu	
9. 驴儿	lú		10. 鸡儿	jī	

（二）把下面的词拼出来，说明它们的变调：

1. 语音   2. 语言
3. 语法   4. 语气
5. 建设   6. 奋斗
7. 不错   8. 八路
9. 一年   10. 七一

附录　各章练习答案

第 二 章

1.	打	d—a	d	辅音	a	元音
2.	努	n—u	n	辅音	u	元音
3.	午	u			u	元音
4.	移	i			i	元音
5.	泼	p—o	p	辅音	o	元音
6.	夫	f—u	f	辅音	u	元音
7.	歌	g—e	g	辅音	e	元音
8.	鱼	u			u	元音
9.	吕	l—u	l	辅音	u	元音
10.	题	t—i	t	辅音	i	元音

第 三 章

（一）

1. u（前高圆唇）　　2. i（前高不圆唇）
　u（后高圆唇）　　　u（后高圆唇）

3. a（央低不圆唇）　4. e（后半高不圆唇）
　e（后半高不圆唇）　　o（后半高圆唇）

5．u（后高圆唇）　　　6．ü（前高圆唇）

　　o（后半高圆唇）　　　e（后半高不圆唇）

（二）

1．p（双唇）　　　　　2．zh（舌尖后、硬腭）

　　t（舌尖、齿龈）　　　z（舌尖前、上齿背）

　　k（舌根、软腭）　　　j（舌面前、硬腭）

3．n（鼻音）　　　　　4．g（塞音）

　　l（边音）　　　　　　h（擦音）

5．sh（清音）　　　　　6．j（不送气）

　　r（浊音）　　　　　　q（送气）

（三）

1．姿(z)—支(zh)　　　2．插(ch)—擦(c)

3．诗(sh)—丝(s)　　　4．秋(q)—抽(ch)

5．然(r)—蓝(l)　　　　6．肉(r)—漏(l)

7．热(r)—业(零)　　　8．益(零)—日(r)

9．奋(f)—顺(sh)　　　10．睡(sh)—废(f)

（六）

1．人民 rénmín　　　　2．红旗 hóngqí

3．条件 tiáojiàn　　　4．文化 wénhuà

5．宣传 xuānchuán　　6．国家 guójiā

7．学校 xuéxiào　　　8．雨衣 yǔyī

9．十六 shíliù　　　　10．开会 kāihuì

第 四 章

1. 亚洲　yàzhōu
2. 小麦　xiǎomài
3. 说话　shuōhuà
4. 友爱　yǒu'ài
5. 飞跃　fēiyuè
6. 协会　xiéhuì
7. 安全　ānquán
8. 生产　shēngchǎn
9. 相信　xiāngxìn
10. 东风　dōngfēng
11. 温暖　wēnnuǎn
12. 真正　zhēnzhèng
13. 青年　qīngnián
14. 英雄　yīngxióng
15. 星火燎原　xīnghuǒliáoyuán
16. 多快好省　duōkuàihǎoshěng
17. 人定胜天　réndìngshèngtiān
18. 冲锋陷阵　chōngfēngxiànzhèn

第 五 章

(二)

1. 新　xīn
2. 英　yīng
3. 飞　fēi
4. 吵　chǎo
5. 林　lín
6. 叫　jiào
7. 对　duì
8. 音　yīn
9. 问　wèn
10. 优　yōu
11. 五　wǔ
12. 舀　yǎo

13．流　liú　　　14．水　shuǐ

15．海岸　hǎi'àn　16．座位　zuòwèi

第 六 章

（一）

1．今儿　jīer　　　　　2．座儿　zuòr

3．尖儿　jiār　　　　　4．格儿　gér

5．壶儿　húr　　　　　6．事儿　shèr

7．孩儿　hár　　　　　8．后儿　hòur

9．驴儿　lúér　　　　　10．鸡儿　jīer

（二）

1．语音　yǔyīn　　　（前上变半上 √₂₁）

2．语言　yǔyán　　　（前上变半上 √₂₁）

3．语法　yǔfǎ　　　（前上变阳平 ┃₃₅）

4．语气　yǔqì　　　（前上变半上 ↓₂₁）

5．建设　jiànshè　　（前去变半去 ↘₅₃）

6．奋斗　fèndòu　　（前去变半去 ↘₅₃）

7．不错　búcuò　　　（"不"字变阳平）

8．八路　bálù　　　（"八"字变阳平）

9．一年　yìnián　　（"一"字变去声）

10．七一　qīyī　　（"七""一"都读基调）

胶东人怎样学
习普通话

前　　言

一、胶东地区位于山东东北部，三面靠海。北面和西北临渤海，东面和东南靠黄海，西南与昌邑、平度、胶县、胶南等县相接。

二、本手册所根据的是1957—1958年間所做的17个点的方言調查材料。这17个点是：青島、即墨、海阳、乳山、文登、荣成、威海、牟平、烟台、福山、蓬萊、黄县、招远、栖霞、萊阳、萊西和掖县。其中的蓬萊方言和它对岸的长島話同，所以本手册也可作为长島人学习普通話的参考。

三、本手册只限于語音方面的描述，一般都用拼音方案注音，不得已采用国际音标时都用〔　〕号标出，如：〔ȵ〕等等。不論是拼音方案还是国际音标，我们都用寬式的記音法，例如：胶东話的鼻音韵尾 n 幷不完整，象"安"和"恩"，实际上多数是半鼻音"ã"和"ə̃"，我们都一律記作〔an〕和〔en〕；又象"車"的韵母在胶东各点幷不完全一致，有的点是〔ɣ〕、有的点是〔ə〕、有的点是〔ɜ〕，我们一律都把它記作〔e〕。

四、本手册的内容包括下面几个部分：

緒論部分說明学习普通話的意义；

第二部分介紹普通話語音的一般常識；

第三部分是胶东方言和普通话语音声、韵、调的比较；

第四部分说明普通话声、韵、调的发音情况及胶东人怎样从自己的方音去练习普通话的声、韵、调；

第五部分说明胶东人学习普通话的难点及其克服方法；

第六部分简略介绍普通话的轻音、儿化及变调情况；

附录部分包括普通话的日常用语及普通话的朗读材料等等。

五、参加胶东方言调查记音工作的，除了山东大学中文系部分师生以外，还有青岛市教育局王朵芹同志，在调查过程中曾得到莱阳师范领导同志和好几位同学的热心帮助。

负责编写本手册的是钱曾怡、沈孟璎两同志，除去第一、第二、第六三章以外，都由钱曾怡同志编写。

六、我们对这些点的方言实况调查了解得还很粗略，对编写手册又缺少经验，因此这本手册一定存在着许多缺点，希望读者批评指正。

山东大学方言调查工作组

一九五九、一〇

目　　录

第一章　绪　　論

一、学习普通話的意义

"普通話"就是规范的汉民族的共同語，是以北京語音为标准音，以北方話为基础方言，以典范的现代白話文著作为語法规范的。我们要学的就是这个全汉族人民都能了解、都能运用的民族共同語——普通話。

为什么要以北京語音为标准音，而不以山东話或者其他方言的語音作为标准音呢？决定这个的标准又是什么呢？

我们知道，要統一汉語的語音，絕对不能把全国各种方言进行"截长补短"的混合，或是虚拟出一套标准来，必须以一个地方的語音作为标准音。

北京語音的标准音地位是历史发展的結果。众所周知，北京地方很久以来都作为都城，一直是汉族人民的政治中心和文化中心，这个特殊的社会地位是其他的方言所没有的。近几十年来，一切話剧、电影、广播和其他宣传用語都是采用北京語音，北京語音已經被絕大多数人所喜爱，以北京語音为标准音已經被人们所公認了。

为什么我们必须学习以北京語音为标准音的普通話呢？我国是个地大人多的国家，几千年来在政治上和經济上缺乏真正的高度的统一，交通又不便，形成了方言的严重分歧，各地有各地的方言，甚至一个省的人彼此也听不懂话。今天，我们国家已是一个高度统一的国家，全国人民在中国共产党和中央人民政府的领导下，正在为共同目标——建设社会主义、共产主义而忘我地劳动着。随着建设事业的飞跃发展，人民相互来往和交际活动日益频繁。在这样形势下，方言的分歧就给社会主义建设事业带来很多的不便，人们越来越要求使用一种可以到处通行，人人都能够接受的共同语言，这是我国人民社会生活中的一件大事，推广普通话就是为了适应这种形势的需要的。

有人可能会说：广东人、福建人应该学普通话，他们说的话，大家都不懂嘛，至于山东人，却不必要学，山东话就是北方话，不学普通话，也不至于说起话来一般人连一句也听不懂。我们认为这种想法是片面的。固然山东话属于北方官话区，但是北方官话区里的语音分歧仍然不少。如果北方官话区的人都不学普通话，那么，山东人照山东方音说话；河南人照河南方音说话；山西、陕西、甘肃、河北等地的人也都照山西、陕西、甘肃、河北等地的方音说话。这样下去，汉民族共同语的统一就无法实现，社会主义建设事业也将受到影响。

一九五八年七月三十一日，中国文字改革委员会吴玉章主任在全国普通话教学成绩观摩会上豪迈地说：“全国工农业生产大跃进的形势一天有如二十年，推广普通话工作也应该大跃进。只要我们鼓足干劲，在党的领导下，我们完全可

2

能在三年内或更短的时间内，全民普及普通話。"陈毅副总理接见观摩会代表的时候，也再三表示中央对推广普通話工作的重视和支持，并指示推广普通話是为社会主义建設大跃进服务，要以大跃进精神来推广普通話。

一九五九年一月中旬吳玉章同志又亲自来山东，做了"积极进行文字改革"的报告，强調推广普通話和推行汉語拼音方案的重要性。党和首长的指示和关怀，說明推广普通話是一項极有意义的、重大的政治任务。全国人民都要学习普通話，山东人当然不能例外。我們应該鼓足干劲，学好普通話，把推广普通話的紅旗插遍全省。

二、胶东人能不能学好普通話

毛主席說："語言这东西，不是随便可以学好的，非下苦功不可。"（毛澤东选集，第三卷858頁）学好普通話，同样并不容易。我們不能輕视学习普通話的困难，誰要是存在着不花劳动，不下苦功就可学好的思想，那就会妨碍他学好普通話。但是过分强調学习的困难，認为根本不能学会普通話，产生了恐惧心理，同样会妨碍学习。

学习普通話有困难，一方面因为方言是从小說慣的，要改变方音有不同程度的困难，另一方面因为生活在方言区內，缺乏学习普通話的語言环境。不过我們也要認識学习普通話有容易的一面。因为不管方言如何复杂，畢竟都是汉語的支流，学习普通話有一定的规律可以利用，本地音和北京

3

音之間也有对应规律。用对应规律来指导发音，学起来就容易了。只要我們树立講普通話的社会风气，講起来也就容易了。福建省吳山乡是該省方言最难懂、最复杂，并且交通最閉塞的地方。在省委和吳山乡党委的积极領導和支持下，在全乡人民的努力下，苦战了五十天，全乡基本上推广了普通話。方言复杂的吳山乡能够在很短的时間內学好普通話，那么生活在北方官話区，在語音上与普通話还有一些相同点的胶东人，难道反而学不会嗎？我們应該滿怀信心地說："一定能学会！"

說話是一种习慣，只要我們肯下苦功，付出劳动代价，一定能学好。应該强調，政治挂帅是克服学习普通話困难的关键。不管方言和普通話距离多么大；不管客观条件多么差，只要思想上重視，把学习普通話当成一个政治任务去完成，就沒有学不好的。我們不单从書本、字典上学，最主要的是在生活中学，应該抓住一切机会学习普通話；看电影、看話剧、收听广播、放普通話語音留声片、多朗讀，这些都是学习的好机会。学了以后，还要大胆地說。凡是怕人家笑話，愛面子的，进步就不会快。能勇敢地說，那怕一时南腔北調，不太純淨也不要紧，逐渐会說得符合标准的。

此外，掌握汉語拼音方案是学习普通話的有效的工具。汉語拼音方案只用二十六个字母，四个声調，就能拼写出全部普通話的音。当你学会了字母的发音、拼音以后，就能够依靠拼音讀物学习普通話，也能查字典，查出汉字的正确讀

4

音——普通話的讀音。这样,你学普通話就更加便利,更加准确,更加巩固。掌握了这一套工具,就能够做到无师自通,对学好普通話起着很大的保証作用。

第二章 普通話語音

一、語音是怎样发出来的

我们学习标准音,不能一句話、一个詞地摹仿着学。这种学法既費工夫,收效又差。况且,靠了几年的摹仿,虽然学会了話,也还講不清自己嘴上的音是怎样发出的。这样,遇到自己发音不规范的时候,改正起来就比較困难。因此,我们不能以只会摹仿为满足,还应当进一步了解标准音的发音情况。掌握了語音的一般知識,知道自己所发的音和标准音差異在什么地方,这差異由什么条件造成的。那么,改正起来也就容易得多了。作为語文教师,要替别人矫正語音,就更需要有語音知識,来提高教学的效果。所以,我们应当把标准音加以科学的說明。掌握了发音的一般知識,然后作正音練习,就可以指导我们的实践,幷使我们的認識提高到更高的理性的阶段。

講話时嘴里說出来的声音叫語音。語音是由发音器官发出来的。我们要想知道标准音每个声音是怎样发出的,就必须先了解形成語音的发音器官。

5

发音器官可以分成四大部分来說明：（一）肺部（二）声带（三）口腔（四）鼻腔。

（一）肺部：发音需要原动力，人的发音原动力就是肺部呼出的气流。

（二）声带：声带（見图⑧）是藏在喉头里的两片靭带。声带之間是声門，声門能开能閉。如果声門大开，从肺里呼出来的气可以自由通过声門，不受阻碍，声带就不顫动。如果声門紧閉，呼出来的气受到声門的阻碍，要冲出去，因而声带受到冲击，就顫动起来。由于这种顫动就发出了声音，所以声带可以說是发音的顫动体。

（三）口腔：口腔在发音上，作用极大，包括有：

1. 上下唇（見图①②）：上、下唇可随意开合。

2. 上下齿（图③④）：齿常与舌、唇的运动相配合。

3. 舌：舌是最灵活最重要的一个发音器官。为說明語音起見，舌可分三部分：舌尖（图⑨）、舌面（图⑩）、舌根（图⑪）。

4. 上顎：上顎可以分成三部分：上牙床（图⑤）、硬顎（图⑥）（上顎靠前凹进去的、硬的、不能活动的部分）、軟顎（图⑦）（上顎靠后的、軟的、能上下活动的部分）。

（四）鼻腔：鼻腔是固定的、不能变化的发音器官。当軟顎下垂时，气流就由鼻腔出来，起共鳴作用。

各种发音器官的动作配合起来，能够发出不同的語音。比如：上下唇閉起来，然后放开发出来的音就是輔音 b，再加上送气，就是輔音 p。又比如：口腔开得很小，嘴角展

6

开，上下門齿接近，舌尖压住下齿背，舌面前向硬颚升起，嗓子用力，声带颤动，就发出元音 i。因此，我們必須要記住发音器官的各部名称和部位及其在发音时所起的作用。

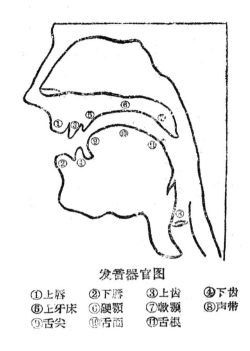

发音器官图

①上唇　②下唇　③上齿　④下齿
⑤上牙床　⑥硬颚　⑦软颚　⑧声带
⑨舌尖　⑩舌面　⑪舌根

二、汉語拼音方案

汉語拼音方案是經过全国人民广泛討論后才制定的。它是全国人民集体智慧的結晶，幷繼承了历来各种汉語拼音体系的优点，避免了它們的缺点。汉語拼音方案的用处是給汉字注音、帮助認識汉字、統一讀音、推广普通話。因此，熟悉汉語拼音方案对学习普通話是很有帮助的。

任何一种語言，都可以将它的語音分析为若干单位，然后根据这些語音单位（音素）制定一套字母，作为記录这种語言的符号。汉語拼音方案是以普通話作为对象，将普通話語音

（北京語音）分析成若干音素，然后为这些音素制定一套拼音字母和拼写規則，用来拼写普通話并給汉字注音的。用来拼写字音的符号叫字母，汉語拼音方案有二十六个字母，实际上拼写普通話的字音只用25个字母，v这个字母，只用来拼写外来語或少数民族語言。底下是字母表：

字母	Aa	Bb	Cc	Dd	Ee	Ff	Gg
名称	ㄚ	ㄅㄝ	ㄘㄝ	ㄉㄝ	ㄜ	ㄝㄈ	ㄍㄝ

	Hh	Ii	Jj	Kk	Ll	Mm	Nn
	ㄏㄚ	ㄧ	ㄐㄧㄝ	ㄎㄝ	ㄝㄌ	ㄝㄇ	ㄋㄝ

	Oo	Pp	Qq	Rr	Ss	Tt
	ㄛ	ㄆㄝ	ㄑㄧㄡ	ㄚㄦ	ㄝㄙ	ㄊㄝ

	Uu	Vv	Ww	Xx	Yy	Zz
	ㄨ	ㄪㄝ	ㄨㄚ	ㄒㄧ	ㄧㄚ	ㄗㄝ

字母是用来表示音素的符号。音素是不能再分析的語音的最小单位。音素分元音和辅音两类。发音时，气流通过口腔，不受阻碍，这是元音，如：a、e、i、o、u、ü等。如果发音时，气流通过口腔受到阻碍（阻碍方式有多种）这是辅音，如：b、d、g、f等。最理想的拼音方案是一个字母表示一个音素。汉語拼音方案基本上做到一个字母表示一个音素，不过没有完全做到。汉語拼音方案里有四个"双字母"各自表示一个音素，就是zh、ch、sh、ng。这些字母不能再分开，ch的音不等于c的音加h的音，sh的音也不等于s的音加h的音。另外有些音素，不会在相同的环境里同时出现，就可以

采取兼代的办法，用一个字母表示不同的音素。如 i 可以兼代 zh 组、z 組辅音后的两个元音 i e 可以兼代注音字母的 ㄝ，元音 ü 出现在 j、q、x 之后的机会多，这些地方不出现元音 u，所以这些地方 ü 上的两点可以不写。（ü 上面保留两点的机会很少，况且，还可以用 yu 两个双字母去表示）。

　　普通話音素有三十二个，拉丁字母只有二十六个，所以不能够百分之百做到一字一音，要用双字母、兼代等办法来补充。以下是普通話語音音素：

　　元音音素十个：a、o、e、ê（可用 e 兼代）、i、u、ü、er、i（前）、　（后）。

　　輔音音素二十二个：　b、p、m、f、d、t、n、l、g、k、ng、h、j、q、x、zh、ch、sh、r、z、c、s。

　　音素是人为的分析出来的结果。沒有加以分析过的語音的自然单位叫音节。一般地說，每个汉字相当于一个音节。"中国"是两个音节，"普通話"是三个音节，"人民公社"是四个音节。

　　汉語的音节結构，可以按照传統的方法，分成声、韵、調三部分。声母是一个音节的前面一部分。韵母是一个音节的后面一部分。声調是貫穿在整个音节里表示一个字音的高低升降的。

　　声母不能单独組成音节，声母是由輔音組成的。普通話語音有二十一个声母。以下是声母表。

9

b	p	m	f		d	t	n	l
ㄅ玻	ㄆ坡	ㄇ摸	ㄈ佛		ㄉ得	ㄊ特	ㄋ讷	ㄌ勒

g	k	h		j	q	x
ㄍ哥	ㄎ科	ㄏ喝		ㄐ基	ㄑ欺	ㄒ希

zh	ch	sh	r		z	c	s
ㄓ知	ㄔ吃	ㄕ诗	ㄖ日		ㄗ资	ㄘ雌	ㄙ思

韵母可以由一个元音组成，叫单韵母。也可以由两个或三个元音组成，叫复韵母。也可以由元音和鼻辅音组成，叫鼻韵母。普通话语音有三十八个韵母，底下是韵母总数：

1. 单韵母六个：a、o、e、i、u、ü

2. 复韵母十三个：ai、ei、ao、ou

ia、ie、iao、iou（iu）

ua、uo、uai、uei（ui）

üe

3. 鼻韵母十六个：an、en、ang、eng、ong

ian、in、iang、ing、iong

uan、uen（un）、uang、ueng

üan、ün

4. 特别韵母三个：i（前）、i（后）、er

普通话有四个声调：阴平、阳平、上声、去声。声调就是字音的高、低、升、降。声调的调值（实际的读法）可以用"五度标记法"来表明，高低之间粗分五度，分别用1、2、3、4、5表示低、半低、中、半高、高。

10

普通話阴平是高平調，高而平，記作"⌐55"。

普通話阳平是中升調，由中到高，記作"╱35"。

普通話上声是降升調，先降后升高，記作"√214"。

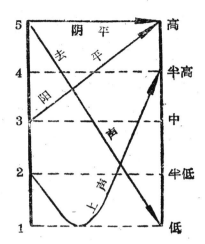

普通話去声是高降調，由高降到低，記作"＼51"。

拼音方案規定的調号是：阴一，阳╱，上√，去＼。正好表示出实际讀音的情况：高、揚、轉、降。

上面粗略地介紹了汉語拼音方案声、韵、調、字母表几个部分，学习普通話首先就要学好声、韵、調这几部分。只要我們下苦功，熟悉汉語拼音方案所制定的声、韵、調，则学会普通話并不是一件太难的事。

第三章　胶东話和普通話声、韵、調的比較

一、胶东語音簡况

胶东方言內部并不十分一致。大体看来，东部沿海一带象青島、卽墨、海阳、乳山、文登、荣成等地比較接近。在声母方面有 zh、ch、sh，在韵母方面有 o。北部沿海及中部

几县，象烟台、福山、蓬莱、黄县、招远、栖霞、莱阳、莱西等地的情况就和青岛等地有些不同，特点是没有zh、ch、sh声母，也没有o韵母。而与招远、莱西相接的掖县方言的情况，则又与青岛等地相似。至于其他声母、韵母方面的细小差别，尤其在声调方面，调类不等、调值不同等等，这里就不能一一加以详细说明了。

既然胶东方言内部还有种种不同，那么为什么有人一听胶东人说话，马上就能猜得出这个人一定是胶东人呢？这是因为胶东各个地区的方言有许多相同的地方，这些地方的话具有胶东方言的共同的特色。下面从声、韵、调等各个方面举例说明：

声母方面大都有舌面中音〔c〕、〔cʻ〕、〔ç〕（只有青岛等极少数地方没有），都有〔ŋ〕；没有r声母，象"日子"的"日"字，胶东人读成了（yi），就象"义子"的"义"（yi）字一样。

韵母方面都有〔iai〕，如："矮"、"街"等字；鼻韵母中的短尾鼻音n都不明显，实际上多数是元音鼻化；不少普通话应该读开、合两呼的字，胶东人读成了齐、撮两呼，象"政治"（zhèngzhi）二字的韵母，胶东人读成了（-ing）、（-i），"书"（shū）和"诸"（zhū）的韵母，胶东人读成（-ü）等等。

声调方面，一般都没有上升的调子，只有极少数的例外。

从声母韵母的配合关系来看，普通话没有尖、团音的区别，"轻轻"（qīngqīng）和"青青"（qīngqīng）一样；胶东話則都有尖、団音的区別；"輕輕"和"青青"的讀音不相同。

二、声母的比較

普通話的声母二十二个（包括零声母）；胶东方言各調查点的声母数字不一。下面所列的，多数为胶东各地方言所共有；少数只为某些地点所特有的，也同样列在下面。用国际音标列出的，都是普通話語音中所沒有的，对这些声母，我們在最后用注解簡单地說明它們的发音部位和发音方法：

胶 东 話		例字	普 通 話		例字
b	（ㄅ）	波布	b	（ㄅ）	波布
p	（ㄆ）	坡怕	p	（ㄆ）	坡怕
m	（ㄇ）	摸門	m	（ㄇ）	摸門
f	（ㄈ）	佛飞	f	（ㄈ）	佛飞
d	（ㄉ）	答到	d	（ㄉ）	答到
t	（ㄊ）	塔太	t	（ㄊ）	塔太
n	（ㄋ）	拿南	n	（ㄋ）	拿女
l	（ㄌ）	拉蓝	l	（ㄌ）	拉蓝
z	（ㄗ）	資糟	z	（ㄗ）	資糟
c	（ㄘ）	雌仓	c	（ㄘ）	雌仓
s	（ㄙ）	思散	s	（ㄙ）	思散

13

zh	（ㄓ）	之追	zh	（ㄓ）	之知
ch	（ㄔ）	翅吹	ch	（ㄔ）	翅池
sh	（ㄕ）	詩水	sh	（ㄕ）	詩十
			r	（ㄖ）	日

〔tʃ〕		知遮
〔tʃ‘〕		池車
〔ʃ〕		十舌①

j	（ㄐ）	積酒	j	（ㄐ）	積基
q	（ㄑ）	妻秋	q	（ㄑ）	妻奇
〔ȵ〕	（广）	泥女②			
x	（ㄒ）	西修	x	（ㄒ）	西希

〔c〕		基九
〔c‘〕		奇丘
〔ç〕		希休③

---

①〔tʃ〕、〔tʃ‘〕、〔ʃ〕，为即墨、海阳、文登、乳山、荣成、烟台、招远、莱西等地方言所有。它们是舌叶音，发音时将舌头前端（舌叶部分）贴向上颚。前面两个是塞擦音，后面一个是擦音。

②〔ȵ〕；胶东方言大都有这个声母。它是舌面前鼻音。发音时将舌面贴向上颚发鼻音。

③〔c〕、〔c‘〕、〔ç〕，除去青岛以外，其它胶东方言都有这套声母。它们是舌面中音，发音时，将舌面中间部分抬起贴向上颚。前面两个是塞擦音，后面一个是擦音。

ɡ	（ㄍ）	割貴	ɡ	（ㄍ）	割貴
k	（ㄎ）	科开	k	（ㄎ）	科开
h	（ㄏ）	合化	h	（ㄏ）	合化
o		安日	o		安

三、韵母的比较

普通話的韵母三十八个（包括特別韵母三个）；胶东方言各調查点的韵母数字也不相等。下面所列韵母，也是多数为各点所共有，少数为某些点所特有。以国际音标列出的韵母，也是普通話語音中所沒有的，后面用注解簡单說明它們的发音情况。

胶 东 話		例字	普 通 話		例字
a	（ㄚ）	巴怕	a	（ㄚ）	巴怕
e	（ㄜ）	車色	e	（ㄜ）	車色
o	（ㄛ）	婆波	o	（ㄛ）	婆波
i	（丨）	衣基	i	（丨）	衣基
u	（ㄨ）	烏故	u	（ㄨ）	烏故
ü	（ㄩ）	魚盧	ü	（ㄩ）	魚盧
ia	（丨ㄚ）	压架	ia	（丨ㄚ）	压架
ua	（ㄨㄚ）	挖花	ua	（ㄨㄚ）	挖花
uo	（ㄨㄛ）	我过	uo	（ㄨㄛ）	我过

15

〔yo〕	月約①		
〔yφ〕	靴脚②		
ie （ㄧㄝ）	別爹	ie （ㄧㄝ）	別爹
üe （ㄩㄝ）	雪学	üe （ㄩㄝ）	雪月
〔εɤ〕	白革③		
ai （ㄞ）	哀該	ai （ㄞ）	哀矮
〔iai〕	矮鞋④		
uai （ㄨㄞ）	歪怪	uai （ㄨㄞ）	歪怪
ei （ㄟ）	悲妹	ei （ㄟ）	悲妹
uei （ㄨㄟ）	威吹	uei （ㄨㄟ）	威吹
ao （ㄠ）	袄包	ao （ㄠ）	袄包
iao （ㄧㄠ）	妖标	iao （ㄧㄠ）	妖标
ou （ㄡ）	欧偸	ou （ㄡ）	欧偸
iou （ㄧㄡ）	优丢	iou （ㄧㄡ）	优丢
an （ㄢ）	安班	an （ㄢ）	安班

---

① 〔yʊ〕，为即墨、乳山、文登、威海、牟平、黄县、烟台、招远、栖霞、莱阳、莱西所共有。发音情况与普通话的üe相似，只是收尾时的口形是圆的、舌位在后。

② 〔yφ〕，为荣成、威海、福山所共有。发音情况也与普通话的üe相似，只是收尾时口形是圆的。

③ 〔εɤ〕，为乳山、文登所有。发音时，舌位在前，嘴巴不大不小，到后来舌位缩向后面，口形稍微收小一点点。

④ 〔iai〕，除了青岛以外，其余的胶东方言都有这个韵母。发音情况：在ai韵母的前面多一个介音 i 。

ian	（丨ㄢ）	烟边	ian	（丨ㄢ）	烟边
uan	（ㄨㄢ）	弯关	uan	（ㄨㄢ）	弯关
üan	（ㄩㄢ）	宽全	üan	（ㄩㄢ）	宽全
en	（ㄣ）	恩本	en	（ㄣ）	恩本
in	（丨ㄣ）	音贫	in	（丨ㄣ）	音贫
uen	（ㄨㄣ）	温吞	uen	（ㄨㄣ）	温吞
ün	（ㄩㄣ）	远群	ün	（ㄩㄣ）	远群
aŋ	（ㄤ）	肮邦	aŋ	（ㄤ）	肮邦
iaŋ	（丨ㄤ）	央良	iaŋ	（丨ㄤ）	央良
uaŋ	（ㄨㄤ）	汪光	uaŋ	（ㄨㄤ）	汪光
eŋ	（ㄥ）	庚朋	eŋ	（ㄥ）	庚朋
iŋ	（丨ㄥ）	英星	iŋ	（丨ㄥ）	英星
ueŋ	（ㄨㄥ）	翁瓮	ueŋ	（ㄨㄥ）	翁瓮
oŋ	（ㄨㄥ）	红东	oŋ	（ㄨㄥ）	红东
ioŋ	（ㄩㄥ）	兄勇	ioŋ	（ㄩㄥ）	兄勇
er	（ㄦ）	二耳	er	（ㄦ）	耳二
-i	（帀）	资私	-i	（帀）	资私
-i	（帀）	之诗	-i	（帀）	之诗
〔ʮ〕		鼠处①			

---

①〔ʮ〕，为青岛、即墨所有。发音情况:-是特别韵母（诗的韵母）的圆唇化。

四、声調的比較

普通話的声調有四个，卽阴平、阳平、上声、去声。胶东方言的声調有两种情况：青島、莱阳等地也有阴平、阳平、上声、去声四个声調；卽墨、烟台、莱西等地只有平、上、去三个声調。

北京及胶东十七个方言调查点的声調表

调类 调值例字 地名	阴平		阳平		上声		去声	
北京	55	刚	35	穷	214	古	51	近
青島	213	刚	42	穷	55	古	31	近
即墨	214	刚			55	古	31	近穷
海阳	53	刚	323	穷	214	古	31	近
乳山	31	刚	53	穷	214	古	324	近
文登	31	刚	53	穷	214	古	324	近
荣成	53	刚	55	穷	314	古	33	近
威海	53	刚			312	古	44	近穷
牟平	51	刚	33	穷	214	古	31	近
烟台	21	刚			214	古①	42	近穷
福山	31	刚			214	古	53	近穷
蓬莱	313	刚	55	穷	214	古	42	近
黄县	313	刚	44	穷	21	古	53	近

---

① 烟台的上声有两个調值，另一个調值是 45。

			刚		穷		古		近
招	远	44	刚	53	穷	44	古①	311	近
栖	霞	52	刚			314	古	44	近穷
莱	阳	214	刚	31	穷	34	古	51	近
莱	西	214	刚			44	古	51	近穷
掖	县	214	刚			55	古	41	近穷

第四章　胶东人怎样学习普通话的声、韵、调

一、声　母

胶东人学习普通话的声母并不怎么费力，因为普通话的多数声母在胶东人的嘴里原来就有。在练习普通话声母的发音时，胶东人应对下列声母多加注意：

1.　胶东人的嘴里没有这个声母，需要掌握它的发音部位及发音方法，加强练习。嘴里有zh、ch、sh声母的胶东同志,可以由这三个声母的发音部位去体会 r 声母的发音部位。

2. zh、ch、sh，胶东大多数同志的嘴里没有这三个声母，应和 z、c、s 声母的发音部位多作比较，体会它们和 z、c、s 的不同之处，经常练习。

3. j、q、x，普通话以 j、q、x 为声母的字， 在胶东人的嘴里（除青岛人），在发音部位方面，往往把舌面抬起部分

---

①　招远的上声与阴平极相似，仅仅略短于阴平。

19

靠得太后，变成了他们自己的〔o〕、〔ɔ〕、〔ɣ〕，练习时，应注意加以纠正。

b

b 是双唇塞音。发音时双唇并拢阻住气流，然后突然打开，气流冲出即成音。胶东人嘴里"白布"（báibù）、"背包"（bèibāo）等字的开头就是 b。

p

p 也是双唇塞音。它和 b 声母所不同的是发音时冲出的气流比 b 要强。胶东人嘴里"批评"（pīpíng）、"排炮"（páipào）等字的开头就是 p。

m

m 是双唇鼻音。发音时双唇并拢，软腭下垂，声带颤动，气流从鼻子里出来。胶东人嘴里"麦苗"（màimiáo）、"买卖"（mǎimài）等字的开头就是 m。

f

f 是唇齿擦音。发音时上齿和下唇接近只留一条狭缝，气流从这条狭缝里挤出来。胶东人嘴里"吩咐"（fēnfù）、"夫妇"（fūfù）等字的开头就是 f。

běifēng	bǎomǎn	bàomíng	biāoběn
北风	饱满	报名	标本

20

pǎobù	pángbiān	pǔbiàn	piànmiàn
跑步	旁边	普遍	片面

máobǐ	miánpáo	mófàn	mìfēng
毛笔	棉袍	模范	蜜蜂

fēnpèi	fùmǔ	fāngfǎ	fēngfù
分配	父母	方法	丰富

d

d 是舌尖中塞音。发音时舌尖抵住牙床阻住气流，然后突然打开，气流冲出即成音。胶东人嘴里"等待"(děngdài)、"点灯"(diǎndēng) 等字的开头就是 d。

t

t 也是舌尖中塞音。它和 d 声母所不同的是发音时冲出的气流比 d 要强。胶东人嘴里"吞吐"(tūntǔ)、"体贴"(tǐtiē) 等字的开头就是 t。

n

n 是舌尖中鼻音。发音时舌尖抵住牙床，软颚下垂，声带颤动，气流从鼻子里出来。胶东人嘴里"恼怒"(nǎonù)、"能耐"(néngnai) 等字的开头就是 n。

l

l 是舌尖中边音。发音时舌尖抵住牙床，声带颤动，气

21

流从舌尖的两边出来。胶东人嘴里"力量"（lìlàng）、"老練"（lǎoliàn）等字的开头就是 l。

dádào	dàodé	dītóu	dúlì
达到	道德	低头	独立
tiělù	túdì	tàidù	tèdiǎn
鉄路	土地	态度	特点
nǔlì	nǎodai	núlì	niánlíng
努力	脑袋	奴隶	年龄
lòudǒu	láodòng	liàolǐ	lǐngdǎo
漏斗	劳动	料理	領导

g

g 是舌根塞音。发音时舌根抬起頂住軟颚阻住气流，然后突然张开，气流冲出卽成音。胶东人嘴里"改革"（gǎigé）、"灌溉"（guàngài）等字的开头就是 g。

k

k 也是舌根塞音。它和 g 声母所不同的是冲出的气流比 g 要强。胶东人嘴里"刻苦"（kèkǔ）、"开口"（kāikǒu）等字的开头就是 k。

h

h 是舌根擦音。发音时舌根和軟颚接近只留一条狭缝，气流从这条狭缝里挤出来。胶东人嘴里"黄河"（huánghé）、

"辉煌"（huīhuáng）等字的开头就是h。

guāguǒ 瓜果	guǎnggào 广告	guàhào 挂号	gōngkè 功课
kǔgàn 苦干	kānhù 看护	kuānkuò 寛闊	kāihuì 开会
hùkǒu 戶口	héhuā 荷花	hángkōng 航空	hánhu 含糊

j

j是舌面前塞擦音。发音时舌尖靠在下齿背，舌面前部抬起抵住硬颚前部阻住气流，紧接着又放开一条狭缝，讓气流突然从狭缝中挤出来。青岛人嘴里"疆界"（jiāngjiè）、"講解"（jiǎngjiě）等字的开头就是j。

q

q也是舌面前塞擦音。它和j声母所不同的是发音时挤出的气流比j要强。青岛人嘴里"奇巧"（qíqiǎo）、"鉛球"（qiānqiú）等字的开头就是q。

x

x是舌面前擦音。发音时舌尖靠在齿背，舌面前部抬起接近硬颚前部，只留一条狭缝，气流从这条狭缝中挤出来。青岛人嘴里"学校"（xuéxiào）、"下乡"（xiàxiāng）等字的开头就是x。

23

　　除去青岛以外，胶东人的嘴里就很少有和普通話 j、q、x 一样的声母了。在胶东人的嘴里，"講解"、"疆界"、"奇巧"、"鉛球"、"学校"、"下乡"等字的开头都是舌面中音，只与 j q、x 相近而不相同。但是胶东人也可以通过自己的这套声母来体会 j、q、x 的发音。

　　首先应該記住，j、q、x 是舌面前音，而自己方言中"疆界"、"鉛球"、"学校"等字的开头是舌面中音，就是說，在发音时，舌面抬起的部分稍微靠后了些，应該往前移一移。

　　其次，为了控制舌面不致因为方言習慣而抬得太后，就应注意把舌尖抵在下齿背后，尽量不讓舌头縮向后边。

　　下列三图說明 j、q、x 的发音部位及胶东人口中"疆界"等字开头的发音部位：

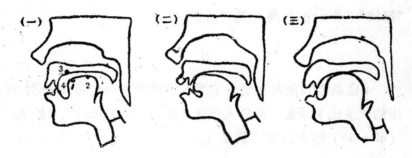

說明：

（一）　1.舌面前，普通話 j、q、x 发音时舌面抬起部分。

　　　　2.舌面中，胶东人韻"疆界"等字的开头时舌面抬起部分。

　　　　3.硬颚前部。

　　　　4.下齿背。

（二）普通話 j、q、x 声母发音时的舌位情况。

（三）胶东人发"疆界"、"鉛球"、"学校"等声母时的
　　　舌位情况。

jīqì	jīngjì	jiějué	jiàoxué
机器	經济	解决	教学
qíngxù	quánxiàn	qǐngjià	quēxí
情緒	权限	請假	缺席
xiángxí	xìnxīn	xiěxìn	xióngjiūjiū
詳細	信心	写信	雄赳赳

z

z 是舌尖前塞擦音。发音时舌尖抵住上齿阻住气流，紧接着又放开一条狭縫，讓气流突然从狭縫中挤出来。胶东人嘴里"祖宗"（zǔzōnɡ）、"做作"（zuòzuò）等字的开头就是 z。

c

c 也是舌尖前塞擦音。它和 z 所不同的是发音时挤出的气流比 z 要强。胶东人嘴里"层次"（cénɡcì）、"催促"（cuīcù）等字的开头就是 c。

s

s 是舌尖前擦音。发音时舌尖接近上齿只留一条狭縫，气流从这条狭縫里挤出来。胶东人嘴里"搜索"（sōusuǒ）、"送死"（sònɡsǐ）等字的开头就是 s。

　　在学习这套声母的时候，招远和栖霞人应注意舌尖不要在牙齿上贴得太紧；尤其是招远人，舌尖挤得太紧了，有些象咬在上、下齿的中間。在練习这组声母时，可以把上、下齿咬紧，避免讓舌头贴到齿間去。

zèngsòng	zīcái	zǐsūn	zǐcài
赠送	資財	子孙	紫菜
cǎisè	cāozuò	cánsī	cúnzài
彩色	操作	蚕絲	存在
zìsī	sūcài	suānzǎo	cūnzi
自私	素菜	酸枣	村子

zh

　　zh是舌尖后塞擦音。发音时舌尖翘起抵住硬颚前部，紧接着再放开一条狭縫，讓气流突然从这条狭縫中挤出来。青島、荣成等地人嘴里"竹枝"（zhúzhī）、"着重"（zháozhòng）等字的开头就是zh。

ch

　　ch也是舌尖后塞擦音。它和zh声母所不同的是发音时挤出的气流比zh要强。青島、荣成等地人嘴里"传抄"（chuánchāo）、"撑船"（chēngchuán）等字的开头就是ch。

sh

　　sh是舌尖后擦音。发音时舌尖翘起和硬颚前部接近只留一条狭缝，气流从这条狭缝里挤出来。青岛、荣成等地人嘴里"詩史"（shishi）、"是誰"（shishui）等字的开头就是sh。

r

r也是舌尖后擦音。它和sh声母所不同的是sh在发音时不颤动声带，而r的发音必须颤动声带。胶东人的嘴里沒有这个声母。青岛、荣成等地人在学习这个声母时，可以首先体会一下自己方言中sh声母的发音部位及方法，用sh声母的发音部位去发r，只要在发音方法上注意必須颤动声带就行了。

大部分胶东人如烟台人、莱阳人等都沒有普通話的zh、ch、sh、r这四个声母，因而烟台等地人在練习这四个声母时的困难也比較大，需要仔細体会它們的发音部位，反复練习。在練习这套声母时，要紧的是必須把它們和z、c、s声母区别开来；这两套声母在发音方法上（指z和zh、c和ch、s和sh）沒有什么区别，只是在发音部位上，z、c、s是舌尖前音，发音时舌尖向前平伸贴向齿背，zh、ch、sh、r是舌尖后音，发音时舌尖翘起贴向硬颚。

下列五图說明z、c、s和zh、ch、sh、r的发音部位及r声母的发音方法：

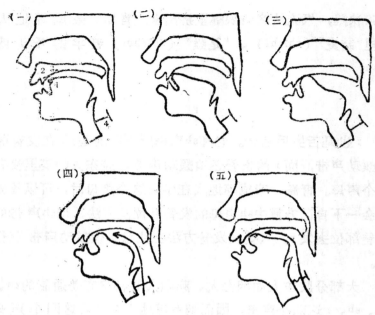

說明：

（一）　1.舌尖　　2.上齿背　　3.硬颚　　4.声带

（二）　z、c、s 发音时的舌位情况。

（三）　zh、ch、sh、r 发音时的舌位情况。

（四）　sh声母发音时的情况——声带不颤动。

（五）　r 声母发音时的情况——声带颤动。

zhēnzhèng	zhànzhēng	zhēngzhá	zhízhào
真正	战争	挣扎	执照
chūchǎn	chéchuáng	chúnchǐ	chōuchá
出产	車床	唇齿	抽查
shíshì	shēngshǒu	shíshì	shuāngshēng
时事	生手	实施	双声

28

rèchénɡ　　rènshi　　ránshāo　　rěnshǒu
热诚　　　认识　　　燃烧　　　忍受

二、韵　母

普通话的三十八个韵母，包括单韵母六个、复韵母十三个、鼻韵母十六个和特别韵母三个。胶东人在学习普通话韵母的发音时，应着重注意鼻韵母，特别是 n 尾音的发音。胶东人的其它韵母也多与普通话的韵母大同小异，学起来没有什么特别困难；其中只有 o 韵母是烟台、莱阳等地人所没有的，烟台、莱阳等地人在练习这个韵母时可与 e 韵母多作比较。

1.单 韵 母

a

嘴张大，扁唇，舌头下降、靠前。胶东人嘴里"爸爸"（bàba）、"妈妈"（māma）等字的韵母就是 a。莱阳、莱西、招远、栖霞、福山等地人在练习这个韵母时，要注意舌头应向前平伸一点，不要缩在后面。

e

嘴稍微张开一点，不要太大；扁唇，舌头往后收缩、舌根抬起。胶东人嘴里"特色"-（tèsè）、"苛刻"（kēkè）等字的韵母就是 e。莱西、招远、栖霞等地人在练习这个韵母时，要注意嘴唇一定向两边拉开，不要略带圆形；莱阳、荣成等地人要注意嘴不要张开太大。

o

o 的发音，舌头的前后高低和 e 一样，不同的只是 e 是扁唇，o 是圆唇。青岛、乳山、文登、荣成、威海、牟平等地人嘴里"婆婆"（pópo）、"馍馍"（mómo）等字的韵母就是 o。嘴里没有 o 韵母的胶东人在练习这个韵母时，可以先摆好发 e 韵母的舌位，然后移动嘴唇使成圆形。莱西、招远、栖霞等地人嘴里"客车"、"婆婆"等字的韵母，本来就介于普通话的 o、e 之间，发 o 时，只要尽量使嘴唇再圆一些就行了。

i

嘴开得比 e 更小，嘴角往两边拉开成扁形，舌头在前，抵住下齿背和下颚一起向上抬起，接近上颚。胶东人嘴里"基地"（jīdì）、"积极"（jījí）等字的韵母就是 i。

u

嘴张得比 e 更小，圆唇，舌头向后缩、舌根抬起。胶东人嘴里"图书"（túshū）、"五谷"（wǔgǔ）等字的韵母就是 u。

ü

嘴向前撮，圆唇，舌位和 i 一样。胶东人嘴里"语句"

(yǔjù)、"吕剧"(lǚjù)等字的韵母就是 u。

mǎdá	làba	dǎchà	dàmá
馬达	腊八	打岔	大麻
héjé	tèsè	kèche	rèhé
合格	特色	客車	热河
bóbo	mópò	mòmò	mìmì
伯伯	磨破	默默	秘密
yìyì	xǐqì	dìyī	pǔsù
意义	喜气	第一	朴素
tǔbù	fùmǔ	hútu	qūyù
土布	父母	糊涂	区域
yǔjù	lǚjū	nǚxū	
雨具	旅居	女婿	

2. 复 韵 母

复韵母是由两个或两个以上的音素来表示的韵母。发音时，不是发完了前面一个音素以后，再接着发第二个、第三个，而是在前一个音素还没有結束就赶快向第二、第三个音素的方向移动。

ai

先发普通話的 a，在 a 还沒有結束时就很快地向发 i 的方向收尾，中间不能停頓。胶东人嘴里"奶奶"(nǎinai)、"愛戴"(àidài)等字的韵母就是 ai。黃县、招远、栖霞、威海、烟台、福山等地人在发这个韵母时要注意收尾不能太早太开，应該使嘴收得再小一点；青島、卽墨、蓬萊、萊阳、萊西、掖县等地人在发"爱戴"等字的韵母时，无論在口形或舌位都沒有什么移劲，开始和收尾一样。他們練习这个韵母就应特别注意开始时把嘴张得大一点，收尾一定要讓嘴巴和舌位都向发 i 的方向移劲，一直移到接近 i 的地方才停下来。

ei

这是由 e 到 i 的方向收尾的复韵母。e 在 i、u 的前面时和单韵母 e 的念法不同：它們的口形一样，但单韵母 e 的发音，舌头要往后縮、舌根要抬起；在 i、u 前面的 e，发音时舌头向前平伸，旣不往后縮，也不能讓舌根抬起。胶东人嘴里"配备"（pèi bèi）、"肥美"（féi měi）等字的韵母就是ei。

ao

这是由 a 到 o 的方向收尾的复韵母。胶东人嘴里"佬佬"（lǎo lao）、"报告"（bào gào）等字的韵母就是ao。萊阳、萊西、栖霞等地人在发这个韻母时要注意收尾不能太早太开，讓嘴收得再小一点；青島、卽墨、蓬萊、掖县等地人在发"号召"等字的韵母时开始和收尾一样，无論在口形或舌位上也都沒有什么移劲，他們練习这个韵母就应特别注意开始时把嘴张得大一点，收尾一定要讓嘴巴和舌位移过发 o 时的部位。

ou

这是由 o 到 u 的方向收尾的复韵母。胶东人嘴里"走狗"

32

（zǒugǒu）、"漏斗"（lòudǒu）等字的韵母就是 ou。青岛、海阳、乳山、文登、牟平、福山、蓬莱、莱西、掖县等地人在发这个韵母时，应注意开始时口形是圆的，不要使成扁形。

以上四个复韵母，在前面的几个音素 a、o、e 都要念得清楚响亮，在后面的 i、o、u 则要念得轻些短些。所以，这四个韵母又叫做前响的复韵母。

shàitái	báicài	cǎipái	zāihài
晒台	白菜	彩排	灾害
mèimèi	hēiméi	féiměi	pèibèi
妹妹	黑煤	肥美	配备
hàozhào	zāogāo	dàocǎo	àonǎo
号召	糟糕	稻草	懊恼
shōugòu	ōuzhōu	kòutóu	chǒulòu
收购	欧洲	叩头	丑陋

ia

这是由 i 的方向开始到 a 的部位收尾的复韵母。胶东人嘴里"假牙"（jiǎyá）、"家家"（jiājiā）等字的韵母就是 ia。

ua

这是由 u 的方向开始到 a 的部位收尾的复韵母。胶东人嘴里"娃娃"（wáwa）、"花袜"（huāwà）等字的韵母就是 ua。

33

uo

这是由 u 的方向开始到 o 的部位收尾的复韵母。胶东人嘴里"骆驼"（luòtuo）、"过火"（guòhuǒ）等字的韵母就是 uo。

ie

这是由 i 的方向开始到 e 的部位收尾的复韵母。其中 -e 的发音和 ei 中的 e 近似（嘴较开）。胶东人嘴里"爷爷"（yé-ye）、"姐姐"（jiějie）等字的韵母就是 ie。莱阳、莱西、招远、栖霞等地人在读这个复韵母时要注意收尾还可稍微小一点，而且舌根不要抬起，舌头要平伸。

üe

这是由 ü 的方向开始到 e 的部位收尾的复韵母。其中 -e 的发音和 ie 中的 e 相同。胶东人嘴里"决绝"（juéjué）、"约略"（yuēlüè）等字的韵母就是 üe。即墨、荣成、福山、威海、招远、栖霞、莱阳、莱西等地人在发这个复韵母时要注意收尾是扁唇，不是圆唇。

以上五个复韵母，在前面的音素 i、u、ü 都要念得轻些短些，在后面的 a、o、e 都要念得清楚响亮。所以，这五个韵母又叫后响的复韵母。

yàzhōu	jiá'ǎo	jiǎxiā	xiàluò
亚洲	夹袄	假瞎	下落

34

guàhuā	huāwà	guāguǒ	huáxuě
挂花	花袜	瓜果	滑雪
nuòruò	zuòzuò	shuōhuà	wòxia
懦弱	做作	說話	臥下
xièxie	jiějué	xiéwà	lièhuǒ
謝謝	解決	鞋袜	烈火
lüèduó	xuěhuā	xuéshuō	quēhuò
掠夺	雪花	学說	缺货

uai

ai 的前面有个 u，是由 u 的方向开始，經过 a 的部位再向 i 的方向收尾的复韵母。胶东人嘴里"乖乖"（guāiguai）、"快快"（kuàikuai）等字的韵母就是 uai。

uei

ei 的前面有个 u，是由 u 的方向开始，經过 e 的部位再向 i 的方向收尾的复韵母。胶东人嘴里"追悔"（zhuīhuǐ）、"水位"（shuǐwèi）等字的韵母就是 uei。

iao

ao 的前面有个 i，是由 i 的方向开始，經过 a 的部位再向 o 的方向收尾的复韵母。胶东人嘴里"教条"（jiàotiáo）、"巧妙"（qiǎomiào）等字的韵母就是 iao。

iou

　　ou的前面有个 i，是由 i 的方向开始，經过 o 的部位再向 u 的方向收尾的复韵母。胶东人嘴里"舅舅"（jiùjiu）、"优秀"（yōuxiù）等字的韵母就是 iou。

　　以上四个韵母，在前面或后面的音素 i、u、ü 和 o 都要念得轻些短些，在中間的 a、o、e 都要念得清楚响亮。所以，这四个韵母又叫中响的复韵母。要学好这四个中响的复韵母，首先就应掌握好 ai、ei、ao、ou 的发音；胶东人在練习这四个韵母时应注意的地方也和 ai、ei、ao、ou 一样。

kuàihuó	huáihua	wāizuǐ	wàiguó
快活	槐花	歪嘴	外国
guīduì	huīduī	cuīhuǐ	tuìhuí
归队	灰堆	摧毁	退回
xiǎoniǎo	xiàoliào	yāoqiú	tiàoyuè
小鳥	笑料	要求	跳跃
niúyóu	jiùyǒu	yòuyǒu	qiūshōu
牛油	旧友	又有	秋收

3.鼻 韵 母

　　普通話没有单独作为韻母的辅音。一般說，普通話的韵母都以元音充当，就以上面提到的十九个韵母来说，也都由元音組成。辅音在普通話的韵母里出现的只有两个作为韵尾的鼻音。这种带有鼻尾音的韵母，叫做鼻韵母。

作为韵尾的鼻音，一个是-n（发音部位和发音方法见声母部分的 n）；一个是-ng。ng是舌根鼻音，发音时舌根抬起、软颚下垂、声带颤动，气流从鼻子里出来。

胶东人在发鼻韵母的时候，鼻韵尾往往发得不够明显。这种情况在发-ng韵尾时不太显著；发-n韵尾时就较严重：许多胶东人都把它发成了元音鼻化。胶东人在练习鼻韵母时，应时刻注意以 n 为收尾的韵母应该在最后把舌尖贴到上牙床去，以 ng 为收尾的韵母就应把舌根抬起靠到软颚下面。

an

先发 a，接着把舌尖抵住上牙床发鼻音 n。胶东人嘴里"汗衫"（hànshān）、"难看"（nánkàn）等字的韵母就是 an。

ian

在 an 的前面有个 i，就象 ao 的前面有个 i 一样，只要正确地掌握了 an 的发音，ian 的发音也就不会有什么困难了。胶东人嘴里"片面"（piànmiàn）、"年限"（niánxiàn）等字的韵母就是 ian。

uan

在 an 的前面有个 u。胶东人嘴里"宽缓"（kuānhuǎn）、"还款"（huánkuǎn）等字的韵母就是 uan。

37

üan

在 an 的前面有个 ü 。胶东人嘴里"源泉"（yuánquán）、"全权"（quánquán）等字的韵母就是üan。

ānshān	ānrán	cànlàn	lángàn
鞍山	安然	灿烂	栏杆

qiánxiàn	jiǎndiǎn	qiānlián	yánbiān
前綫	检点	牵連	延边

suānruǎn	zhuǎnwān	luànzhuān	chuānnuǎn
酸軟	轉弯	乱砖	穿暖

xuānchuán	juānxiàn	quánxiàn	yuǎnjiàn
宣传	捐献	权限	远見

en

先发普通話 ei 韵母中的 e，接着把舌尖抵住上牙床发鼻音 n。胶东人嘴里"根本"（gēnběn）、"愤恨"（fènhèn）等字的韵母就是en。

in

先发 i，接着把舌尖抵住上牙床发鼻音 n。胶东人嘴里"亲信"（qīnxìn）、"拼音"（pīnyīn）等字的韵母就是in。

uen

在 en 的前面有个 u 。胶东人嘴里"問准"（wènzhǔn）、

"春瘟"（chūnwēn）等字的韵母就是uen。

ün

先发ü，接着把舌尖抵住上牙床发鼻音n。胶东人嘴里"均匀"（jūnyún）、"军训"（jūnxùn）等字的韵母就是ün。

fēnshēn	rénshēn	chénmèn	rènzhēn
分身	人参	沉闷	认真
yīnxìn	jīnyín	yīnqín	jìnxīn
音信	金银	殷勤	尽心
lùnwén	wéncún	kùndùn	húntun
论文	温存	困顿	馄饨
yùnwén	xúnrén	xúnwèn	
韵文	寻人	询问	

ang

先发a，接着把舌根抬起、软颚下垂，发鼻音-ng。胶东人嘴里"帮忙"（bāngmáng）、"螳螂"（tángláng）等字的韵母就是ang。

iang

在ang的前面有个i。胶东人嘴里"响亮"（xiǎngliàng）、"洋枪"（yángqiāng）等字的韵母就是iang。

39

uang

在ang的前面有个u。胶东人嘴里"狂妄"（guángwàng）、"忘光"（wàngguāng）等字的韵母就是uang。

chángláng　mángcháng　dǎngzhāng　chǎngfáng
长廊　　　盲肠　　　党章　　　厂房

jiāngyǎng　xiāngjiāng　xiàngyáng　xiǎngxiàng
将养　　　湘江　　　向阳　　　想象

chuāngshāng　zhuānghuáng　shuǎnglǎng　guǎngchǎng
创伤　　　装璜　　　爽朗　　　广场

eng

先发普通話ei韵母中的e，接着把舌根抬起、软颚下垂，发鼻音ng。胶东人嘴里"风筝"（fèngzhēng）、"奉赠"（fèngzèng）等字的韵母就是eng。

ing

先发i，接着把舌根抬起、软颚下垂，发鼻音ng。胶东人嘴里"評定"（píngdìng）、"命令"（mìnglìng）等字的韵母就是ing。

ueng

在eng的前面有个u。胶东人嘴里"翁"（wēng）和"甕"（wèng）两个字就是ueng。这个韵母的字极少，而且也不前

40

拼声母。

ong

先发 o，接着把舌根抬起、软颚下垂，发鼻音 ng。胶东人嘴里"公共"（gōnggòng）、"隆重"（lóngzhòng）等字的韵母就是 ong。

iong

在 ong 的前面有个 i。胶东人嘴里"汹涌"（xiōngyǒng）、"永用"（yǒngyòng）等字的韵母就是 iong。

shēngchéng	fēngshèng	gēngzhèng	lěngfēng
生成	丰盛	更正	冷风
qíngjǐng	qíngjìng	xíngxīng	yīngmíng
情景	清静	行星	英明
zǒngtǒng	cóngróng	dònggōng	hóngsōng
总统	从容	动工	红松
yǒngyuǎn	yǒnggǎn	qióngrén	yǒngxiàn
永远	勇敢	穷人	涌现

4. 特别韵母

特别韵母 -i（"资"的韵母和"知"的韵母）只能和 z、c、s、zh、ch、sh、r 这七个声母相拼。通常称它们为舌尖元音。由于发音部位不同，"资"的韵母（和 z、c、s 相拼的）

41

叫舌尖前元音；"知"的韵母（和 zh、ch、sh、r 相拼的）叫舌尖后元音。学习这两个韵母不需要单独练习，只要能够学好 z、c、s 和 zh、ch、sh、r 的发音，那么也就是等于学会了它。

er

er 的发音：舌头不前不后（比单韵母 e 的舌位要前一点）、口形不大不小（比单韵母 e 的口形略大一点）。发音时只要很自然地把舌头轻轻地往上一卷就行，所以又叫卷舌韵母。胶东人嘴里"儿"（ér）、"耳"（ěr）等字就是这个韵母，但胶东许多地区如莱阳、莱西、招远、栖霞等地的人在发这个韵母时，舌头的位置都比普通话的 er 略微靠后了些，应该注意把舌头稍微向前平伸一点。

zīshì	císhí	zìsī	sìshí
姿势	磁石	自私	四十
zhīshi	zhìcí	sh shī	rìzi
知識	致辞	实施	日子
érqiě	érzi	ěrduo	èrshí
而且	儿子	耳朵	二十

三、声　調

胶东話和普通話在語音上有許多不同的地方，其中很重要的一点就是声調的差別。胶东人常感到学习普通話的声調有些困难。但是学好普通話的声調是学好普通話的主要条件之一；不論你把普通話的声母、韵母都念得如何正确，如果发不准普通話的声調，那么，你所說的，也絕不能算得上是标准的普通話。

怎样克服胶东人在学习普通話四个声調时的难点？胶东各地方言調类数字不等，各調类的实际讀音也不一致，这就很难有一套统一的方法来帮助整个胶东地区的同志来掌握普通話的声調；但胶东各方言原有的声調对胶东人学习普通話的声調是不是沒有什么帮助呢？不是的，有帮助！那就要各地同志通过对自己口中原有声調的調类、調值的彻底了解，再进一步去体会普通話的四个声調。

学习声調，首先应該懂得高、低、升、降；学习普通話的声調，就必須了解普通話四个声調高、低、升、降的情况。

把声調的高低分成五級，即高、半高、中、半低、低。普通話四个声調是这样的情况（如右图）：

第一声——阴平，叫做高平調。調值 ㄧ 55。这个声調的特点是从头到尾都很高，不升也不降。象"东风"、"丰收"等

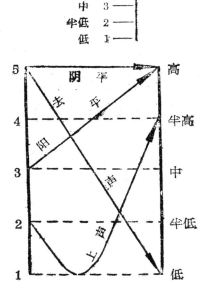

字就是。

　　第二声——阳平，叫做高升調。調值／35。这个声調的特点是起头比阴平要低，慢慢上升，直到相当于阴平的高度，就象上坡似的。象"红旗"、"农民"等字就是。

　　第三声——上声，叫做降升調。調值√214。这个声調的特点是开始时比阳平更低，略微下降又馬上升高，它的終点比阴平稍低，又比阳平的开始略高。象"領导"、"友好"等字就是。

　　第四声——去声，叫做全降調。調值＼51。这个声調的特点是从最高的地方一直降下来，直到最低，就象小孩溜滑梯似的。象"跃进"、"互助"等字就是。

　　胶东人学习普通話的声調，可以首先从自己方言的声調里去領会什么叫高、什么叫低、什么是升、什么是降、什么是降升等等，因为每个方言的声調都有它特有的高、低、升、降。

　　例如：青島的四个声調：阴平的調值是√213、阳平是√41、上声是╗55、去声是√31。他們就可以知道自己口中"今、天、冥、开、心"等字是降升調、"老、馬、很、有、理"等字是高平調、"团、結、和、平、人、民"和"热、烈、建、設"等字都是降調。如果把它們和普

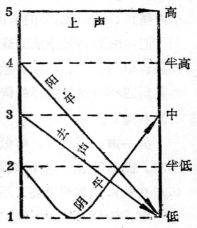

通話的四个声調来作比較，就可以看到下面的情况：

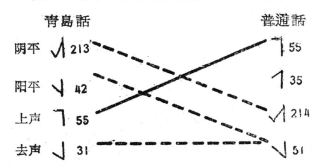

这就告訴我們：青島話的上声和普通話的阴平，調值一样，青島人可以拿自己方言中上声的調值去讀普通話的阴平，例如：把"今、天、眞、开、心"讀得和自己方言中"老、馬、很、有、理"的調值一样；而"老、馬、很、有、理"这类的字在普通話中，調值正和青島話的"今、天、眞、开、心"等字相近。所以青島人又要把"老、馬、很、有、理"等字的調值讀得和自己方言的"今、天、眞、开、心"相似，只要結束时稍微再往上升一点就行。总之，青島人在練习普通話的阴平和上声时，只要能把自己方言的阴平、上声两个調值对換过来就可以了。再看青島人的阳平和去声都是降調，只是开始时都沒有普通話的去声那么高，青島人在練习普通話的去声时，可以把"热、烈、建、設"等字的开始尽量往上提高一些就行。

这样，青島人就可以比較容易地掌握普通話的平、上、去三个声調的讀音了。其中只有普通話的阳平，青島人的四个声調中沒有和它相同或相近的，这和胶东其他地区的方言情况差不多，下面还要单独提出来讲，这里就不详细说明了。

上面所举例字，如"老馬很有理"等，練习时应該一个字一个字单独地念，因为連着念在普通話里是要变調的，下面所举的例字也是一样。至于变調，我们在第六章中将要讲到。

再举萊阳为例，萊阳方言和普通話的四个声調比較如下：

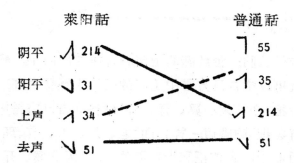

上表告訴我們如下三点：第一，萊阳話去声的調值和普通話的去声一样，萊阳人学习普通話的去声，可以照自己方言的調值去念；第二，萊阳話阴平的調值和普通話的上声一样，萊阳人应該把普通話的上声字象"首、长、領、导、好"这类的字讀得和自己方言的阴平象"飞、机、飞、天、空"等字的調值一样；第三，萊阳話上声的調值和普通話的阳平近似，萊阳人在学习普通話阳平調的发音时，可以把普通話的阳平象"儿、童、勤、学、习"这类的字讀得和自己方言的上声象"首、长、領、导、好"等字的調值相似，只要在收尾时注意稍微再往上提高一点就行。

上面所举的是有四个声調的胶东方言，至于只有三个声調的胶东話，同样也可以用这种方式来学习普通话的声調讀法，下面举萊西話为例：

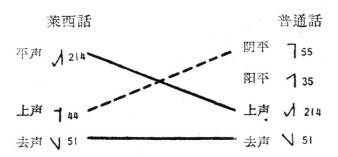

　　上面的比較也告訴我們如下三点：第一，萊西話去声的調值和普通話的去声一样都是＼51，萊西人可以按自己方言的去声調值去念普通話的去声；第二，萊西話平声的調值也和普通話的上声一样，萊西人也可把普通話的上声字象"首、长、領、导、好"等讀得和自己方言的平声象"飞、机、飞、天、空"等字的調值一样；第三，萊西話上声的調值和普通話的阴平近似，只是略微低了点，萊西人就可把自己方言上声字的調值去讀普通話的阴平声，譬如：把"飞、机、飞、天、空"等字讀得和自己方言中"首、长、領、导、好"等字的調值相似，只要注意略微再提高一点就行。萊西話平、上两声和普通話阴平、上声两調的关系与青島的情况相似。

　　胶东其他方言調查点的同志也都可以利用上面的方法去掌握普通話声調的讀音。一般来說，胶东人学习普通话的阴平、上声和去声都比較容易，因为他們的嘴里大体上都有与这三个声調相同或相似的調子。四个声調中只有普通話的阳

47

平比較难以学好，这是因为胶东方言一般都沒有上升的調子（只有萊阳、黄县两点的上声例外）*，所以胶东人要体会普通話的阳平也就比較困难了。下面提供两点方法，只能作为胶东人在学习普通話阳平調时的参考：

第一，胶东話的声調一般都有一个降升調，象青岛、郎墨、蓬萊、黄县、萊阳、萊西、掖县的阴平，海阳的阳平，福山、海阳、乳山、文登、荣成、威海、牟平、烟台、蓬萊、栖霞的上声，乳山、文登、招远的去声等。他們可以把这些尽量拉长来念，仔細領会后半段上升的部分，琢磨上升的調子在发音时嗓子是怎样的感觉。譬如：海阳的阳平是↙323。他們就可以把象"人民"这样的字尽量拉长来念，截取后半段，体会念到后半段时嗓子是什么感觉。等到弄明白怎样叫上升的調子以后，就可調整度数　象海阳的阳

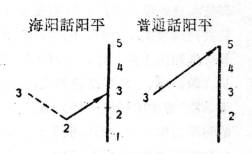

平后半段是↗23，就应該注意在开头和結尾都要提得高一点。

第二，利用唱歌的方式。念熟了 do、rue、mi、fa、so（1、2、3、4、5）以后，再念熟 miso（35），进一步就可用 a、o、e 等韵母配上35的譜子反复进行練习，慢慢地，也能帮助我們掌握上升的調子。但是应該指出：語音声調的五度并不等于音乐中的 do、rue、mi、fa、so，利用这种方法，也

只是为了帮助我们了解上升的调子是怎样的情况，所以最好用哼的方法去琢磨35的念法。至于正确地掌握普通话阳平调的发音，还是应该多听听能正确发出这个声调的同志的发音，模仿再加体会，学起来也就方便多了。

第五章　胶东人学习普通话的难点及其克服方法

通过第四章的学习，胶东人可以根据自己方音的特点去掌握普通话声、韵、调的发音。但光会发音还不等于学会普通话，因为除了能够把普通话的声、韵、调发得正确以外，还必须知道具体的字在普通话里应该读成什么声母、什么韵母，它又是属于什么声调。譬如：胶东人没有普通话的 r 声母，他们学会了这个声母的发音以后，还应该知道有哪些字应该读成这个声母；学会了普通话四个声调的发音，也就要进一步了解具体的字分归在各个声调中的情况，知道什么字在普通话里应该读成什么声调。

具体的字在方言中所属的声、韵、调未必和普通话完全一样，譬如：海阳、文登、乳山等地方言虽然和普通话一样都有 zh、ch、sh 这三个声母，但有些在普通话里被读为 zh、ch、sh 的字，象"遮"（zhē）、"車"（chē）、"舌"（shé）等，在海阳、文登、乳山等地的人读来，却不是 zh、ch、sh 这三个声母了。这就必须把他们原来的读法放弃，换上普通话的

49

讀法。声母不同换声母、韵母不同换韵母，声調不同换声調，全不同就全换。不同的字不少，每个字又都有它的声、韵、調，这中間自然就需要許多死記的功夫，但死記是一件呆板而又乏味的工作，記住一个只是一个，半点也灵活不得。这种办法往往事倍功半，花了不少的时間和精力也未必能够全部达到目的。

　　为了提高普通話的学习效果，就必須了解方言和普通話的对应規律，因为利用这些規律可以成批地掌握許多字在普通話里的讀音。这样，不但能减少許多死記的功夫，縮短学习时間，而且学习起来也就比較灵活而不会显得那么单調乏味了。

　　哪些字，在胶东人嘴里的声、韵、調和普通話不同，胶东人应怎样去掌握这些字在普通話中的声、韵、調？下面提出主要的几点以供胶东人在学习普通話时作参考。但由于胶东方言內部幷不十分一致，象有的地方有 zh、ch、sh 声母，有的地方沒有；有的地方象青島、卽墨、掖县等地把"客"（kè）、"克"（kè）、"刻"（kè）等字的韵母都讀成了"ei"，而有的地方象萊阳、黄县等地则和普通話的讀法一样；又如"堆"（duī）、"端"（duān）、"墩"（dūn）等字，在威海、烟台、牟平等地人讀来，韵母是"ei"、"an"和"en"，而卽墨、掖县等地人又和普通話的讀法一样等等。所以下面所提出的，就只能符合胶东方言的一般情况，而不可能把某个点的特殊情况都照顾得面面俱到了。譬如这里提到胶东話的零声母和普通話的 r 声母的对应关系，是按胶东人沒有 r 声母的情况来說的，对于青島話的特殊情况，即近来青島人在讀到普通話是 r 声母而胶东話是零声母的字时，已經有了 r 声母的又讀音的出現等等，都不一一加以特別說明。

一　zh、ch、sh和z、c、s，j、q、x①

多数胶东人說"詩人"（zhīrén）和"私人"（sīrén）一样，"中派"（zhōngpài）和"宗派"（zōngpài）一样，这是因为他們的方言沒有zh、ch、sh这三个声母，凡普通話以zh、ch、sh为声母的字，大多数都被他們讀成了z、c、s。还有少数普通話zh、ch、sh声母的字，极大多数的胶东人（包括自己方言中原来沒有zh、ch、sh声母和原来就有 zh、ch、sh 声母的，几乎占了胶东全部，只有青島和掖县是例外。）都把它們讀成了j、q、x。在他們的嘴里，"主食"（zhǔshí）和"主席"（zhǔxí）一样，"少一些"（shǎoyixiē）和"小一些"（xiǎoyixie）一样。然而"私人"到底不是"詩人"、"中派"不等于"宗派"。胶东人必須把它們都分別清楚。如何把zh、ch、sh声母的字从自己方言 z、c、s 或 j、q、x 声母的字中区分出来，

①少数普通話zh、ch、sh声母的字，象"政治"（zhèngzhi）、"招收"（zhāoshōu）、"享受"（shēnshòu）等等，胶东方言不論原来有 zh、ch、sh 或原来沒有zh、ch、sh的，极大多数都不讀zh、ch、sh。他們有的讀j、q、x，有的則讀成〔tʃ〕、〔tʃʻ〕、〔ʃ〕。讀j、q、x声母的，需要把这些字从j、q、x声母中区别出来記住它們在普通話中是 zh、ch、sh；讀〔tʃ〕、〔tʃʻ〕、〔ʃ〕的，比較簡单，只要把所有〔tʃ〕、〔tʃʻ〕、〔ʃ〕声母的字全都改成普通話的zh、ch、sh就行了。

是胶东人学习普通話的重要問題之一。

分辨的方法下面提出几点，可供參考：

1.从对应规律类推，从声母和韵母的拼合关系来看，可以得出下列三点：

第一，方言中 z、c、s 声母的字，如果后面的韵母（按：这里所提"后面的韵母"，是指方言中的韵母，以下同。）是 ci、en、eng，声母不变，普通話也讀 z、c、s。如："醉"（zuì）、"尊"（zūn）、"增"（zēn）等。

第二，方言中 z、c、s 声母的字，如果后面的韵母是 ua、uai、uei、uan、uen、uang，那么声母全变，普通話都讀 zh、ch、sh。如："抓"（zhuā）、"帅"（shuài）、"追"（zhuī）、"砖"（zhuān）、"准"（zhǔn）、"庄"（zhuāng）等。

第三，方言中 j、q、x 声母的字，如果后面的韵母是 üan、ün，那么声母不变，普通話也讀 j、q、x。如："全"（quán）、"寻"（xún）等。①

2.利用汉字的偏旁类推：

第一，胶东方言的 z、c、s 或 j、q、x，普通話应讀作 zh、ch、sh 的：

支——枝肢　　　　　　　执——鸷鹜

直——值植殖置　　　　　乍——炸榨搾（作字例外）

___

① 方言中 j、q、x 声母的字，如果后面的韵母是 iong，普通話不讀 zh、ch、sh，也不是 j、q、x，而是 z、c、s。如："松"（sōng）、"怂"（sǒng）等字，这是例外現象。

止——址趾芷　　　　　知——智蜘

至——致姪窒緻　　　　只——枳咫职帜

志——誌痣　　　　　　折——哲浙

者——猪諸煑著　　　　召——招昭

占——沾站粘砧　　　　眞——鎮

振——震赈，辰晨唇　　珍——診疹，趁

贞——偵桢　　　　　　章——障樟樟彰蟑

长——賬帐胀张涨　　　丈——仗杖

争——睁箏挣狰　　　　正——症征政証

主——住注蛀駐柱　　　朱——珠蛛株誅

重——踵鐘種腫（肿）　专——磚传轉

中——忠盅衷　　　　　周——綢稠惆

池——馳　　　　　　　叉——权叙

斥——拆　　　　　　　少——抄鈔吵炒，鲨沙裟

朝——潮嘲　　　　　　　　痧紗莎

产——剷　　　　　　　場——腸暢

昌——倡唱猖娼　　　　常——嫦

做——鑿廠（厂）　　　成——城誠盛

呈——程逞　　　　　　廚——櫥，樹（树）

垂——捶錘，睡　　　　詩——侍恃時（时）（寺

师——獅篩　　　　　　　　例外）

式——試軾　　　　　　市——柿

梢——捎哨艄　　　　　舍——啥捨

善——蟮繕膳　　　　　受——授綬

53

申——伸绅呻神　　　　　生——牲甥笙

伺——裳赏

第二，胶东方言的 z、c、s，普通話也是 z、c、s 的：

子——仔籽　　　　　　　孙——荪狲

澡——藻燥噪操躁　　　　次——杏資姿

曾——增憎赠，僧　　　　臧——臟藏臟（脏）

赞——讚鑽　　　　　　　祖——詛阻組

尊——邀　　　　　　　　宗——踪粽鬃綜

兹——慈磁　　　　　　　則——測側

才——材财　　　　　　　曹——槽漕嘈

仓——艙滄蒼傖（疮創两　　卒——醉，粹悴瘁翠萃
字例外）　　　　　　　　醋——措錯

崔——摧催　　　　　　　斯一撕嘶

思——腮總　　　　　　　四——泗駟

叟——溲搜艘嫂　　　　　穌——蘇

遂——隧燧

第三，胶东方言的 j、q、x，普通話也是 j、q、x 的：

卽——節（节）　　　　　借——藉，惜

焦——蕉，樵瞧　　　　　尽——侭烬

将——酱浆奖　　　　　　池——馳

且——姐　　　　　　　　姜——接

齐——挤　　　　　　　　妻——淒棲（栖）

取——聚趣娶　　　　　　秋——楸鍬

前——剪煎箭　　　　　　倭——寝浸

搶——嗆槍（枪）　　青——精靜晴清請情
写——泻　　　　　　先——洗选
鲜——癣　　　　　　綫——賤箋浅錢
息——熄　　　　　　须——鬚
畜——蓄　　　　　　肖——俏削消宵霄銷筲
亲——新薪　　　　　相——箱廂湘想
襄——鑲　　　　　　星——腥醒
迅——訊　　　　　　象——像橡

3.熟記常用字表：

上面的两种方法不可能解决全部問題，因为有許多字不在对应规律之內，偏旁也无法类推，所以还是需要熟記常用字表来作补充。記忆的方法最好是記少不記多，只要記住 z、c、s 和 j、q、x 的汉字就行，因为胶东話的这两組字大多数在普通話中都要改为zh、ch、sh。記住了 z、c、s 和 j、q、x，剩下的自然就都是zh、ch、sh声母的字了。

二、r 和零声母

胶东人說"日文"（rìwén）和"譯文"（yìwén）一样，"染紅"（rǎnhóng）和"眼紅"（yǎnhóng）一样。这是因为他們嘴里沒有r这个声母，把普通話的r声母字都念成了以i、u为开头的零声母字。但"日文"和"譯文"、"染紅"和"眼紅"等等都是必须把它們分辨清楚的，好在普通話的r声母字为数不多，总共也不过五、六十个，胶东人只要把它們从零声母中挑出来記住就行。現在将普通話的 r 声母字排列于下：

ri ——日　　　　　　　ran ——然燃染

rang ——瓤嚷壤讓　　　rao ——饒扰繞

re ——惹热　　　　　　ren ——人仁壬忍刃級靭認

reng ——扔仍①　　　　　　　　任飪妊

rou ——肉柔揉踩　　　　ru ——如儒孺蠕汝乳入

ruo ——若弱　　　　　　　　　辱④褥

rui ——蕊②瑞鋭③　　　ruan ——軟

rong ——茸容溶熔荣絨　　run ——閏潤

　　　　融冗

可以帮助我們記忆的是利用汉字偏旁进行类推：

然——燃　　　　　　　　容——溶熔

繞——饒（尧例外）　　　嚷——瓤壤讓

刃——忍級靭認　　　　　壬——任妊飪

柔——揉踩　　　　　　　儒——孺蠕（需例外）

辱——褥　　　　　　　　閏——潤

胶东人在記忆普通話的 r 声母字时，需要注意下面两点：

1.在自己方言的零声母字中，开、合两呼的字沒有普通話的 r 声母字；普通話的 r 声母字，全部分散在齐、撮两呼中。

2.普通話的 r 声母不与以 i、u 为韵母或以 i、u 为介音

——————

①②③④扔、仍、蕊、鋭、辱，在不少胶东人的嘴里是 l 声母字。

的韵母（即齐、撮两呼）相拼，胶东人在改变自己方言的零声母为普通話的 r 声母时，还必須同时改变韵母。单韵母的 i、u 改为特别韵母–i（詩的韵母）和 u：复韵母或鼻韵母，以 i 为开头的去掉 i，以 u 为开头的則去 u 改 u。

三　韭荣＝酒荣　溪边＝西边

胶东人說"韭荣"（jiǔcài）不等于"酒荣"（jiǔcài），說"溪边"（xībiān）也不等于"西边"（xībiān），但在普通話里，則"韭"和"酒"同，"溪"和"西"同。普通話以 j、q、x 为声母的字，胶东人都把它們讀成了不同的兩套声母：多数是〔c〕、〔c‘〕、〔ç〕和 z、c、s，如海阳、乳山、文登、荣成、蓬萊等地；有的是〔c〕、〔c‘〕、〔ç〕和 j、q、x，如福山、莱阳、黄县等地；也有的分成 j、q、x 和 z、c、s，象青岛就是。下面举些具体例字說明：

普通話		胶东話	
j、q、x	1.〔c〕、〔c‘〕、〔ç〕		2. z、c、s
	（青岛人是 j、q、x）		（福山等地人是 j、q、x）
机◦唧		杋	唧
欺　妻		欺	妻
希　西		希	西
阶　接		阶	接
茄　切		茄	切
械　謝		械	謝

焦 瞧 小 酒 秋 羞 尖 千 先 将 枪 箱 进 秦 心 精 青 星 聚 趣 须 绝 鹊 雪

交 乔 晓 九 丘 休 奸 铅 掀 江 腔 香 劲 芹 欣 京 轻 兴 句 去 虚 觉 确

焦 瞧 小 酒 秋 羞 尖 千 先 将 枪 箱 进 秦 心 精 青 星 聚 趣 须 绝 鹊 雪

交 乔 晓 九 丘 休 奸 铅 掀 江 腔 香 劲 芹 欣 京 轻 兴 句 去 虚 觉 确 学

杈	全	杈		全
玄	选	玄		选
軍	俊	軍		俊
訓	訊	訓		訊

为了把普通話說得更好，胶东人必須改变上述声母的不同情況。这种情況的改变十分容易，絲毫也不用死記。下面提出两点，只要大家在說話时注意一下就行了：

1.“机”、“欺”、“希”等字，青島人原来就讀 j、q、x，可以不变；大多数的胶东人都讀〔c〕、〔c‘〕、〔ç〕，只要一律都把它們改成 j、q、x 就行。也就是說：凡胶东人嘴里〔c〕、〔c‘〕、〔ç〕声母的字，普通話都讀 j、q、x。

2.“哪”、“妻”、“西”等字，福山等地人原来就讀 j、q、x，可以不变；大多数的胶东人都讀 z、c、s，需要把它們改成 j、q、x。如何知道胶东人所有 z、c、s 声母的字，哪些該是普通話的 j、q、x 声母呢？这也非常容易，因为普通話的 z、c、s 一律不与齐、撮两呼的韵母（卽 i、u 或以 i、u 为开头的韵母）相拼，只要韵母是齐、撮两呼的，普通話一律都要讀作 j、q、x。

（附）胶东話还把普通話的 n 声母字說成 n、〔ȵ〕两种，象：“男”是 n、“年”是〔ȵ〕。一般情况是：在齐、撮两呼的韵母前說成〔ȵ〕，如：“泥”、“女”等等；在开、合两呼的韵母前說成 n，如：“拿”、“奴”等等。胶东人要改变这种情況，只消把所有的〔ȵ〕声母全都說成 n 声母就行了。

四　不要把 o 說成 e

胶东方言中除去青島、乳山、文登、荣成、威海、牟平、掖县以外，多数地方都沒有普通話的单韵母 o。凡普通話中以 o 为韵母的字，他們都讀 e 韵母。他們把"播"（bō）、"坡"（pō）、"模"（mó）的韵母說得和"德"（dé）、"責"（zé）、革（gé）的韵母一样。要把普通話的 o 韵母从这部分胶东人口里的 e 韵母中划分出来並不困难，因为普通話的 o 韵母和 e 韵母在与声母的拼合关系上並不一样：o 韵母只在声母 b、p、m、f 的后面才能出现，而 e 韵母正好不在这四个声母的后面出现（只有一个輕声字"么"me 是例外），所以，凡胶东人的 e 韵母字，只要声母是 b、p、m、f 的，普通話都要讀成 o 韵母。其关系如下表：

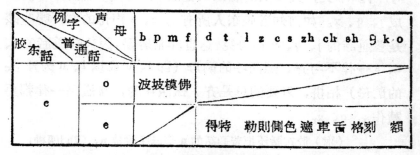

胶东話 ＼ 例字 声母 ＼ 普通話	b p m f	d t　l z c s zh ch sh　g k o
o	波坡模佛	
e (e)		得特　勒則側色　遮車奢　格刻　額

例外字：百白拍麦脉（普通話的韵母是 ai）

薅（普通話的韵母是 ao）①

---

①上面这些字如"勒""色""薅"等都有又讀，这里不再一一注出。

五　歌子＝鸽子　課本＝刻本
　　活人≠何人　鍋手≠歌手

普通話里，"歌子"（gēzi）等于"鸽子"（gēzi）、"課本"（kèběn）等于"刻本"（kèběn）；"活人"（huórén）和"何人"（hérén）不同、"鍋手"（ɡuōshǒu）和"歌手"（gēshǒu）不同。多数胶东方言如海阳、荣成、牟平、福山、蓬萊、萊阳、萊西、黄县、招远、栖霞等的情况却正好与此相反，在他们的嘴里，"歌子"和"鸽子"不同，"課本"和"刻本"不同，而"活人"等于"何人"、"鍋手"也等于"歌手"。这是因为他们以 uo 韵母代替了普通話的部分 e 韵母字。

普通話的 e 韵母字，在这些胶东人的嘴里，分成了 e、uo 两个韵母。其情况见下表：

普通話＼胶东話 ＼ 例字 声母	d t l z c s zh ch sh	ɡ k h o
e　（e行）	得 特 勒 則 侧 色 遮 車 舌	格 克　　额
e　（uo行）		歌 科 合 俄

上表可以看出：普通話的 e 韵母，虽然可以和 d、t、l、z、c、s、zh、ch、sh 这几个声母相拼，但在胶东話的 uo 韵母中，却只有 g、k、h 和零声母的部分字是普通話的 e 韵母（只有"乐"字例外）。所以，胶东人要把普通話的 e 韵母字

从自己方言的uo韵母字中划分出来，就可以不必去考虑其它声母的字，只要記住g、k、h和零声母中，有哪些是普通話的e韵母，哪些是普通話的uo韵母就行了。现在将胶东話是uo韵母而普通話应讀作e韵母的字排列于下：

声母　　字

g ——歌各

k ——科棵顆可課

h ——何荷禾和盒賀合

o ——蛾鵝俄餓惡

〔附〕

　　如果把本节和上面一节联系起来看，可以得出胶东方言e、uo韵母和普通話o、e、uo韵母的关系如右表：

胶东話	普通話	胶东話
e	o	
	e	uo
	uo	

六　区別ei、uei，an、uan，en、uen

胶东人（掖县、卽墨除外）說"对"（duì）、"罪"（zuì）的韵母和"背"（bèi）、"肺"（fèi）的韵母相同；說"酸"（suān）与"三"（sān）同、"一段"（yíduàn）等于"一担"（yídàn）；"寸"（cùn）的韵母和"衬"（chèn）的韵母相同、"論"（lùn）的韵母也和"分"（fēn）的韵母相同。这里因为他們把部分普通話以uei、uan、uen的字，分别讀成了ei、an、en。

62

見下表：

例字声母　胶东話　普通話	b	p	m	f	d	t	n	l	z	c	s	zh	ch	sh	g	k	h	o
e　ei	碑	培	眉	肥			內	雷	賊						給			
e　uei					堆	推			嘴	崔	碎							
an　an	般	盼	慢	帆	丹	貪	南	懶	贊	歪	三	站	斬	山	干	看	含	暗
an　uan					端	团	暖	乱	鑽		酸							
en　en	本	噴	門	分					怎	參(-差)	森	眞	襯	身	跟	懇	很	恩
en　uen					墩	吞		論	尊	村	孫							

　　上面的表可以从声、韵母的配合关系上帮助我們把普通話的 uei、uan、uen 从胶东人嘴里的 ei、an、en 中划分出来；下面分几点説明：

　　第一，上表告訴我們：凡 b、p、m、f, zh、ch、sh, g、k、h 和零声母字，胶东方言的 ei、an、en，普通話也讀 ei、an、en，不与 uei、uan、uen 相混。

　　第二，上表告訴我們：凡 d、t、z、c、s 这几个声母的字，胶东人讀 ei、en 这两个韵母的，普通話都讀 uei 和 uen 这两个韵母。例外字：賊(zéi)、怎(zěn)、森(sēn)、襯(chèn)、參〔人参的参〕(shēn)①

　　从声母和韵母的拼合关系来看，胶东人嘴里的 d、t 不与

_____

①例外字"襯""參〔人参〕"两字，列在这里是屬于没有 zh、ch、sh 声母的地方；如果是有 zh、ch、sh 这三个声母的，就没有这两个例外字。

uei、uen 韵母相拼，凡普通話以 d、t 为声母的 uei、uen 韵母字，他們就去掉了其中的 u 介音讀成了 ei 和 en；反过来，从普通話的声、韵配合关系看，普通話 d、t 二声母是不与韵母 ei、en 相拼的。因而凡胶东方言以 d、t 为声母的 ei、en 韵母字，普通話都要讀成 uei 和 uen。象"堆"和"墩"，胶东人讀作"dēi"和"den"，普通話就应讀作"duī"和"dūn"。声母 z、c、s 的情况也是这样，因为普通話里极少有 z、c、s 声母与 ei、en 两韵相拼的字，只有"贼"(zéi)、"怎"(zěn)、"森"(sēn) 等少数字是这样，除去这几个字以外，凡胶东方言以 z、c、s 为声母的 ei、en 韵母字，普通話也都要加上 u 介音讀成 uei、uen。象"嘴"和"尊"，胶东人讀成"zěi"和"zēn"，普通話就要讀成"zuǐ"和"zūn"。

第三，上表告訴我們：胶东話凡声母是 d、t、n、l 和 z、c、s 的 an 韵母字，普通話有的讀 an，有的讀 uan。讀成 uan 的字为数不多，可以把它們一一記住加以改正。现在把这些字列在下面：

声母	胶东話韵母──→普通話韵母	字
d	an──→uan	端斷鍛段緞
t	an──→uan	団
n	an──→uan	暖
l	an──→uan	卵乱
z	an──→uan	鑽
s	an──→uan	酸算蒜

第四，ei、en 韵母中，以 n、l 为声母的字，胶东人讀 ei 韵母

的，普通話也讀ei，如："內"（nèi）、"霤"（léi）等字；胶东人讀 en 韵母的，普通話讀 uen 韵母，如"論"，胶东人讀"lèn"，普通話讀"lùn"。

七　声調的对应

第四章中已經提到：胶东話和普通話在声調方面有着不少的差别；这差别自然也出不了調类、調值两个方面。調值問題，即一个調类的具体讀音問題，第四章中已經講到过了，这里不再重复。但胶东人除了要正確掌握普通話語音四个調类的讀音以外，还必須了解自己方言和普通話調类的对应关系，了解自己方言的調类在普通話語言中是什么情况，以便推断某些具体字在普通話里应該是屬于什么調类。下面所講的只是胶东話的一些概括情况，至于細致的某一个点的个别字的情况，由于这十七个点之間都不怎么一致，就不单独加以説明了。

胶东話和普通話在声調方面的对应关系：

1.胶东方言的阴平字（包括只有三个声調的象萊西、栖霞等地的平声字），普通話多数也讀阴平。如果声母是 m、n、l 和 o 的，普通話有的讀阴平，有的讀阳平，而且讀阳平的字比讀阴平的字要多，如："蔴"（má）、"牙"（yá）、"泥"（ní）、"梨"（lí）等。普通話以m、u、l、o 起头的阴平字不多（o 声母稍为多一点），胶东人只要把它們記住，剩下的就都改成阳平就行了。

65

下面就是普通話以 m、n、l、o 为声母的阴平字：

a　——媽

ua　——挖（胶东人不屬阴平，是上声。）

uo　——窝

i　——医衣依

u-　——屋烏（"屋"字，胶东人不屬阴平，是上声。）

ai　——哀

uai　——歪

uei　——危威

ao　——猫捞熬

iao　——妖要〔要求〕么

ou　——欧

iou　——溜憂优悠

an　——安鞍

ian　——烟淹醃

uan　——剜豌弯灣

yan　——寃

en　——恩

in　——殷因姻音阴（"殷"字，許多胶东人不讀阴平，讀上声。）

uen　——溫瘟

ang　——航

iang　——央秧殃

uang——汪

enɋ ——扔

inɤ ——鹰应〔应该〕鹦婴樱缨英

onɤ ——翁

2.胶东方言的阳平字（只有三个声調的萊西等七点不在此列），普通話也是阳平，但也有不少例外，象有的点讀稻、件、怒等是阳平，普通話应为去声。这情况各点之間并不一致，也无规律可寻，只好死記。

3.胶东方言的上声字，普通話讀成阴平、阳平、上声、去声都有。其中讀上声的字数最多，凡鼻韵母字，普通話都是上声，例如："板"（bǎn）、"本"（běn）、"綁"（bǎn）、"捧"（pěn）、"桶"（tón）等等。其它字就沒有什么规律可寻了，象："急"（jí）、"一"（yī）、"督"（dū）等在普通話里是阴平；"竹"（zhú）、"职"（zhí）、"郎"（jí）等在普通話里是阳平；"笔"（bǐ）、"尺"（chǐ）、"古"（ɡǔ）、"好"（hǎo）等在普通話里是上声；"識"（shì）、"各"（ɡè）、"却"（què）等是去声。

4.胶东方言的去声字，四个调类的地方和三个調类的情况不同：

四个調类的，象青島、萊阳等地，方言的去声字在普通話里也讀去声，沒有什么分化現象；

三个調类的，象烟台、萊西等地，方言的去声字在普通話里分成阳平、去声两套。这是因为这些地方的方言沒有阳平調，凡普通話的阳平字，他們一律都讀去声，所以在这部分胶东人的嘴里，"留人"（liúrén）和"六人"（liùrén）相同。

怎样把普通話的阳平字从自己方音的去声字中分别出来，也沒有什么规律可寻，只好依靠記忆。由于阳平字远远的少于去声字，所以記忆时只要記住普通話的阳平字就行，剩下的都是去声字了。

5.胶东方言中，不論是四个声調的、三个声調的，只要韵母是鼻韵母，普通話的声調往往和方言的声調相同（其中只有三个声調的地方，去声字中仍有一部分是阳平）。例如："班"（bān）、"盘"（pán）、"板"（bǎn）、"半"（bàn），"噴"（pēn）、"盆"（pén）、"本"（běn）、"笨"（bèn），"邦"（bāng）、"旁"（páng）、"綁"（bǎng）、"胖"（pàng），"崩"（bēng）、"朋"（péng）、"捧"（pěng）、"碰"（pèng），"东"（dōng）、"銅"（tóng）、"桶"（tǒng）、"用"（yòng）等等，例外的字不多。

本章說明

（一）本章第一、二节講到：胶东不少地方的声母 j、q、x、o 在普通話中要分成 j、q、x、o 和 zh、ch、sh、r 两套。例如："积"和"知"、"聚"和"注"，方言是同音，它們的声母都是 j，韵母是 i 和 ü；但这些字在普通話里是不同音的："积"（jī）和"知"（zhī）不同，"聚"（jù）和"注"（zhù）不同。声母不同，韵母也不同。韵母的不同是随声母的不同而变化的，因为胶东話的部分 j、q、x、o 声母的字，变成普通話的 zh、ch、sh、r 以后，原来的韵母都是齐、撮两呼，自然不能与 zh、ch、sh、r 相拼，这就必须改变韵母

的韵音。改变的情况很简单：凡胶东话 j、q、x、o 声母的
字，普通话要读成 zh、ch、sh、r 的，韵母是齐齿呼的就改
成开口呼，是撮口呼的就改成合口呼。也就是说：有 i 介音
的韵母去掉 i 介音（单韵母 i 则改为特别韵母 -i——诗的韵
母）；凡以 ü 为开头的韵母，都改成 u 开头（单韵母 ü 改成
u）。现在将它们的关系列表说明如下：

胶东话韵母 / 普通话韵母 \ 胶东话声母 / 普通话声母	j		q		x		o	
	j	zh	q	ch	x	sh	o	r
ia — ia								
ia — a						傻		
ie — ie	姐		切		谢		叶	
ie — e		者		車		設		热
i — i	积		凄		洗		益	
i — -i (诗的韵母)		知		池		失		日
ü — ü	聚		取		敍		于	
ü — u		猪		出		薯		如
iao — iao	焦		鍬		消		摇	
iao — ao		招		超		燒		扰
iou — iou	酒		秋		修		游	
iou — -ou		州		抽		收		柔

ian	ian	剪		前		綫		雁	
	an		展		纏		善		染
üan	üan					宣		远	
	uan								軟
in	in	尽		亲		辛		阴	
	en		诊		辰		深		仁
ün	ün					寻		运	
	uen								閏
iang	iang	匠		枪		湘		殃	
	ang		杖		昌		伤		讓
ing	ing	晶		青		星		英	
	eng		争		乘		声		
iong	ong							用	
	ong								絨

（二）胶东没有 zh、ch、sh 声母的地方，"思"（si）的韵母和"詩"（shi）的韵母相同，而普通話里它们是不一样的。这两个韵母的不同，是在于声母 z、c、s 和 zh、ch、sh 的不同，第一节中已經講到，这里不再重复。

（三）胶东話的"iai"韵母是普通話中所沒有的；凡有这个韵母的字，除去零声母"矮"、"埃"两字在普通話中讀 ai 以外，其余的都讀 ie。现在将这些字抄在下面：

皆街阶（jiē）　　　　　　　　解（jiě）

70

介界芥济戒（jiè）

鞋（xié）　　　　　　　蟹（xiě）

械（xiè）

矮（ǎi）　　　　　　　挨（āi）

（四）青岛、即墨两地方言的"ц"韵母，普通話中沒有。凡有这个韵母的字，普通話一律讀"u"韵母。象："处"（chù）、"鼠"（shǔ）等等。

第六章　怎样进一步說好普通話

我們学会了发音、正音之后，基本上已經能說普通話了。如果再进一步要求講得流利、生动、漂亮，更象北京語音，那就得学好普通話的輕声、儿化和变調。

一、輕　声

輕声是四个声調之外的一种特别声調。每个字单念时有一定声調，可是字和字相連起来讀，有的字音就变得又模糊，又短弱，谈不上什么声調，这就叫做輕声。輕声在我們語言中有积极的作用，可以使我們的語言表达更准确、并富有音乐美。另外，还有区别詞义、区别同音詞等作用。譬如：

做"买卖"（一重一輕）　　　表示商品交易的意思。

"买""卖"要公道。（同重）　表示又买又卖。

71

（以上区别詞义）

虾子（同重）　　　　　　区别同音詞

瞎子（重輕）

（以上区别同音詞）

一般說，輕声用法有这么几种：

1.虛字念輕声：椅子、石头、女儿、我們、人家、睡了、記得、紅的、站着。

2.有些方位詞念輕声：天上、地下、屋里。

3.趋向动詞念輕声：拿来、进去、說过、想起。

4.中間有"一"字和"不"的，前后的詞又是一样的，在这种情况下"一"、"不"念輕声。如：笑一笑、好不好。

5.双音詞有些第二字念輕声：东西、眼睛、兄弟、棉花。（可参看徐世荣："双音綴詞的重音規律"（中国語文一九五六年二月，四十四号）。

6.叠詞叠字第二字念輕声：笑笑、走走、媽媽、弟弟。

汉語拼音方案規定輕声不标調号。如"你們"〔nǐmen〕的"men"字就是輕声，不标調号。

二、儿化韵

北京話里有些詞的詞尾是个"儿"，如"花儿"，"碟儿"、"凳儿"，这是表示念前头元音的时候，就作个卷舌的动作，这个动作，使音节里的韵母起了变化，这就叫做儿化韵。汉語拼音方案規定在詞尾的"儿"一律写成"r"。儿化韵在詞义、語法和語气上都有一定作用，如表示"小"、表示喜爱心理，或用来区别同音詞、确定詞性等等。

小孩儿　小釘儿　碟儿　盆儿　表示小的意思或是表示喜爱的心理。

邮票　　油票儿　　区别同音詞

弯　　　弯儿　　　确定形容詞和名詞

山东人学习儿化韵并不困难，方言里就有儿化的习慣，不过卷的过后一点罢了。只要在发元音的时候，就輕輕卷舌，把舌尖卷起来，不要碰上顎，嘴略张开，再略关，就能发出 er 来。应該注意的是詞尾"儿"，必須与前面韵母合起来念。

脚印儿　　金魚儿　　小棍儿

盘儿　　　歌儿　　　树枝儿

一点儿　　小本儿　　小刀儿

三、变　　調

每个汉字都有一定的声調，但是在实际語言里，每个音节都不是一个个孤立的单位，在說話时都是一連串音节連成詞或者句子。常常在連讀的时候，字音有了变化，表现在声調上，就是变調。顧名思义，变調就是声調的变化。变調有好几种，我們只講其中最主要的上声变調、迭字形容的变調、"一、七、八、不"的变調。

（一）上声的变調：

两个上声的音节相連，在这种情况下第一个上声字就不讀上声，变成阳平的升調了。以图表示：

上ⅤＩ＋上ⅤＩ——＞阳平ＪＩ＋上ⅤＩ

例如：演講、土改、水果、检討。

如果三个上声相連时，那前面两个上声字都不讀上声，都变成阳平的升調了。以图表示：

上ⅤＩ＋上ⅤＩ＋上ⅤＩ——＞阳平ＪＩ＋阳平ＪＩ＋上声ⅤＩ

例如：紙老虎　小組长

上声音节在非上声音节之前，上声音节也不再念上声了，变为下降又延长的一种声調，我們叫半上。以图表示：

上ⅤＩ＋非上声——Ｊ半上十非上声

例如：火車　語言　巧干　好吧

上声的变調不必另标調号，可是要把声調的变化念准。

（二）迭字形容的变調：

两个字重迭做形容用的，在口語里往往是第二个字变調讀阴平。如果是阴平字重迭，第二个字仍然念阴平。比如：

高高儿　　輕輕儿　　寬寬儿

阳平、上声、去声字重迭，第二个字变調讀阴平。比如：

长长儿　　（阳平字重迭）

好好儿　　（上声字重迭）

慢慢儿　　（去声字重迭）

（三）"一、七、八、不"的变調

"一、七、八、不"都有它們的基本声調。"一、七、八"都是阴平，"不"是去声。如果单念或在語句末尾，四字都念本調，如"統一"、"二十七"、"第八"、"我不"等。在其他情況下，它們就变调了。現列一个簡表表示"一、七、八、不"在什么条件下变调，变成什么样的声調。

字	条　件	变　調	例
一、七、八、不	在去声 ˋ 前	变阳平 ˊ	ˊ一部書　七倍 八万　ˋ不去
一、不	在非去声 前	变去声 ˋ	不高　不成　不好 一盅　一人　一口
一、不	夹在詞中間	变輕声	走一走　好不好

"一、七、八、不"的变調应該标上变調后的調号。如：

不去 búqù　一天 yìtiān。

附 录

說話、朗讀材料

CHANGYONG CI
常 用 詞

（一）

fùqin（bàba）	mǔqin（māma）	zǔfù（yéye）
父亲 爸爸	母亲 媽媽	祖父 爷爷

zǔmǔ（nǎinai）	wàizǔfù	wàizǔmǔ
祖母 奶奶	外祖父	外祖母

bófu	bómǔ	shūfu	shūmǔ
伯父	伯母	叔父	叔母

jiùfu	jiùmǔ	gūfu	gūmǔ
舅父	舅母	姑夫	姑母

yífu	yímǔ	yuèfu	yuèmǔ
姨夫	姨母	岳父	岳母

gōnggong	pópo	gēge	dìdi
公公	婆婆	哥哥	弟弟

jiějie	mèimei	zhàngfu	qīzi
姐姐	妹妹	丈夫	妻子

érzi	xífu	nǚ'er	nǚxu
儿子	媳妇	女儿	女婿

zhí'er	zhínǚ	sūnzi	sūnnǚ
姪儿	姪女	孙子	孙女

tóngzhì
同志

péngyou
朋友

àiren
爱人

nánren
男人

nǚren
女人

lǎotour
老头儿

lǎotàitai
老太太

xiǎohair
小孩儿

xiǎohuǒzi
小伙子

gūniang
姑娘

fùnǚ
妇女

zhǔxí
主席

shūjì
書記

gànbu
干部

qúnzhòng
群众

dǎngyuán
党員

tuányuán
团員

shèzhǎng
社长

shèyuán
社員

chuīshìyuán
炊事員

sìyǎngyuán
飼养員

shòuhuòyuán
售貨員

yóudìyuán
邮递員

gōngrén
工人

nóngmín
农民

yīsheng
医生

hùshi
护士

zhànshi
战士

yīngxióng
英雄

mófàn
模范

mínjǐng
民警

mínbīng
民兵

jiàoshī
教师

xuésheng
学生

zhuānjiā
专家

tóu
头

tóufa
头发

húzi
胡子

ěrduo
耳朵

bízi
鼻子

yǎnjing
眼睛

méimao
眉毛

zuǐba
嘴巴

zuǐchún
嘴唇

yáchǐ
牙齿

shétou
舌头

bózi
脖子

hóulong
喉嚨

jiānbǎng
肩膀

gébo
胳膊

dàtuǐ
大腿

77

dùzi 肚子	xīnzàng 心脏	shǒu 手	jiǎo 脚
xīgài 膝盖	zhǐtou 指头	gútou 骨头	píròu 皮肉
tàiyáng 太阳	yuèliang 月亮	xīngxing 星星	tiānqi 天气
guāfēng 刮风	xiàyǔ 下雨	xuěhuā 雪花	dǎléi 打雷
shǎndiàn 闪电	chūntiān 春天	xiàjì 夏季	lìqiū 立秋
dōngzhì 冬至	qīngmíng 清明	yuándàn 元旦	chúxì 除夕
jīntian 今天	míngtiān 明天	wǎnshàng 晚上	yèli 夜里
báitiān 白天	qùnián 去年	wǎngnián 往年	xiànzài 现在
guòqu 过去	jiānglái 将来	qīngzǎo 清早	shàngwǔ 上午
zhōngwǔ 中午	xiàwǔ 下午	shàngdou 上头	xiàdou 下头
lǐmian 里面	wàimian 外面	qiánmian 前面	hòumian 后面
zhōngjiān 中间	dǐxia 底下	pángbiān 旁边	fùjìn 附近
zhuāngjia 庄稼	xiǎomài 小麦	yùmǐ 玉米	gāoliáng 高粱
dàdòu 大豆	gānshǔ 甘薯	xiǎomǐ 小米	dàmǐ 大米

huāshēng	báicài	luóbo	huánggua
花生	白菜	蘿蔔	黃瓜

qiézi	dàcōng	suànmiáo	yúndòu
茄子	大葱	蒜苗	芸豆

cháyè	hóngzǎo	píngguǒ	hétao
茶叶	紅枣	苹果	核桃

táozi	xìngzǐ	lǐzi	shìzi
桃子	杏子	李子	柿子

xīgua	pútao	júzi	shānzhā
西瓜	葡萄	桔子	山楂

gōngjī	mǔjī	gōngzhū	mǔzhū
公鷄	母鷄	公猪	母猪

gōngniú	mǔniú	gōngmǎ	mǔmǎ
公牛	母牛	公馬	母馬

lǘzi	luózi	miányáng	gēzi
馿子	騾子	綿羊	鴿子

wūyā	xǐquè	cāngying	wénzi
烏鴉	喜雀	蒼蠅	蚊子

máquè	lǎoshǔ	chòuchong	tiàozǎo
麻雀	老鼠	臭虫	跳蚤

mǎyǐ	mìfēng	zhīzhu	wúgōng
螞蟻	蜜蜂	蜘蛛	蜈蚣

zǎofàn	wǔfàn	wǎnfàn	diǎnxin
早飯	午飯	晚飯	点心

mántou	mǐfàn	miàntiáor	xīzhōu
饅头	米飯	面条儿	稀粥

húntun	jiǎozi	bāozi	wōwotóu
餛飩	餃子	包子	窝窝头

79

zhūròu	jiàngyóu	suāncù	niúnǎi
猪肉	酱油	酸醋	牛奶
shāobǐng	yóutiáo	miànbāo	bǐnggān
烧饼	油条	面包	饼干
dòufu	jīdàn	jiàngcài	hǎidài
豆腐	鸡蛋	酱菜	海带
xiāngyóu	dòujiān	xiāngcháng	fěntiáo
香油	豆浆	香肠	粉条
báitáng	hóngtáng	tángguǒ	
白糖	红糖	糖果	

fángzi	chuānghu	chúfáng	cèsuǒ
房子	窗户	厨房	厕所
sùshè	fàntīng	shítáng	jiēdào
宿舍	饭厅	食堂	街道
qìchē	huǒchē	zìxíngchē	dìpáichē
汽车	火车	自行车	地排车
fēijī	lúnchuán	diànhuà	shōuyīnjī
飞机	轮船	电话	收音机
wúxiàndiàn	zhuōzi	yǐzi	yīfu
无线电	桌子	椅子	衣服
màozi	kùzi	wàzi	qúnzi
帽子	裤子	袜子	裙子
píxié	shǒutào	bèixīn	shǒujuànr
皮鞋	手套	背心	手绢儿
chènshān	shǒubiǎo	kǒuzhào	dàyī
衬衫	手表	口罩	大衣
miánbèi	chuángdān	liǎnpén	chábēi
棉被	床单	脸盆	茶杯

féizào 肥皂	yágāo 牙膏	jìngzi 镜子	máojīn 毛巾
zhěntou 枕头	huǒchái 火柴	diàndēng 电灯	tiáozhou 笤帚
rèshuǐpíng 热水瓶	mòshuǐ 墨水	gāngbǐ 钢笔	fànwǎn 饭碗
kuàizi 筷子	sháozi 勺子	shuǐhú 水壶	méitàn 煤炭
fēngxiāng 风箱	càidāo 菜刀	mābu 抹布	suànbán 算盘
yúsǎn 雨伞	shūbāo 书包	chútou 锄头	liándāo 镰刀
juédou 镢头	chǎnzi 铲子	gǎodou 镐头	shuǐchē 水車
fènkuāng 粪筐	tuōlājī 拖拉机	bùlí 步犁	bōzhǒngjī 播种机
shōugējī 收割机	chāyāngjī 插秧机	bǎnfǔ 扳斧	dīngzi 钉子
qiánzi 钳子	fēngchē 风車	húqín 胡琴	luógǔ 鑼鼓

qǐchuáng 起床	shuāyá 刷牙	xǐliǎn 洗脸	shūtóu 梳头
pǎobù 跑步	zǎocāo 早操	chīfàn 吃飯	tánhuà 談話
xǐzǎo 洗澡	lǐfà 理发	dúbào 讀报	kànshū 看書
xiězì 写字	zóulù 走路	chànggē 唱歌	tiàowǔ 跳舞

yǎnxì 演戏	xiěxìn 写信	xuéxí 学习	pīpíng 批评
jiǎntǎo 检讨	bāngzhù 帮助	shāngliang 商量	tǎolùn 讨论
yōnghù 拥护	kāihuì 开会	wòshǒu 握手	zhīyuán 支援
hézuò 合作	jiéhūn 结婚	liàn'ài 恋爱	suànzhàng 算账
shēngchǎn 生产	láodòng 劳动	shàngpō 上坡	xiàdì 下地
chāyāng 插秧	gēngzhòng 耕种	zhuīféi 追肥	chúcǎo 除草
jiāodì 浇地	shōugé 收割	dǎcháng 打场	guòdǒu 过斗
dǎyú 打鱼	zhǔfàn 煮饭	shōugōng 收工	zàijiàn 再见
xiūxi 休息	shuìjiào 睡觉		

（二）

zhōnghuá 中华	rénmín 人民	gònghéguó 共和国	
quánguó 全国	rénmín 人民	dàibiǎo 代表	dàhuì 大会
zhōngyāng 中央	guójiā 国家	shǒudū 首都	
Běijīng 北京	Máo Zédōng 毛　泽东	zhèngfǔ 政府	jīguān 机关

zhèngzhì	wénhuà	jīnjì	jiàoyù
政治	文化	經济	敎育

jiāotōng	yùnshū	gōngyè	nóngyè
交通	运輸	工业	农业

tǐyù	wèishēng	gòngchǎndǎng	
体育	卫生	共产党	

gòngqīngtuán	shàoxiānduì	gòngchǎnzhǔyì	
共青团	少先队	共产主义	

shèhuìzhǔyì	gōngyèhuà	nóngyèhézuòhuà	
社会主义	工业化	农业合作化	

rénmíngōngshè	shāngpǐnshēngchǎn	dàyuèjìn	
人民公社	商品生产	大跃进	

quánmín	dàbàn	gāngtiě	mínbīngcāoliàn
全民	大办	鋼鉄	民兵操練

quánguó	yìpánqí	yǐgāngwéigāng	zǒnglùxiàn
全国	一盘棋	以鋼为綱	总路綫

zhěngfēng-yùndòng		fǎnyòu-dòuzhēng	
整风 运动		反右 斗爭	

mǎkèsīzhǔyì	gémìng	lìchǎng	sīxiǎng
馬克思主义	革命	立場	思想

guāndiǎn	fāngfǎ	jìnbù	luòhòu
观点	方法	进步	落后

mínzhǔ	zìyóu	jiěfàng	dòuzhēng
民主	自由	解放	斗爭

lǐngdǎo	hépíng	tuánjié	wànsuì
領导	和平	团結	万岁

fāngzhēn	zhèngcè	gǎizào	zǔzhí
方針	政策	改造	組織

liánxì	jiànshè	fèndòu	nǔlì
联系	建設	奋斗	努力

tiáojiàn	tiǎozhàn	bǐsài	shènglì
条件	挑战	比赛	胜利

fāzhǎn	rènwu	jìhuà	zǒngjié
发展	任务	計划	总结

fāngxiàng	chéngji	kùnnan	kèfú
方向	成績	困难	克服

yōnghù	fǎnduì	tōngguò	guànchè
拥护	反对	通过	貫彻

bǎozhèng	hàozhào	dàbiànlùn	jìnglǎoyuàn
保証	号召	大辯論	敬老院

tuō'érsuǒ	yòu'éryuán	mínzhǔ–jízhōngzhì	
托儿所	幼儿園	民主　集中制	

quánmín–suǒyǒuzhì	jítǐ–suǒyǒuzhì
全民　所有制	集体　所有制

shēngchǎnlì	shēngchǎnguānxi	guòdù
生产力	生产关系	过渡

gèjìnsuǒnèng	ànláofēnpèi	guǎnlǐqū
各尽所能	按劳分配	管理区

shēngchǎnduì	zǔzhíjūnshìhuà	xíngdòngzhàndòuhuà
生产队	組織軍事化	行动战斗化

shēnghuójítǐhuà	guǎnlǐmínzhǔhuà
生活集体化	管理民主化

gǔzúgànjìn	lìzhēngshàngyóu	zēngchǎnjiéyuē
鼓足干劲	力爭上游	增产节約

（三）

xuéxiào	lǎoshī	tóngxué	jiàoshì
学校	老师	同学	敎室

lǐtáng	kètáng	kèběn	hēibǎn
礼堂	課堂	課本	黑板
bǎncār	fěnbǐ	jiǎngtái	shàngkè
板擦儿	粉笔	講台	上課
xiàkè	bèikè	jiǎngyì	yùxí
下課	备課	講义	預习
tíwèn	zuòyè	pīgǎi	jígé
提問	作业	批改	及格
liànxí	lǎngdú	shíyàn	kǎoshì
練习	朗讀	实驗	考試
kǎochá	fǔdǎo	tíwèn	jiědá
考查	輔导	提問	解答
zìxí	bǐjì	cānguān	pángtīng
自习	笔記	参观	旁听
chūxí	quēxí	chídào	zǎotuì
出席	缺席	迟到	早退
qǐngjià	kuàngkè	xiàozhǎng	wénxué
請假	曠課	校长	文学
hànyǔ	wàiwén	suànshù	shēngwù
汉語	外文	算术	生物
wùlǐ	huàxué	jǐhé	sānjiǎo
物理	化学	几何	三角
lìshǐ	dìlǐ	tǐyù	yīnyuè
历史	地理	体育	音乐
měishù	pǔtōnghuà	guīfànhuà	pīnyīn
美术	普通話	規范化	拼音
zìmǔ	yuányīn	fǔyīn	shēngmǔ
字母	元音	輔音	声母
yùnmǔ	yīnjié	yīnsù	shēngdiào
韵母	音节	音素	声調

85

fāyīn　　zhèngyīn
发音　　正音

LANGDU　CAILIAO
朗读　材料

Xīn　chūnlián
（一）新　春联

1. Gòngchǎnzhǔyì　shì　tiāntáng
   共产主义　是　天堂

   Rénmíngōngshè　shì　qiáoliáng
   人民公社　是　桥梁

2. Rè'ài　láodòng　　Àishè　rújiā
   热爱　劳动　　爱社·如家

3. Gōngshè　lìliàngdà　guǎntiān　guǎndì　guǎnshānshuǐ
   公社　力量大　管天　管地　管山水

   Qúnzhòng　gànjìnzú　zhuīxīng　zhuīyuè　zhuītàiyáng
   群众　干劲足　追星　追月　追太阳

4. Gànjìn　chōngtiān　xīnsuì　guānghuī·shèng　jiùsuì
   干劲　冲天　新岁　光辉　胜　旧岁

   Huānshēng　dòngdì　dōngfēng　hàodàng　yā　xīfēng
   欢声　动地　东风　浩荡　压　西风

5. Niánlǎo xīnbùlǎo yìshēn gànjìn
年老　心不老　一身　干劲

Huāhóng rényěhóng mǎnyuàn chūnfēng
花红　　人也红　　满院　　春风

Dǎng shì chūnyǔ shè shì huā
（二）党是　春雨　社是花

Dǎng shì chūnyǔ shè shì huā
党是　春雨　社是花，

Huā kāi shílǐ xiāngwànjiā
花开十里　香万家，

Wǔwèi yìtǐ níng gāngshéng
五位　一体　拧　钢绳，

Wànzhòng yìxīn lìliàng dà
万众　一心　力量　大。

Gōngshè zhī huā rénmín zāi
公社　之花　人民　栽，

Wànzǐqiānhóng chùchù kāi
万紫千红　处处　开，

Rìzi yuè guò yuè měihǎo
日子越过　越美好，

Gòngchǎnzhǔyì xìngfú lái
共产主义　幸福　来。

Duōkuī zánmende Máo zhǔxí
（三）多亏　咱们的　毛　主席

Gēngdì yòngshangle tuōlājī
耕地　　用上了　　拖拉机，

Chōushuǐ yòngshangle chōushuǐjī
抽水　　用上了　　抽水机，

Cūnli ànshangle diànhuàjī
村里　　安上了　电话机，

Jiāli tīngshangle shōuyīnjī
家里　　听上了　　收音机，

Féngyī yòngshangle féngrènjī
缝衣　　用上了　　缝纫机，

Shítáng yòngshangle chuīfēngjī
食堂　　用上了　吹风机。

Yàowèn zhèxiè shì nǎlǐlái
要问　这些　是　哪里来？

Duōkuī zánmende Máo zhǔxí
多亏　咱们的　毛　主席。

Shìjiān shéme bǐ tiān gāo
（四）世间　什么　比　天　高

Shìjiān shéme bǐ tiān gāo
世间　什么　比天　高，

Shìjiān shéme bǐ hǎi shēn
世间　什么　比海　深，

Shìjiān shéme bǐ shān zhòng
世间　什么　比　山　重，

88

Shìjiān shéme lù guāngmíng
世間 什么 路 光明。

Máo zhǔxí lǐxiǎng bǐ tiān gāo
毛 主席 理想 比 天 高,

Gòngchǎndǎng ēnqíng bǐ hǎi shēn
共产党 恩情 比 海 深,

Jiěfàngjūn gōngláo bǐ shān zhòng
解放军 功劳 比 山 重,

gōngshèhuà dàolù zuì guāngmíng
公社化 道路 最 光明。

Shǔzhe Máo zhǔxí
（五） 数着 毛 主席

Dáng tián bùrú mì
糖 甜 不如 蜜,

Mián nuǎn bùrú pí
棉 暖 不如 皮,

Yàolùn ēnqìng zhòng
要論 恩情 重,

Shǔzhe Máo zhǔxí
数着 毛 主席。

Tàiyáng yìchū hóngtōngtong
（六） 太阳 一出 紅通通

Tàiyáng yìchū hóngtōngtong
太阳 一出 紅通通,

Wànzhòng xīnxiàng Máo Zédōng
万众 心向 毛 澤东,

Máo Zédōng ya zài Běijīng
毛　澤东　呀　在　北京，

Gāogāo jǔqǐ xìngfúdēng
高高　举起　幸福灯。

Gēn gòngchǎndǎng zǒu
（七）跟　共产党　走

Guāngmíng dàdào jítǐ zǒu
光明　　大道　集体　走，

Gémìng gànjìn rénrén yǒu
革命　干劲　人人　有，

Jǐnjǐn gēnzhe gòngchǎndǎng
紧紧　跟着　共产党，

Xìngfú shēnghuó yǒu bèntóu
幸福　生活　有　奔头。

Qīngsōng gēn lián gēn
（八）青松　根连根

Qīngsōng gēn lián gēn
青松　根　连　根，

Quánxiàn cūn lián cūn
全县　村　连　村，

Tǔdì liánchéng piān
土地　连成　片，

Shèyuán xīn lián xīn
社員　心　連　心。

Mǎndì shuǐtián kāi jīnhuā
（九）满地 水田 开 金花

Tiān búpà dì búpà
天 不怕，地 不怕，

Qiānjiā nóngmín chéngyìjiā
千家 农民 成一家。

Lǎotiān sān nián bú xiàyǔ
老天 三 年 不 下雨，

Mǎndì shuǐtián kāi jīnhuā
满地 水田 开 金花。

Sìshí tiáo rìyè míngguāngguāng
（十）四十 条 日夜 明光光

Shéme liàng, tàiyáng liàng
什么 亮， 太阳 亮，

Nóngyè gāngyào sài tàiyáng
农业 纲要 赛 太阳，

Tàiyáng wǎnshang dōu bújiàn
太阳 晚上 都 不见，

Sìshí tiáo rìyè míngguāngguāng
四十 条 日夜 明光光。

Níngchéng yìtiáo shéng
（十一）拧成 一条 绳

Yìrén nándòng qiānjīnshí
一人 难动 千斤石，

Zhòngrén néngyí wànzuòshān
众人　　能移　　万座山，

Zhǐyào níngchéng yìtiáoshéng
只要　　拧成　　　一条绳，

Zhāixīng huànyuè quándōuxíng
摘星　　换月　　　全都行！

Shénxiān jīntiān cái chūxiàn
（十二）　神仙　　今天　才　出现

Shuō shénxiān dàoshénxiān
说　神仙，　道神仙，

Shénxiān jīntiān cái chūxiàn
神仙　今天　才　出现，

Zánmen néng jiào shuǐ dàoliú
咱们　　能　叫　水　倒流，

Zánmen néng jiào shuǐ shàngshān
咱们　　能　叫　水　　上山。

Zánmen néng jiào shānpō lù
咱们　　能　叫　山坡　绿，

Néng jiào chǎnliàng fānyìfān
能　叫　　产量　　翻一番。

Néng jiào huāngshān biànliángtián
能　叫　　荒山　　变良田，

Néng jiào shāmò biàn liángchūan
能　叫　沙漠　变　　良川。

92

Gǎizào zìrán
（十三）改造　自然

Rénren dōuzuò xiàyǔwáng
人人　都做　夏禹王，

Bùxǔ hōngshuǐ zài chāngkuáng
不許　洪水　再　猖狂，

Zhànshèng zhìrán bǎo fēngshōu
战胜　自然　保　丰收，

Qìshǐ dōnghǎi lǎolóngwáng
气死　东海　老龙王。

Tiánjiān yī láorén
（十四）　田間　一　老人

Tiánjiān yī lǎorén
田間　一　老人，

Mǎnliǎn yínzhū gǔn
滿脸　銀珠　滾，

Gànhuó jìntóu dà
干活　劲头　大，

Huósài niánqíngrén
活賽　年青人。

Yàowèn tā wéishá
要問　他　为啥？

Wèile dàyuèjìn
为了　大跃进。

93

Xiǎo liǎngkǒu
（十五）小　两口

Xīnniáng tóu dài huā
新娘　头 戴花，

Xīnláng chuān xīnguà
新郎　穿　新褂，

Guòwǔ jiédehūn
过午　䅵的婚，

Wǎnshang láixiūbà
晚上　来修垻。

Liǎrén bàotǔ
俩人　刨土，

Yìzuǒ yíyòu
一左　一右；

Liǎrén táitǔ
俩人　抬土，

Yìqián yíhòu
一前　一后。

Xiǎohuǒzi xiào
小伙子　笑，

Gūniángmen chǒu
姑娘們　瞅；

Yào kàn zhè xiǎoliǎngkǒu
喲，看　这　小两口，

Gùbudé hē héhūnjiǔ
顾不得 喝　合婚酒。

94

Yuè xiǎng jìn yuè dà
（十六）越想劲越大

Xiǎohēiní, zuò hépáng
小黑妮，坐河旁，

Shǒutuō liǎngsāi xìsīliáng
手托两腮细思量：

Jiěfàng qián
解放前，

Dóunián chī kāngcài
头年吃糠菜，

Ernián hē mǐtāng
二年喝米汤，

Sānnián kōngkǒu èdùcháng
三年空口饿肚肠；

Jiěfàng hòu
解放后，

Dóunián fēn tǔdì
头年分土地，

Ernián lì nóngzhuāng
二年立农庄，

Jīnnián yòubǎ shuǐlì xiū
今年又把水利修，

Míngnián háibǎ diàndēng zhuāng
明年还把电灯装，

Liáng mǎndùn yī mǎnxiāng
粮满囤，衣满箱，

Yòng bújìn chī bùguāng
用不尽，吃不光，

Rìzi tiāntiān qiáng
日子 天天　强。

Hēiní yuè xiǎng jìn yuè dà
黑妮 越　想　劲 越 大，

Màikāi dàbù qù xiūtáng
迈开 大步 去　修塘，

Yīwā wādào sāngēng tiān
一挖 挖到　三更　天，

Yuèliang xīngxīng míngguāngguāng
月亮　星星　　明光光。

(十七) 子子 孙孙　吃不完
Zǐzǐ sūnsūn chībùwán

Báitiān gēnzhe tàiyang zǒu
白天　跟着　太阳　走，

Wǎnshang gēnzhe yuèliangzhuàn
晚上　跟着　　月亮转。

Zàojǐn jiùshi zào fànwǎn
造井　就是 造　饭碗，

Zǐzǐ sūnsūn chībùwán
子子 孙孙　吃不完。

(十八) 金　粪箕
Jīn fènji

Fènji jiùshì jùbǎopén
粪箕　就是　聚宝盆，

Néng jùjīnlai néng jùyín
能　聚金来 能　聚银，

Rénrén zǎowǎn bēizheta
人人　早晚　背着它，

Jùde liángshi duīmǎntùn
聚的　粮食　堆满囤，

Dǎde dòuzi sàihuángjīn
打的　豆子　赛黄金，

Shōude dàmǐ rú báiyín
收的　大米　如　白银。

Dōngjì bǐ fènduī
冬季　比　粪堆，

Qōujì bǐ gǔduī
秋季　比　谷堆。

　　　　　　　　　Xiū shuǐkù
　（十九）修　水库

Gēshēng piāo hóngqí wǔ
歌声　飘，　红旗　舞，

Jīnshān shèli xiū shuǐkù
金山　社里　修　水库。

Xiū shuǐkù, zào jīnkù
修　水库，造　金库，

Shuǐkù xiūchéng shè gèngfù
水库　修成　社　更富。

Yǎngshang yú, zhòngshang ǒu
养上　鱼，　种上　藕，

Zhōuwéi zāishang yángliǔshù
周围　栽上　杨柳树。

Zóngcǐ búzài pà tiānhàn
从此　不再　怕　天旱，

Guàngài tītián qiānwàn mǔ
灌溉　梯田　千万　亩。

Gànqún yītiáoxīn
（二十）　干群　一条心

Kǔgàn zàiqián　xiǎngshòu zàihòu
苦干　在前，　享受　在后。

Gànbu dàitóu　shèyuán jiāyóu
干部　带头，　社员　加油。

Zuòfēng zhuǎnbiàn gōngzuò hǎogàn
作风　转变，　工作　好干。

Gànqún yìxīn　huángtǔ biàn jīn
干群　一心，　黄土　变　金。

Xiàfàng shūshu dào ǎnjiā
（二十一）　下放　叔叔　到　俺家

Hélǐshuǐ, huālālā
河里水，哗啦啦，

Xiàfàng shūshu dào ǎnjiā
下放　叔叔　到　俺家，

Bàba xǐ, māma kuā
爸爸喜，妈妈夸，

Wǒ hé jiějie xiàohāhā
我　和　姐姐　笑哈哈，

Shūshu zhěngtiān qù xiàdì
叔叔　整天　去下地，

Anjiā chīshá tā chīshá
俺家　吃啥 他 吃啥，

Bàba jiāotā xué zhòngdì
爸爸 教他 学 种地,

Tājiāo bàba xué wénhuà
他教 爸爸 学 文化。

Zhāidiào wénmángmào
（二十二）摘掉　　文盲帽

Kāi huì jìgōng xué
开　会 記工 学,,

Fànqián fànhòu xué
饭前　饭后 学,

Zuòfàn shāohuǒ xué
做饭　烧火 学,

Kāihuì qiánhuò xué
开会　前后 学,

Gànhuó xiūxi xué
干活　休息 学,

Yǔtiān báirì xué
雨天　白日 学,

Suíshí suídì xué
随时　随地 学,

Zhāidiào wénmáng mào
摘掉　　文盲　帽。

Wèi xué jìshù dǎ jīchǔ
（二十三）为　学 技术 打 基础

Bù shízì zhēn shì.kǔ
不 識字, 真 是 苦,

99

Shuāngyǎn hǎosì méngshang bù
双眼　好似　蒙上　布，

Názhe bùpiào dàng yóupiào
拿着　布票　当　油票，

Dàizhe yóupiào qù chěbù
带着　油票　去　扯布，

Qīnrén qiānlǐ láile xìn
亲人　千里　来了　信，

Jíde liǎngyǎn luàn jīgu
急得　两眼　乱　"挤咕"。

Zhǐhèn fēngjiàn jiù shèhuì
只恨　封建　旧　社会，

Qióngrén wúqián bǎshūdú
穷人　无钱　把書讀。

Jīntiān shízì xiàjuéxīn
今天　識字　下决心，

Dǎkāi zhètiáo hútu lù
打开　这条　糊涂　路，

Bǎirì zhāiqù wénmángmào
百日　摘去　文盲帽，

Wèi xué jìshù dǎ jīchǔ
为　学　技术　打　基础。

Tiāntáng zài rénjiān
（二十四）　天堂　在　人間

Gāoshān sēnlínshān
高山　森林山，

Dī shān huāguǒshān
低　山　花果山，

100

Pōtì tītiánhuà
坡地　梯田化，

Pōxià gǎi dàotián
坡下　改　稻田；

Shàngshān chī xiānguǒ
上山　吃　鲜果，

Xiàshān chī mǐfàn
下山　吃　米饭；

Tiāntáng zài héfāng
天堂　在　何方？

Tiāntáng zài rénjiān
天堂　在　人间。

Bào xǐ qū
(二十五) 报喜曲

Dǎqǐ luógǔ dīngdāng xiǎng
打起　锣鼓　叮当　响，

Sìhài quánbèi xiāomièguāng
四害　全被　消灭光。

Dàrén xiǎohái dōu shàngxué
大人　小孩　都　上学，

Ǎncūn chéngle wénhuàzhuāng
俺村　成了　文化庄。

Shēngchǎn yuèjìn zhòuyè gàn
生产　跃进　昼夜　干，

Jīféi chéngshān zhuāngjia wàng
积肥　成山　庄稼　旺，

Nóngtián shíxiàn shuǐlìhuà
农田　实现　水利化，

Chǎnliàng yíyuè kuà Chángjiāng
产量　一跃　跨　长江。

Hǎo fēngguāng
（二十六）好　风光

Xiǎoxiǎo shāncūn biànleyàng
小小　山村　变了样，

Cōnglǜ guǒshù mǎnshāngāng
葱绿　果树　满山岗，

Táohuā hónglái líhuābái
桃花　红来　梨花白，

Pútao jiàzài báishíshang
葡萄　架在　白石上，

Wànzǐ qiānhóng hǎofēngguāng
万紫　千红　好风光。

山东人学习普通话指南

序

我国屹立于东方，足以自豪；然我国家之屹立东方实亦非易易。今天的四化建设，今天的两个文明建设，今天的改革、开放、搞活，都是为的我国家的得以屹立于东方，都是为的我国家的能为人类做出应有的贡献。

语言是传播信息的载体，是人们进行交际、达到沟通的主要工具。在这一伟大的建设形势中，在我国家当前内、外经济、政治、文化的日益频繁的交往中，语言的地位就越显得重要。我国家疆域广大，方言繁多复杂，用"我说你听不懂"的方言做信息的载体，就会构成障碍，就会"不达意"乃至"误事"。因此，推广普通话就显得重要了，语言的标准化、规范化就显得重要了。

我国积极推广普通话，就是为了消除语言障碍，消除"不达意"乃至"误事"，即消除不利于建设的因素。

语言是一个系统，汉语普通话如此，汉语方言也如此。方言是语言的地方变体，因之，系统与系统（普通话与方言、方言与方言）之间有其整齐的对应规律。这是一个很重要的语言现象。语言学家就利用这一重要现象来指导方言区人学习普通话。利用对应规律学习普通话有事半功倍的效果。

钱曾怡同志于语言有很好的素养，对汉语普通话有很好的素养。平素致力于方言研究尤其是山东方言研究。现在以其多年的研究、多年的辛勤，带领几位同志写出《山东人学习普通话指南》，这是很可喜的。这部书必能对方言区人学习普通话收到指南的效果。

这不是一件小事。一者，学养不足不能写成指南性的好书；一者，这是关于祖国建设的大业的。乐见此书之成，乃为之序。

一九八八年　夏　　殷焕先

目　　录

1

绪　　论

一　语言·方言·普通话

语言是通过声音来表达意义的一种符号系统，是人与人彼此联系、传达思想的工具。语言与人类共生存，只要有人群的地方就有语言。语言是组成人类社会、推动社会发展不可或缺的因素。

凡是一个正常的人都至少掌握一种语言。人类的语言有几千种，分布于世界各地。世界上各种语言分布地的大小及使用人口的多少是不相等的，使用人数超过5000万的不到20种。分布于我国境内的主要语言汉语的使用人口近10亿，约占世界总人口的1／5，，是世界上使用人口最多的语言。

各种语言就其构造来说，都有语音、词汇、语法三个要素。语言中的词是可以自由运用的最小的意义单位，语法是语言的结构规则，两者都以语音为形式，通过语音来表达。

由于历史发展、地理条件及人口迁移等多方面的原因，一种语言在其所分布的地区内往往存在着地域的差别。同种语言在不同地区的实际存在形式就是方言。方言的差别可以存在于语言要素的各个方面，例如：济南人说"乳"跟"鲁"同音，而烟台人"乳"则跟"雨"同音，这是方言语音的不同；济南说"玩儿"这个词，荣成人说"站"而莱州人说"耍"，这是方言用词的不同；"你去不去"这样的问句，寿光人说"你去啊不"，招远人则说"你去去"，这是方言语法的不同。因为语音是语言的物质外壳，语音的分歧在方言分歧中是最为显著、最先为人们所感觉到的。

　　属于同种语言的不同方言虽然存在种种分歧，但是相互之间仍然存在着密切的关系，作为同一种语言的方言，都有其所属语言的共同的特征。以汉语来说，汉语由于分布地域十分辽阔，各地人们不可能频繁交往，加以历史上长期的封建割据等原因，汉语各地方言之间的分歧是相当严重的，其中语音的差别更为突出，有的甚至达到了彼此不能通话的程度。尽管如此，汉语方言无论如何纷繁复杂，仍然可说是万变不离其宗，都要受到汉语共性的制约。从语音看，汉语任何方言的音节都由声韵调组成，各方言的语音都存在一定的对应关系；从词汇和语法看，象双音节词占多数、灵活多样的合成词构成方式及以词序为表达语法意义的主要手段之一等等，也都超不出汉语结构体系的总体特点。

　　通过对汉语各地方言特点的比较研究，目前学术界把汉语方言划分为七大区，即：北方方言、吴方言、闽方言、粤方言、客家方言、赣方言、湘方言。其中北方方言的分布地从东北到西南、西北到东海边沿，纵横数千里，使用人口占全部说汉语的人数70％以上。北方方言无论是分布地域还是使用人数，都比分布于我国东南一带的其他各方言的总和还多，但是跟别的方言来说，其内部的一致性又是比较强的。

　　山东全省地处汉语的北方方言区，山东话属于汉语北方方言。山东话除了具有北方方言的共同特征以外，其内部又有许多不同的特点。山东话可以按其特点的不同在山东境内从北向南拦腰划为东、西两大区：东部的山东半岛部分为东区；从北部莱州湾南岸向南划一弧线，从寿光、青州、临朐、沂源、蒙阴、沂南直至海州湾岸的莒南，弧线以西的部分为西区，包括鲁西北、鲁西南及鲁中和鲁南。划分东西两区在语音上的主要标准是看北京zh ch sh声母的字在山东话中分不分为两套，即"蒸超声"一类字跟"争抄生"一类同音不同音；不同音而地处山东半岛的为东区，其余为西区。

东区又可分为东莱、东潍两小区：东莱区是东区的招远、莱西以东部分；东潍区是东区的莱州、平度、即墨以西部分，主要在胶莱河、潍河流域一带。两小区划分的主要语音条件是看"准船顺"一类字的声母跟"争抄生"一类相同还是跟"蒸超声"一类相同。跟"争抄生"相同的属东莱；跟"蒸超声"相同而地处胶莱河以西的属东潍。

西区也可再分为西齐、西鲁两小区：鲁西北及鲁中的莱芜、新泰等地属西齐；鲁西南及鲁南的枣庄、临沂等地属西鲁。两小区划分的主要语音条件是"纳力物玉"等中古次浊入声字归去声还是归阴平；归去声即"纳力物玉"分别跟"那利务遇"同音的为西齐；归阴平即"纳力物玉"跟"阿衣乌淤"同调或同音的为西鲁。

以上山东方言区的划分主要是看声母或声调的不同，实际上山东话两大区四小区的特点并不只有上述几项（参见本书第一章第二节一"山东各区方言语音特点"），但是仅就以上的差别，也足可看出方言的分歧即使在地处北方方言区的山东也是十分严重的。

方言分歧给人们的交往带来了障碍，对政治、经济和文化生活都有不利的影响，因此，每一种有方言分歧的语言，就必然有共同语的存在。我国古代的"雅言"、"通语"、"凡语"等及以后的"官话"，都是历史上共同语的名称。共同语是中央政权机关执政的工具；从民间来说，则起到沟通各地交际的作用。在不同的历史时期，共同语的性质和作用是不相同的，它跟国家统一的程度，社会各方面的要求及人们对语言这一交际工具的认识水平都有密切的关系。

共同语都是以一种有影响的方言为基础的，我国现时代的汉民族共同语就是以北方方言为基础的普通话。这种共同语比我国以往任何历史时期的共同语都要优越得多。

首先，普通话在语音、词汇、语法三方面都有统一的标准，就是"以北京语音为标准音"、"以北方话为基础方言"、"以典范的现代白话文著作为语法规范"。这个标准的确立，在汉语的发展史上具有划时代的意义，因为从此以后，汉语规范化就有了明确的目标。就这个标准本身来说，因为它是通过对汉民族共同语的形成过程及各方言特点有了全面研究、总结了前人统一语言的实践经验之后确立的，是对汉语发展的客观规律自觉运用的成果，所以具有高度的科学性和适用性。

第二，全国政治经济的空前统一，也要求加强语言的统一来为社会服务，以适应各项事业发展的需要。建国以来，我国政府为实现汉语规范化做了大量的工作，制定了一系列正确的方针政策，并把推广普通话正式列入了宪法。《中华人民共和国宪法》（1982年）第一章第十九条："国家推广全国通用的普通话"，这就把推广普通话的工作纳入了法定的位置。在政府的提倡下，不论是书面语的书报杂志、字典词典，还是口头宣传的广播、电视、电影、话剧等等，一律要求使用普通话。总之，新中国成立后所造成的推广普通话的声势，也是前所未有的。

但是，我们也不能不看到，推广普通话的工作并不一帆风顺，在全国和地方，都经历过几次大起大落的过程，各地也不平衡。应该说，山东省推广普通话的工作历来是做得比较好的，曾经长期举办过普通话语音训练班、定期进行全省范围内的普通话比赛，等等，只是近年来可说是进入了一个令人遗憾的低谷时期。目前，由于开放形势的急剧发展，又对普通话的推广有了迫切的要求。近些日子青岛、济南等地纷纷举行普通话比赛，例如由共青团济南市委、济南市电信局、济南市广播电视局联合举办的"友爱在泉城""电信杯"青少年普通话比赛，参加初选的人数达到770人之多，说明山东省推广普通话的工作已开始由低谷向上回升。

二　文明·效益·标准化

如何提高并衡量一个国家民族的文明水准呢？我国社会主义建设的目标是要在建设高度物质文明的同时，也要努力建设高度的社会主义精神文明。推广普通话，对两种文明的建设都有直接作用。

在物质文明建设方面，人的生产实践要靠语言来协调。在我国当前四个现代化的建设中，对外要开放，对内要搞活，各项事业的横向联系所波及的地区日益宽广，这就使方言隔阂所造成的不利更显突出。特别象山东这样的沿海省份，正在不断发展外向型经济，在吸收外资、引进先进技术或科学管理的经验等方面，我们面对的翻译未必都是山

5

东人，何况许多外商和专业技术人员本身就是爱国华侨呢！在双方都用汉语的场合，如果由于我方不会说普通话而使交谈不那么顺利倒还好说，假如因为方言土语而产生一些误解，那就会直接造成经济损失。

在精神文明建设方面，语言美是精神文明的标志之一，语言的运用可以从一个方面体现人的素质。普通话的使用，也在一定程度上反映出一个人的道德素养和文化水平。文明意味着和谐，几个同乡人跟外乡人在一起，叽叽咕咕说起了家乡话，说的人高兴，却把外乡人冷落在一边，十分尴尬，这至少不够礼貌，同一场话剧的台词，有的角色用普通话，有的则用方言，这很不和谐。各地方言中还有很多口头禅是骂人话，仔细推敲是很下流、很恶毒的，说的人往往没有意识到，说的时候虽无恶意却显得粗鄙。在方言区，可以看到越是文化程度低的人方言越纯，例如文登、荣城一带的有些人把"盆瓢盘"和"头台甜"等字说成不送气的声母b和d，但是受过文化教育的人却一般不这样说。总之，汉语的普通话是经过加工提炼的语言，普通话的推广，象征着我国精神文明所达到的高度。

文明带来高速度，又进一步要求高效益。人类跨入了文明时代，社会发展的速度明显加剧，在充满各种竞争的环境里建设文明，速度和效益具有决定性的意义。一个国家，如果各项工作不求效益，发展迟缓，势必落入处处被动挨打的境地。

当今的社会已经进入信息时代，要想在各项事业中求得高效益，信息是关键。现代化的通讯设备固然为信息的快速传递创造了极为有利的条件，但是信息的载体是语言，电信事业的发展并不能沟通各种不同的语言，而是对统一语言提出了更为迫切的要求。有位军人曾告诉笔者前几年发生在鲁西南的这样一件事：当地上级武装部门电话通知其下属单位，要派人前去了解民兵致富的情况，请事先作些准备。这个单位的同志很认真地进行了一番调查，不想在座谈会上，他们汇报的却是哪儿哪儿总共植了多少多少树，弄得下去了解情况的同志莫名其妙。原来在那个地方，凡是普通话读sh声母拼u或u介音的字都说成了f声母，"树"和"富"两字完全同音，加上"植"、"致"同声韵，因此把"致富"误听为"植树"。用方言传递信息无法提高工作效益由此可见一斑。

　　根据实际需要的不同，推广普通话有各种不同程度的要求，但是一个共同的目标是走向标准化。标准化，是各项事业进行广泛协作的前题，也是语言适应社会发展的需要。由于方言的不同，不同方言区的人掌握普通话的标准有不同的重点。本书的宗旨，就是要从目前已掌握的山东方言的特点出发，总结山东话跟普通话的主要差异所在，从语音、词汇、语法三个方面，并兼顾山东境内的各地情况，以帮助山东人能够较快地学好普通话。我们的主要设想及具体的内容安排简述如下：

　　普通话以北京语音为标准音。方言地区的人学习北京语音要注意的主要是两个问题：第一，掌握声韵调的准确发音；第二，了解哪些字在北京音系中是属于哪一类音。本书除全面介绍北京音系的发音要领以外，还根据山东各地的情况，提出什么地方在发什么音时跟普通话存在着什么样的不同，应作怎么样的纠正；再就是提出山东话在系统上跟普通话存在的不同，说明某处方言哪类字的归类跟普通话不相同，应作什么样的调整。

　　以北方话为基础方言，是普通话的词汇标准。掌握这个标准要作两点说明：第一，北方话以北京为中心，作为标准音的北京语音是北京话词汇的物质外壳，所以北京话的词汇是普通话词汇的基础；第二，目前通行的各种词书，是汉语词汇规范工作的成果总结，象《现代汉语词典》就是以确定词汇规范为目的的中型词典，掌握普通话的词汇，应以这一类的词书为准。本书选择常用词语900余条，分别把普通话的说法跟山东各地的不同说法相对照，每条都注有普通话的标准读音。由于材料和篇幅的限制，我们还不能全部列出这些词在山东的所有不同说法及每种说法在地域上覆盖面的大小。但就现在的内容，读者至少可以采用对号入座的方法，找出本方言跟普通话之间所存在的词汇差别。

　　以现代白话文著作为语法规范，是普通话的语法标准。现代汉语的语法研究历来都只偏重于书面语言，各种语法著作所总结的汉语语法规律实际上就是普通话的标准语法。山东话在语法方面也有许多明显不同于普通话的地方，本书通过这些不同的对比分析，在使我们了解山东各地语法特点的同时，也知道该怎么说才能达到普通话的语法标准。

　　本书精心编选部分会话和朗读材料，标注普通话的读音，这种成篇材料是语音、词汇、语法的综合练习不可少的，是普通话上口的好帮手。

　　在建设我国社会主义两个文明、国际国内各种竞争中求速度、争效益的今天，推广普通话的工作也存在加速度、讲效益的问题，我们希望对山东方言长期研究的成果能够在这方面发挥积极的作用，为在山东加速汉语规范化的进程作出贡献。

第一章　语　　音

第一节　语音常识

一　语音及其发音原理

语音是指我们人说话的声音。它跟一般的自然声音——如风吹草动、鸡鸣狗吠相比，既有相同点又有特殊性。相同的是它们都是由于物体的振动而产生的。特殊的是：（1）语音是通过人的发音器官发出来的，（2）每一个语音形式都代表语言中一定的意义，语音具有表义的功能。

那么，语音是怎么发出来的呢？

我们所能发出的每一个音，都是由发音器官中一定的部位、采用一定的方法发出来的。也就是说，每个音都有它确定的发音规律。但由于从表面上看来发音这件事情似乎太普通、太平常了，一般人不大会去注意它的动作过程及原理，结果往往是知其然而不知其所以然，学习普通话语音也只能被动地模仿，学习效果必然事倍而功半。为了能在普通话语音的学习中变被动为主动，变不自觉为自觉，有必要先了解一下发音的原理，在此基础上，找出自己方音跟普通话标准音的差异在哪里，明白这些差异是怎么造成的，应如何纠正。这样，学习起来就能收到事半功倍的效果。

前面讲到，语音是由人的发音器官发出来的，那么发音

9

器官又是什么样子的呢？请看"发音器官图"。

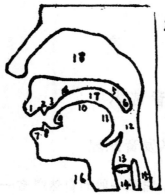

发音器官图

1．上唇	2．上齿	3．上齿龈
4．硬腭	5．软腭	6．小舌
7．下唇	8．下齿	9．舌尖
10．舌面	11．舌根	12．咽头
13．声带	14．气管	15．食道
16．喉结	17．口腔	18．鼻腔

发音器官可以分为三大部分（参看"发音器官图"）：

1．肺和气管：从肺部呼出的气流，经过气管，在喉头、口腔、鼻腔等地方受到了一定的阻碍，气流和成阻部位的冲突引起了物体的振动，形成了语音。气流是发音的动力，而肺则象供应气流的风箱，气管就是气流的通道。

2．喉头和声带：在男子的颈部可以看到一块隆起的地方，这叫"喉结"或"结喉"，是喉头的外部。喉头象一个圆筒形的筋肉小室，上通咽头，下通气管。

在这个小室的中间，有两片富有弹性的肌肉，就是声带。两片声带的一端合在一块儿，另一端分别连在两块软骨上，两片声带就象剪子既可合拢又可分开，形成气流通道上的一个关卡。从肺部呼出的气流通过声带时，如果声带关闭，气流就冲击声带，从两瓣儿之间挤出来，导致声带颤动而形成声音。

3．口腔和鼻腔：口腔分上腭和下腭两部分。上腭有上唇、上齿、上齿龈（上牙床）、硬腭、软腭、小舌，下腭有下唇、下齿和舌头。舌头又可分为舌尖、舌面、舌根三部分。上腭大多是固定不动的。下腭很灵活，可以上升或下降，特别是舌头，可以前伸后缩、上抬下放。

鼻腔是发鼻音用的器官。它和口腔之间用软腭和小舌隔开，软腭、小舌悬在空中，可以上下活动，以关闭或打开咽头和鼻腔的通路。软腭、小舌上提，就堵住了通往鼻腔的道路，由气管里出来的气流只能从口腔里呼出去，软腭、小舌下降，气流就可以从鼻腔里呼出去。

发音器官的各个部位可以互相搭配组合成多种多样的形状，气流呼出时受到这些不同形状的阻挡，就发出了各种不同的音。例如：舌面前部隆起、拉平双唇可以发出i，同样舌位、撮拢双唇则可发出u，下唇和上唇接触可以发出b，舌尖和上齿龈接触可以发出d，舌根和软腭接触又可以发出g，等等。因此，训练自己能够有意识地控制有关的发音部位，对我们掌握正确的发音是很重要的。

二　语音的基本概念

下文经常要用到的几个有关语音的基本概念，先在此作一简要说明。

1．音节

一般地说，一个汉字就是一个音节，例如"山东"这两个字就有shān和dōng两个音节。音节是最自然的语音片段，在一长串的语流中，音节和音节之间有一定的间隙。

2．音素

人们常常把一个字音看成是语音的最小单位，但实际上音素才是最小的语音单位，音节是由音素构成的。普通话的音节由一至四个音素构成，如"阿"ā、"他"tā、"抓"zhuā、"交"jiāo就分别是由一、二、三、四个音素构成的。《汉语拼音方案》基本上一个字母就是一个音素，如n、h、a、i、e等。但其中有五个音素是由两个字母代表的，即zh、ch、sh、ng、er。

3．元音、辅音

音素可以分成两类，一类叫元音，如a、i、e；一类叫辅音，如n、h、j。发元音气流通过口腔时不受阻碍，而发辅音一定要受到口腔中某两个部位形成的阻碍，这是元音和辅音的最主要的区别。

4．声母、韵母、声调

我国语音学家从汉语语音结构的特点出发，把汉语的音节分析为声母、韵母、声调三个部分。

声母：是指音节开头的辅音，例如，"包"bāo、"刀"dāo、"高"gāo中的b、d、g。如果音节开头没有辅音，这个音节的声母就叫作"零声母"，如"袄"ǎo、"衣"yī、"外"wài。

韵母：是指音节中声母后面的部分。如"爸"bà、"败"bài、"架"jià、"叫"jiào、"案"àn、"亮"liàng中的a、ai、ia、iao、an、iang。由一个音素构成的韵母叫"单韵母"，如a（爸）；由两个或三个因素组成的韵母叫"复韵母"。复韵母中，有的全由元音组成，如ai（败）、a（架）、ao（叫），叫"复元音韵母"；有的由元音加鼻辅音组成，如an（案）、iang（亮），叫"鼻尾韵母"。

对于复韵母，还可以根据各音素的主次、轻重、响亮不响亮分为韵头、韵腹和韵尾几个部分。韵腹是韵母中声音最清晰、响亮的音素，如ai、ia、iao、iang中的a。韵头是声母后面、韵腹前面的元音，普通话的韵头由i、u、ü三个元音充当，如ia、iao，iang中的i。韵尾是韵腹后面的音素，普通话的韵尾由元音i、u、o和鼻辅音n、ng充当，如ai、iao、an、iang中的i、o、n、ng。

根据韵头可以将所有韵母归纳为开口呼、齐齿呼、合口呼、撮口呼四类。开口呼指没有韵头而且韵腹不是i、u、ü的韵母。齐齿呼指韵头或韵腹是i的韵母。合口呼指韵头或韵腹是u的韵母。撮口呼指韵头或韵腹是ü的韵母。

声调，是指音节的高低升降曲直长短。例如"妈"mā是高平调，"麻"má是中升调，"马"mǎ是降升调，"骂"mà是全降调。

声调的实际读法，即音节高低升降曲直长短的具体变化形式叫作"调值"。根据调值而分的声调种类叫作"调类"。一种语言或方言有几种调值就有几个调类。例如，普通话有四种调值，所以有四个调类；而烟台话只有三种调值，所以只有三个调类。

调类的名称是通过与古代汉语的调类"平声、上声、去声、入声"作比较，根据古今调类的演变情况来命名的。以普通话为例，在古代汉语中属于"平声"调类的字，在普通话里分化为两个调类，叫作"阴平"、"阳平"。古代汉语属于"入声"调类的字，在普通话里已不单独自成一类而是分散到原有的其他几个调类里去了，所以普通话没有"入声"这个调类。方言调类的名称也是这样取定的。例如，济南话有四个调类，它们的古今演变规律跟普通话基本相同，所以也叫阴平、阳平、上声、去声；烟台话只有三个调类，因为古代平声调类中的一部分字（相当于普通话和济南话的阳平字）归到去声里去了，同时古代入声调类的字也分散到其他调类里去了，所以叫作阴平、上声、去声。要注意就不同的方言来说，调类名称跟实际调值之间并没有必然的联系。也就是说，同一调类在不同方言里可能有不同的调值，如"山东"二字属于阴平调，普通话的调值是55，济南话是214，烟台话则是31。

调值主要根据声音的高低来确定。一般把声音的高低分为五度，最高音为五度，最低音为一度，如果一个调值始终保持最高音，就记作55，如果是从中音升到最高音，就记作35，依此类推。

三　普通话语音系统

每一种语言或方言都有自己的语音系统。普通话的语音系统包括21个声母、39个韵母和4个声调，见《汉语拼音方案》。需要说明的是，"韵母表"里实际只有35个韵母，因为下列四韵未列入：e（欸）、er（儿）、-i前（资雌思的韵母）、-i后（知蚩诗日的韵母）。

14

汉语拼音方案

一　字　母　表

字母：	Aa	Bb	Cc	Dd	Ee	Ff	Gg
名称：	ㄚ	ㄅㄝ	ㄘㄝ	ㄉㄝ	ㄜ	ㄝㄈ	ㄍㄝ

	Hh	Ii	Jj	Kk	Ll	Mm	Nn
	ㄏㄚ	ㄧ	ㄐㄧㄝ	ㄎㄝ	ㄝㄌ	ㄝㄇ	ㄋㄝ

	Oo	Pp	Qq	Rr	Ss	Tt	Uu
	ㄛ	ㄆㄝ	ㄑㄧㄡ	ㄚㄦ	ㄝㄙ	ㄊㄝ	ㄨ

	Vv	Ww	Xx	Yy	Zz
	ㄪㄝ	ㄨㄚ	ㄒㄧ	ㄧㄚ	ㄗㄝ

V 只用来拼写外来语、少数民族语言和方言。

字母的手写体依照拉丁字母的一般书写习惯。

二　声　母　表

b	p	m	f	d	t	n	l
ㄅ玻	ㄆ坡	ㄇ摸	ㄈ佛	ㄉ得	ㄊ特	ㄋ讷	ㄌ勒

g	k	h		j	q	x
ㄍ哥	ㄎ科	ㄏ喝		ㄐ基	ㄑ欺	ㄒ希

zh	ch	sh	r	z	c	s
ㄓ知	ㄔ蚩	ㄕ诗	ㄖ日	ㄗ资	ㄘ雌	ㄙ思

在给汉字注音的时候，为了使拼式简短，zh、ch、sh 可以省作 ẑ ĉ ŝ 。

三　韵　母　表

	i ㄧ衣	u ㄨ乌	ü ㄩ迂
a ㄚ啊	ia ㄧㄚ呀	ua ㄨㄚ蛙	
o ㄛ喔		uo ㄨㄛ窝	
e ㄜ鹅	ie ㄧㄝ耶		üe ㄩㄝ约
ai ㄞ哀		uai ㄨㄞ歪	
ei ㄟ欸		uei ㄨㄟ威	
ao ㄠ熬	iao ㄧㄠ腰		
ou ㄡ欧	iou ㄧㄡ忧		
an ㄢ安	ian ㄧㄢ烟	uan ㄨㄢ弯	üan ㄩㄢ冤
en ㄣ恩	in ㄧㄣ因	uen ㄨㄣ温	ün ㄩㄣ晕
ang ㄤ昂	iang ㄧㄤ央	uang ㄨㄤ汪	
eng ㄥ亨的韵母	ing ㄧㄥ英	ueng ㄨㄥ翁	
ong （ㄨㄥ）轰的韵母	iong ㄩㄥ雍		

（1）"知、蚩、诗、日、资、雌、思"等七个音节的韵母用 i，即知、蚩、诗、日、资、雌、思等字拼作 zhi、chi、shi、ri、zi、ci、si。

（2）韵母儿写成er，用作韵尾的时候写成r。例如："儿童"拼作 értóng，"花儿"拼作huār。

（3）韵母ㄝ单用的时候写成ê。

16

（4）i行的韵母，前面没有声母的时候，写成 yi（衣），ya（呀）. ye（耶），yao（腰），you（忧），Yan（烟），yin（因），yang（央），ying（英），yong（雍）。

u行的韵母，前面没有声母的时候，写成 wu（乌），wa（蛙），wo（窝），wai（歪），·wei（威），wan（弯），wen（温），wang（汪），weng（翁）。

ü行的韵母，前面没有声母的时候，写成 yu（迂），yue（约），yuan（冤），yun（晕），ü上的两点省略。

ü行的韵母跟声母j，q，x拼的时候，写成 ju（居），qu（区），xu（虚），ü上两点也省略；但是跟声母n，l拼的时候，仍然写成nü（女），lü（吕）。

（5）iou，uei，uen前面加声母的时候，写成 iu，ui，un。例如：niu（牛），gui（归），un（论）。

（6）在给汉字注音的时候，为了使拼式简短，ng 可以省作ŋ。

四　声调符号

阴平	阳平	上声	去声
—	╱	∨	╲

声调符号标在音节的主要母音上，轻声不标。例如：

妈mā	麻má	马mǎ	骂mà	吗ma
（阴平）	（阳平）	（上声）	（去声）	（轻声）

五　隔音符号

a，o，e开头的音节连接在其他音节后面的时候，如果音节的界线发生混淆，用隔音符号（'）隔开，例如 pi'ao（皮袄）。

　　《汉语拼音方案》是按照普通话的语音系统而制订的拼音系统，主要用于给汉字注音和推广普通话。对于学习普通话，这是一个非常有效的工具。只要学会了其中声、韵、调的发音，掌握了拼音规则，拼音就会象老师或录音磁带一样准确地告诉你怎么念，你就不用一个字一个字地去请教别人了。所以，要学习普通话，必须熟练掌握、使用《汉语拼音方案》。

第二节　山东话语音特点

　　山东话在语音方面存在许多跟普通话不同的现象。要学好普通话语音，必须找出本方言语音跟普通话语音有哪些不同，才能对症下药，加以克服纠正。本节简要介绍山东话语音中的一些特殊现象和济南、济宁、青岛、烟台四个代表点方言的语音系统。

　　本书在标写山东话语音时，尽量采用汉语拼音（包括省略形式，如把 ju 写成 ju），即使普通话里没有的音但用汉语拼音标出来能够自明的也采用汉语拼音，例如用 v 表示〔v〕声母，用 ng 表示〔ŋ〕声母，用 e 表示〔ɛ〕韵母；但因山东有些方言 z c s 能跟舌面元音 i 相拼，用汉语拼音标出来与跟舌尖元音 -i（前）相拼时同形，故下文把 z c s 拼 -i（前）标成 z-i、c-i、s-i，以跟拼 i 的 zi、ci、si 区别，同理，〔tʃ〕〔tʃʻ〕〔ʃ〕拼 i 时标成〔tʃ〕i、〔tʃʻ〕i、〔ʃ〕i，拼 -i（前，实际上为与舌叶音同部位的舌叶元音）时标成〔tʃ〕-i、〔tʃʻ〕-i、〔ʃ〕-i；但普通话 z c s、zh ch sh r 不能

18

拼i，故仍把普通话z c s拼-i（前）、zh ch sh r拼-i（后）标成zi、ci、si、zhi、chi、shi、ri，有必要区别前、后的-i 时标成 -i（前）、-i（后）。不能用汉语拼音标写的 就采用国际音标，国际音标一律加方括号〔　〕以跟无括号的汉语拼音区别。对于山东话的调值，如跟普通话接近就尽量采用普通话的 调值来标写，例如把济南话的阴平 标 为214；如不接近，为行文和阅读的方便，尽量用五度标记法中的1、3、5度来统一归纳各地调值，例如把 济 南 话 的 去 声 标 为 31。

一　山东各区方言语音特点

如绪论部分所述，山东话内部存在着不少差异，根据各地特点可以分成二大区（西区、东区）四小区（西齐区、西鲁区、东潍区、东莱区）。这里我们也按二大区四小区来介绍各地方言的主要语音特点。读者可以在自己所属的方言区里查考方言语音跟普通话语音之间究竟有哪些不同。

（一）西区·西齐区

1．声母

①"袄安"等字多数地区读ng。②"褥软"等字多数地区读l。

2．韵母

①"责策色"等字临河北地区读e，其他地区读 ei。②"街解鞋"等字方言读ie。

3．声调

①无棣、高青、博兴、博山、莱芜"排男滑"等字读上

声，只有阴平、上声、去声三个调类。②利津、邹平、章丘"接国铁册"等字读入声，有阴平、阳平、上声、去声、入声五个调类。③多数地区"接国铁册"等字读阴平。④去声为低降调。

（二）西区·西鲁区

1．声母

①"袄安"等字方言读舌根浊擦音［ɣ］。②大运河两岸地区无zh ch sh ṛ。③"双书"等字多数地区读f。④普通话j q x 声母字部分地区分两组，如"精≠经"。

2．韵母

①"飞肥肺"等字多数地区读i。②"责策色"等字方言读ei。③"街解鞋"等字多数地区读iê。

3．声调

①"接国铁册业律麦"等字方言读阴平。②去声多数地区为前高后低的降升调。

（三）东区·东潍区

1．声母

①普通话zh ch sh 声母字方言分两组，如"争≠蒸"。②普通话j q x 声母字多数地区分两组，如"精≠经"。③普通话r声母字（如"染软"）多数地区读齐齿呼或撮口呼的零声母。④"袄安"等字部分地区读ng。

2．韵母

①胶州湾地区eng—ong、ing—iong相混，如"灯＝东"、"影＝勇"。②"责策色"等字方言读ei。③"街解鞋"等字方言读iê。

3．声调

①崂山、即墨、平度、莱州只有三个调类。 ②"接国铁册"等字多数地区读上声。③阴平为低降升调。

（四）东区·东莱区

1. 声母

①普通话 zh ch sh 声母字方言分两组，如"争≠蒸"。②普通话 j q x 声母字方言分两组，如"精≠经"。③普通话 r 声母字（如"染软"）方言读齐齿呼或撮口呼的零声母。

2. 韵母

①"对算寸"等字方言无 u 韵头。②"歌科河"等字方言读 uo。③"街解鞋"等字方言读 ie。

3. 声调

①部分地区"排男滑"等字读去声，只有阴平、上声、去声三个调类。②多数地区"南"和"男"等字分归于两个调类。③"接国铁册"等字方言读上声。 ④阴平多为降调。

二 济南、济宁、青岛、烟台方言的声韵调

以上我们介绍了山东话各区方言语音的一些主要特点。在此基础上，为了让读者对方言语音系统有个更加具体、全面的了解，下面分别从西齐、西鲁、东潍、东莱四个方言区中选出具有代表性的济南、济宁、青岛、烟台四地，简要介绍一下它们的声母、韵母、声调系统（音标后面是从与普通话比较的角度选的例字）。

（一）济南话的声韵调

21

1．声母：22个（不计零声母y、w）

b布　　　　　p怕　　　　　m门　　　　　　f飞　　　　v文

d到　　　　　t同　　　　　n南年女　　　　l兰软

z早　　　　　c粗　　　　　s散

zh争蒸责　　ch抄超策　　sh生声色　　　r人

j精经臣　　　q青轻皴皮　　x星兴俗

g贵　　　　　k开　　　　　h红

y延元　　　　w武

　　说明：n声母拼齐齿呼、撮口呼韵母时（如"年 女"）
是舌面前鼻音〔ȵ〕，跟 j q x 同部位。

2．韵母：37个

	i第	u故	ü雨
a爬	ia架	ua花	
e婆河	ie姐	uo多	üe靴
ê盖	iê解	uê怪	
ei倍墨刻夌		uei桂	
ao包	iao条		
ou斗	iou流		
an三	ian连	uan关	üan权
en根	in心	uen魂	ün云
ang党	iang良	uang光	
eng庚	ing星		
ong红翁	iong穷		

-i（前）资

-i（后）支知

er耳

说明：① e 拼 g k ng h 以外声母时的读音象普 通 话 "我 的" 里 "的" 的韵母一样，即〔 e〕。②uo 中的 o 发音时唇形不大圆。③ao 发音时口形不动，实际上 是单元音〔ɔ〕；iao 中的 ao 亦然。④an ian uan üan、en in uen un 实际上是鼻化韵（即发元音时软腭、小舌下降，气流同时从口腔和鼻腔里出来），没有 n 韵尾。

3．声调：4个

阴平 214	诗衣灯方	北出黑册
阳平 53	时移棉男局白合舌	
上声 55	使椅免有	
去声 31	试意事面是柱月麦灭六	

（二）济宁话的声韵调

1．声母：19个（不计零声母 y、w）

b 布	p 盘	m 马	f 飞
d 多	t 太	n 南年女	l 路
z 资支	c 词池	s 四是	〔z〕日软用
j 焦交	q 秋丘	x 星兴	
g 哥	k 考	h 厚	〔ɤ〕袄安
y 衣雨	w 五外		

说明：①n 声母齐齿呼、撮口呼韵 母 时（如"年女"）是舌面前鼻音〔ȵ〕，跟 j q x 同部位。②〔z〕声母是舌尖前浊擦音，跟 s 同部位。

2．韵母：37个

	i 衣飞	u 古	ü 虚
a 马	ɑ 牙	uɑ 花	

o 婆　　　　　　　　　　uo 多　　　　üo 月

e 者可　　　ie 姐

e 盖　　　　ie 解　　　　ue 快

ei 杯赀墨麦　　　　　　uei 威

ao 高　　　　iao 敲

ou 走　　　　iou 流

an 班　　　　ian 烟　　　uan 碗　　　üan 元

en 根　　　　in 金　　　uen 文　　　ün 云

ang 钢　　　iang 讲　　　uang 王

eng 孟　　　ing 京

ong 翁东　　iong 穷

-i（前）资支

er 儿

说明：①ao、iao 的 ao 发音时口形不动，实际上是单元音〔ɔ〕。②an ian uan üan、en in uen ün 实际上是鼻化韵（即发元音时软腭、小舌下降，气流同时从口腔和鼻腔里出来），没有 n 韵尾。

3．声调：4个

阴平214　衣书军光　黑节铁客　入麦律日

阳平53　无桥民王局敌白合

上声55　有米摆古

去声312　盖事共命坐是

（三）青岛话的声韵调

1．声母：26个（不计零声母 y、w）

b 布　　　　p 怕　　　　m 门　　　　f 帮

d 到　　　　t 同　　　　n 南年女　　l 蓝

〔tθ〕早　〔tθ'〕词　〔θ〕散

ʑ焦　　　c齐　　　s线

ʐh争　　ch抄　　sh生

〔tʃ〕蒸　〔tʃ'〕超　〔ʃ〕声

j交　　　q旗　　　x县

g贵　　　k开　　　h化

y严运日软　w武围

说明：①n声母拼齐齿呼、撮口呼韵母时（如"年女"）是舌面前鼻音〔ȵ〕，跟 j q x 同部位。②〔tθ〕〔tθ'〕〔θ〕是上下齿轻轻咬着舌尖而发出的齿间音。③〔tʃ〕〔tʃ'〕〔ʃ〕是舌叶音。④"袄、暗"等字读开口呼零声母。

2. 韵母：36个

	i地日	u母	ü居乳
a爬	ia架	ua刮	
o波		uo郭	
e河	ie野热		üe月弱
ê盖	iê界	uê怪	
ei倍队百责		uei桂	
ao桃	iao条饶		
ou斗	iou流肉		
an胆短	ian连染	uan关	üan圆软
en根寸	in心人	uen魂	ün云闰
ang帮	iang讲让	uang黄	
ong东灯翁	iong胸兴		
-i（前）资			

-i（后）支

er 耳

说明：①ao、iao的ao发音时口形不动，实际上是单元音［ɔ］，② an ian uan üan、en in uen ün 实际上是鼻化韵（即发音时软腭、小舌下降，气流同时从口腔和鼻腔里出来），没有n韵尾。

3．声调：4个

阴平214　　　衣乌天光

阳平53　　　同裙娘流白局合族

上声55　　　海岛五米　黑节铁册

去声31　　　兔去问浪坐近六入麦律

（四）烟台话的声韵调

1．声母：17个（不计零声母y、w）

b布	p怕	m门	f飞
d到	t同	n南年女	l兰
z糟争	c曹抄	s散生	
j精蒸	q青超	x星声	
g贵经	k开轻	h红兴	
y延元日软	w武完		

说明：①n声母拼齐齿呼、撮口呼韵母时（如"年女"）是舌面前鼻音［ȵ］，跟 j q x 同部位。② g k h 拼齐齿呼、撮口呼时（如"经轻兴"）是舌面中音［c cʻ ɟ］，发音部位比 j q x 靠后，比 g k h 拼开口呼、合口呼时靠前。③"妖安"等字读开口呼零声母。

2．韵母：38个

i第知日	u故	ü雨书乳

a爬　　　ia架　　　　　ua花

o婆　　　　　　　　　　uo多　　　üo学弱

e德　　　ie姐热　　　　　　　〔yφ〕靴

ai盖　　　iai解　　　　　uai怪

ei倍对　　　　　　　　　uei桂

ao包　　　iao条绕

ou斗　　　iou流揉

an三酸　　ian连然　　　uan关　　üan权软

en根孙　　in心认　　　uen魂　　ün云闰

ang党　　iang讲让　　　uang光

eng庚　　ing星

ong红翁　　iong穷

　i（前）资支

　er耳

说明：①ai、iai、uai的ai发音时口形变化较小，实际上是〔εE〕。②ao、iao的ao口形变化也很小。

　3，声调：3个

阴平31　　诗衣灯方　　麻南年梨

上声214　　使椅免有　　北出黑册　　月麦

去声55　　时移男娘　　是柱近厚试意事面　　局由合舌六灭

第三节　山东人怎样学习普通话声母

方言区的人学习普通话语音，应该有步骤地做到以下三点：

1．比较方言和普通话的语音系统，找出二者之间的差异；

2．纠正方言的错误发音，学习普通话的正确发音；

3．弄清、记住在普通话中哪些字该归哪一类。

山东话语音和普通话语音的关系，就声、韵、调的具体发音来说，有以下几种：

山东话　　　　　　　普通话

①有（如 b p m f）————有（如 b p m f）

②有（如 v、ʋe）　————无

③无　　　　　————→有（如 ɑo、iɑo）

对于学习普通话的发音来说，第①种关系不成问题，第②种关系只要把山东话有而普通话没有的音去掉就行了，第③种关系则是需要费力克服的难点。

普通话有而山东话没有的音包括两种情况：一是山东话中绝对没有，如普通话的阳平调值 35 在济南话声调里就绝对没有；二是山东话跟普通话大同小异，如普通话的 ɑn iɑn uɑn üɑn 等在济南话里念作元音鼻化、n 韵尾丢失的韵母，听起来虽然相近，但有不同。这两种情况分别给学习造成了不同的困难，前者难以学得准确、地道，后者容易被忽略，长期纠正不过来。

山东话语音和普通话语音的关系，就字的归类来说，大致有以下几种：

山东话　　　　　普通话

一对一 { ①甲（如 b）————甲（b）
②甲（如济南话 e）————乙（ɑi）

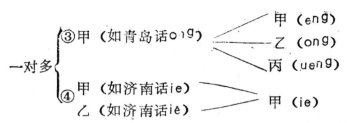

对于"一对一"的关系，如果发音也一样，例如山东话念 b 声母的字，普通话也念 b，就不存在纠正的问题；如果 b 发音不一样，如济南话念 e 韵母的字，普通话念 ai，只要把 e 换成 ai 就行了，也不牵涉归类问题。

对于"一对多"的关系，则必须进行新的组合分类。如果方言为一类而普通话分几类，例如青岛话念 ong 韵母的字，普通话分别念 eng、ong、ueng 三韵，就应根据普通话的情况分开，这时需要记住哪些字归哪一类；如果方言分几类而普通话为一类，例如济南话念 ie、iê 二韵的字，普通话只念 ie 一韵，则应把这几类合起来，读作一个音（ie 韵的零声母字普通话读 ai 或 ya，如"矮"、"崖"，除外）。

这里最难掌握的是方言读一类而普通话分几类的情况。我们经常听到有的鲁西南人 zh ch sh 发得也不错，但是他还是把很多 zh ch sh 声母的字念作 z c s，而把少数 z c s 声母的字又念成了 zh ch sh。青岛、高密一带的人分辨 eng、ong 时也有类似情况。这是因为他们没有很好地把两类字区别开来。对于这种情况，一方面需要多听多记，一方面也可以找一些分辨条件（如声旁、声韵母的拼合规律等）来帮助区别。

另外需要注意的一点是，一对多的关系往往不是单纯的一类对几类。这个意思是说，方言属于一类音的字，在普通话里分为几类，但普通话这几类所有的字不一定全部都跟方言的那一类音相对应——在方言中不一定都念那一类音。例如济南话念 l 声母的字，普通话念 l 、r 两个声母（如"路"念lù，"孺"念rù），但普通话l、r声母的字在济南话里并不都念 l 声母（如"日"念ri，"让"念raⁿg）。

在了解了以上这些关系以后，下面以普通话的声韵调为纲（次序据《汉语拼音方案》），针对山东话的具体情况，说明山东人学习普通话语音时会遇到的问题，指出解决、克服的办法，并辅以图表、辨正材料供大家练习。由于山东地域广大，方言复杂，而本书力求全面，顾及全省，因此对于一定方言区的读者来说，有些针对其他方言的叙述和练习材料跟自己无关，可以放过不管，只要注意跟自己方言有关的问题就行。

一　b p m f

正确发音

b 发b时，双唇闭合，软腭上升堵塞鼻腔通路，声带不颤动，较弱的气流冲破双唇的阻碍，迸裂而出，爆发成声。例如普通话和山东话的"八、包、补、办"。

p 发p的情况跟发b基本相同，只是冲出的气流比发b时强。例如普通话和山东话的"怕、派、喷、旁"。

m 发m时，双唇闭合，软腭下降，鼻腔畅通。气流振动声带从鼻腔通过。例如普通话和山东话的"马、买、慢、忙"。

f 发f时，下唇接近上齿，形成窄缝，软腭上升堵塞鼻腔通路，声带不颤动，气流从唇齿间的窄缝中挤出，摩擦成声。例如普通话和山东话的"发、飞、分、冯"。

山东话的 b p m f 声母，在发音和字的归类上跟普通话基本上没有什么差别。

二　d t n l

（一）　正确发音

d　发 d 时，舌尖抵住上齿龈，软腭上升堵塞鼻腔通路，声带不颤动，较弱的气流冲破舌尖的阻碍，迸裂而出，爆发成声。例如普通话和山东话的"大、对、端、党"。

t　发 t 的情况跟发 d 基本相同，只是冲出的气流比发 d 时强。例如普通话和山东话的"他、套、炭、通"。

n　发 n 时，舌尖抵住上齿龈，软腭下降，打开鼻腔通路，气流振动声带，从鼻腔通过。例如普通话和山东话的"拿、南、暖、能"。

l　发 l 时，舌尖抵住上齿龈，软腭上升堵塞鼻腔通路，气流振动声带，从舌尖两边通过。例如普通话和山东话的"罗、来、兰、冷"。

（二）方音辨正

1. 普通话 n 声母拼齐齿呼韵母的部分字即"倪霓拟逆孽牛虐疟凝"，在山东许多地方读成了 y 声母（即零声母），跟"移意叶油月营"等同音。有此现象的方言应该在"倪"等字的前面加上 n 声母，读成跟"尼腻镊扭宁"等同音或同声母。

2. 普通话其他 n 声母拼齐齿呼、撮口呼声母的字，在山东各地方言里都读作跟舌面前音 j　q　x 同发音部位的鼻音〔ȵ〕，例如"泥、年、女"等字。n、（ȵ）发音的差别在于口腔里阻碍部位的不同，发 n 时是舌尖顶住上齿龈，发〔ȵ〕时是舌面顶住硬腭前部。山东话里也有正确的 n，如"奴、脑"等字的声母。所以在遇到 n 拼 i、ü 或以 i、ü 开头的韵母时，只要注意用舌尖去顶住上齿龈而不用舌面顶住硬腭、发成跟"奴、脑"等字一样的 n 就行了。

n 声母练习：

nán níng	nǚ nú	niú nián	ní níng
南宁	女奴	牛年	泥泞

三　g k h

正确发音

g 发 g 时，舌根（即舌面后部）抵住软腭，软腭后部上升，堵塞鼻腔通路，声带不颤动，较弱的气流冲破舌根的阻碍，爆发成声。例如普通话和山东话的"姑、改、感、钢"。

k 发 k 的情况跟发 g 基本相同，只是冲出的气流比发 g 时强。例如普通话和山东话的"快、考、肯、坑"。

h 发 h 时，舌根接近软腭，留出窄缝，软腭上升堵塞鼻腔通路，声带不颤动，气流从舌根的窄缝中挤出，摩擦成声。例如普通话和山东话的"虎、回、很、红"。

山东话的 g　k　h 声母，在发音和字的归类上跟普通话没有什么差别。

四　　j　q　x

（一）正确发音

j　发 j 时，舌面前部抵住上齿龈和硬腭前部，软腭上升堵塞鼻腔通路，声带不颤动，较弱的气流把舌面的阻碍冲开，形成一道窄缝，气流从窄缝中挤出，塞擦成声。例如普通话和济南、济宁话的"借、界、奖、讲"，烟台话的"借、奖"，青岛话的"界、讲"。

q　发 q 的情况跟发 j 基本相同，只是冲出的气流比发 j 时强。例如普通话和济南、济宁话的"秋、丘、全、权"，烟台话的"秋、全"，青岛话的"丘、权"。

x　发 x 时，舌面前部接近上齿龈和硬腭前部，留出窄缝，软腭上升堵塞鼻腔通路，声带不颤动，气流从舌面的窄缝中挤出，摩擦成声。例如普通话和济南、济宁话的"洗、喜、星、兴"，烟台话的"洗、星"，青岛话的"喜、兴"。

（二）方音辨正

1．东区除潍坊、寿光、青州、临朐、蒙阴外的所有地区，鲁西南的菏泽、曹县、成武、巨野、鄄城、郓城、冠县，以及费县、临沂、临沭、苍山、郯城、滨州、利津、垦利、广饶（近占全省一半市县），将普通话的 j　q　x 分为二类（即所谓"分尖团"），例如"精秋须"跟"经丘虚"不同音。

其中威海、荣城、海阳、招远、即墨、崂山、莒县、昌乐等市县方言里没有 j　q　x 这几个声母，所以还需先学习 j　q　x 的发音。上面说过，n 拼齐齿呼、撮口呼韵母时（如"泥、女"）在山东各地方言里都读为〔n.〕，〔n.〕是舌面前

33

鼻音，跟普通话的 j q x 的发音部位正好相同。〔ȵ〕跟 j q x 不同的是，发〔ȵ〕时声带颤动，软腭下降，气流从鼻腔出来，发 j q x 时声带不颤动，软腭上升，气流从口腔出来。此外要注意 j q 是塞擦音，发音时舌面前部和硬腭前部先阻塞后放开窄缝；x 是擦音，舌面前部和硬腭前部一直留着一条窄缝。

把普通话的 j q x 分为两类的方言，这两类声母具体读什么音，各地很不一致，下面分别说明。

2．胶东地区（这里指东莱区以及东潍区的平度、高密、即墨、崂山）有三种情况：

普　　通　　话	焦	趣	相	胶	去	香
	j	q	x	j	q	x
蓬莱　牟平　威海　文登 荣城　乳山　海阳　平度 即墨　崂山	z	c	s	g	k	h
长岛　招远　莱西	〔tʃ〕	〔tʃʻ〕	〔ʃ〕	g	k	h
烟台　福山　龙口　莱阳 栖霞　高密	j	q	x	g	k	h

（1）这三类地区有一个共同点，即把普通话的部分 j q x 声母的字（团音字）读成 g k h，例如：胶giao、去kü、香hiang。这些字的 g k h 声母跟普通话和胶东地区其他字（如"高库夯"）的 g k h 声母的发音不完全相同。

"高库夯"等字的声母是由舌面后部和软腭形成阻碍而发出的音，而"胶去香"等字的声母则是由舌面中部和硬腭形成阻碍而发出的音，发音部位比一般的g　k　h靠前而比j　q　x靠后，实际上是舌面中音[ɕ ɕʻ ɕ]。此外，在胶东方言里，靠前的g　k　h（即[ɕ ɕʻ ɕ]）只跟齐齿呼、撮口呼韵母相拼，真正的g　k　h只跟开口呼、合口呼韵母相拼。所以不管是发音上还是字类上，二者都不会混淆。胶东人只要把跟i、ü或以i、ü为韵头的韵母相拼的g　k　h改成j　q　x就行了。例如：

	胶东话	普通话
机	gi	ji
家	gia	jiā
起	ki	qǐ
琴	kin	qín
虾	hia	xiā
玄	hüan	xuán

　　（2）蓬莱、牟平、威海、文登、荣城、乳山、海阳、平度、即墨、崂山等方言，把普通话读j　q　x声母的另一部分字（尖音字）读成了z　c　s，例如：焦ziao、趣cü、相siang。虽然在这些方言中还有别的字也读z　c　s声母，例如：糟zao、醋cu、桑sang，但这些字都是开口呼、合口呼韵母的字。而普通话读j　q　x、方言读z　c　s的字则都是齐齿呼、撮口呼韵母的字，所以二者并不相混。当地人只要把跟i、ü或以i、ü为韵头的韵母相拼的z　c　s改成j　q　x就行了。例如：

	方言	普通话
借	zie	jiè
尖	zian	jiān
秋	·ciu	qiū
枪	ciang	qiāng
笑	siao	xiào
星	sing	xīng

（3）长岛、招远、莱西把"焦趣相"等字的声母读成了 [tʃ] [tʃ'] [ʃ]。[tʃ] [tʃ'] [ʃ] 是由舌尖及舌面跟上齿龈、硬腭间形成阻碍而发出的，发音部位比 z c s 靠后而比 j q x 靠前。其中莱西方言只需把 [tʃ] [tʃ'] [ʃ] 声母一律改为 j q x 即可。

烟台、福山、龙口、莱阳、栖霞、高密把"焦趣相"等字的声母读成 j q x，跟普通话相同。其中栖霞、高密方言的 j q x 声母字在普通话里也全读 j q x，故无需任何改动。

但烟台、福山、龙口、莱阳和长岛、招远六地，在把"焦趣相"读成 j q x 或 [tʃ] [tʃ'] [ʃ] 的同时，还把普通话的一部分 zh ch sh 声母字也读成 j q x 或 [tʃ] [tʃ'] [ʃ]（韵母相应地由开口呼、合口呼变为齐齿呼、撮口呼），例如烟台话：焦＝招jiao、趣＝处qu、相＝商xiang。因此，烟台、福山、龙口、莱阳方言的 j q x 声母，长岛、招远方言的 [tʃ] [tʃ'] [ʃ] 声母，都包括普通话的部分 j q x 声母和部分 zh ch sh 声母的字。这些方言除了纠正发音以外（zh ch sh 的发音见下文），还需要把方言读成一组声母的字按照普通话分为 j q x、zh ch sh 二组。

j q x 和 zh ch sh 辨音练习：

36

jīngshén	jiǎngzhāng	zhíjiē	zhēnxiàn
精神	奖章	直接	针线

qīshí	qīngshé	chèxiāo	chíxù
七十	青蛇	撤消	持续

xiǎozhāng	xiūchē	shūqiān	shēnqiǎn
小张	修车	书签	深浅

j、q、x 和 zh、ch、sh 辨音字表

说明：表中所列为常用字。数字① ② ③ ④分别表示普通话的阴平、阳平、上声、去声四个调类。黑体字是具有类推作用的代表字。～表示复举本字。表的左上角"方声"指"方言声母"，"普声"指"普通话声母"，"普韵"指"普通话韵母"。下文不再说明。

方言声母 j（烟台、福山、龙口、莱阳），[tʃ]（长岛、招远）			
普通话声母 j		普通话声母 zh	
i	①积迹绩 ②即 集 籍 ③**挤**④祭际剂 济 鲫	-i（后）	①知汁织②直植殖值侄执职④窒致治质掷秩置滞制智稚痔
ü	④聚	u	①朱珠蛛株诸 **猪** ③**主**煮④注住柱驻铸著
		uo	②着酌
ie	①接②节 捷 截 ③姐④借	e	①遮②折哲辙③者④浙

üe	②绝嚼		
iao	①焦礁 蕉椒	ao	①昭招朝~气②沼④照召赵兆
iou	①揪③酒④就	ou	①州洲舟周③帚肘④宙昼咒
ian	①煎尖奸③剪④箭践贱溅荐渐	an	①沾毡粘③展④占战
in	①津③尽~管④进晋浸尽~力	en	①贞侦真珍针斟③疹诊枕④振震阵镇
iang	①将~来浆③奖桨蒋④将大~酱匠	ang	①张章樟③长首~掌涨④丈仗杖帐账障
ing	①精晴晶③井④净静	eng	①正~月征蒸③整拯④正~反政症证郑

方言声母 q（烟台、福山、龙口、莱阳），[tʃʻ]（长岛、招远）

普通话声母 q		普通话声母 ch	
i	①妻栖凄沏七柒漆②齐脐荠④砌戚	-i（后）	①痴②池弛迟持③耻

ü	①蛆趋③取娶④趣	u	②除厨③储处~分④处~长
		uo	④绰~号辍
ie	①切~开③且④切~密~窃	e	①车③扯④彻撤
üe	④鹊雀		
iao	①锹②瞧	ao	①超②朝~代 潮
iou	①秋鳅	ou	①抽②仇筹绸稠酬③丑④臭
ian	①千迁签②前钱潜③遣浅	an	②蝉禅缠④颤
üan	②全泉		
in	①亲~人②秦③寝	en	①琛②辰晨沉陈臣尘④趁称~心
iang	①枪②墙 ③抢 ④呛	ang	①昌②常尝偿场一~雨肠长~短③厂场会~ ④倡唱畅怅
ing	①青清蜻 ②情晴③请④亲~家	eng	①称~呼②成诚城盛~饭呈程承丞乘澄橙惩③逞④秤

方言声母 x（烟台、福山、龙口、莱阳），〔ʃ〕（长岛、招远）

普通话声母 x		普通话声母 sh	
i	①西蟋析息膝惜夕熄锡②媳习 袭席③洗④细	-i（后）	①失湿②十什 拾识实食蚀④世势誓逝室饰式
ü	①须需②徐④序叙婿絮绪续	u	①书舒殊输枢③暑署薯鼠黍④树竖恕
		a	③傻
ie	①些楔②斜邪③写④卸泻谢泄屑	e	①奢赊②舌蛇③舍~得④社舍宿~射设摄涉赦
üe	①薛削剥~③雪		
iao	①肖姓宵消销 硝箫萧削切~③小④笑	ao	①烧②勺芍韶③少多~④少~年绍邵
iou	①羞修④袖秀绣锈	ou	①收③手首守④受授寿售兽
ian	①先仙鲜纤④线睈羡	an	①羶③闪陕④扇善膳擅赡单姓
üan	①宣②旋③选癣		

iⁿ	①辛新薪心 ④信	eⁿ	①申伸身深②神③沈婶④慎肾甚
ün	②循旬询巡寻④迅讯殉逊		
iang	①相~信箱厢湘镶②祥详翔③想④象橡相照~	ang	①商伤③晌赏④上尚
ing	①星腥猩③醒姓性	eng	①升声②绳④圣胜盛兴~剩

3．诸城、五莲、日照、昌乐四地及寿光、青州部分地区的情况是：

	精	秋	须	经	丘	虚
普通话	j	q	x	j	q	x
诸城　寿光　青州	j	q	x	[tʃ]	[tʃʻ]	[ʃ]
五莲	j	q	[θ]	[tʃ]	[tʃʻ]	[ʃ]
日照　昌乐	z	c	s	[tʃ]	[tʃʻ]	[ʃ]

　　[tʃ]　[tʃʻ]　[ʃ] 的发音特点见36页。五莲的〔θ〕是用上下齿轻轻咬着舌尖而发出的齿间擦音，发音部位比 s 靠前。

　　日照、昌乐 z c s、五莲〔θ〕拼齐齿呼、撮口呼韵母的字，普通话是 j q x 声母，如：酒、钱、需；拼开口呼、合口呼韵母的字，普通话是 z c s 声母，如：走、蚕、苏。

　　诸城、五莲、日照、昌乐、寿光、青州方言在把普通话的部分 j q x 声母字（团音字）读成〔tʃ〕〔tʃ'〕〔ʃ〕的同时，又把普通话的一部分 zh ch sh 声母字也读成〔tʃ〕〔tʃ'〕〔ʃ〕，例如：交＝招〔tʃ〕ao、钳＝缠〔tʃ'〕an、虚＝书〔ʃ〕u。因此，诸城、五莲、日照、昌乐、寿光、青州方言的〔tʃ〕〔tʃ'〕〔ʃ〕声母包括普通话的部分 j q x 声母和部分 zh ch sh 声母的字。这些地方的人除了纠正发音外，还应该根据普通话把方言的〔tʃ〕〔tʃ'〕〔ʃ〕分为 j q x、zh ch sh 两组。

j、q、x 和 zh、ch、sh 辨音练习：

jiāzhǎng	jiàoshì	zhēngqì	zhíxíng
家长	教室	蒸汽	执行
quánshì	qǐshǒu	chéngjiàn	chāoqún
权势	起首	成见	超群
xuèshū	xiànchǒu	shūjì	shìjiè
血书	献丑	书记	世界

诸城等方言读〔tʃ〕〔tʃ'〕〔ʃ〕而普通话读 zh ch sh 的字见上条"j、q、x 和 zh、ch、sh 辨音字表"。记住了读 zh ch sh 的字，剩下的自然是普通话读 j q x 的字了。

4．其他把普通话 j q x 声母分为二类的方言有以下一些情况：

（1）莒县分为 z c s（精秋须）、g k h（经丘虚）二类，基本上跟胶东的蓬莱、威海、即墨等地一样。可参看上文。

（2）广饶、垦利、利津、滨州分为〔tʃ〕〔tʃ'〕〔ʃ〕（精秋须）、j q x（经丘虚）二类，这二类声母都不跟

42

普通话其他声母的字相混，所以只要把 [tʃ] [tʃʻ] [ʃ]
改为 ｊ ｑ x 即可。

（3）莒南、沂源分为 [tθ] [tθʻ] [θ]（精秋须）、
ｊ ｑ x（经丘虚）二类。[tθ] [tθʻ] [θ] 是用上下齿轻轻咬
着舌尖（即把舌尖伸到上下齿之间甚至吐出来）而发出的
齿间音，发音部位比 z c·s 靠前。莒南、沂源方言中虽然
还有别的字也读 [tθʹ] [tθʻ] [θ] 声母，例如：早 [tθ]
ɑo、蚕 [tθʻ] ɑn、苏 [θ] u，但这些字的韵母都是开口呼、
合口呼的（普通话声母为 z c·s）。而普通话读 ｊ ｑ x
莒南、沂源读 [tθ] [tθʻ] [θ] 的字的韵母则都是齐齿
呼、撮口呼的，例如：焦 [tθ] iɑo、钱 [tθʻ] iɑn、需
[θ] ü。所以二者并不相混。读者只要把跟 i、ü 或以 i、ü 为韵
头的韵母相拼的 [tθ] [tθʻ] [θ] 改为 ｊ ｑ x 就行了。

（4）其他如青岛、临沂、菏泽等20多个市县分为 z c
s（精秋须）、ｊ ｑ x（经丘虚）二类。虽然多数方言还有
别的字也读 z c s 声母，但是韵母总不相混，即"精秋
须"等字的韵母是齐齿呼或撮口呼，而其他 z c s 声母字
的韵母是开口呼或者合口呼。因此只要把韵母是齐、撮二呼
的 z c s 声母字改为 ｊ ｑ x 就行了，例如：

	方言	普通话
挤	zi	jǐ
奖	ziɑng	jiǎng
取	cü	qǔ
鹊	cüe	què
修	siu	xiū
线	siɑn	xiàn

五　zh ch sh

（一）正确发音

zh　发zh时，舌尖上翘，抵住硬腭前部，软腭上升堵塞鼻腔通路，声带不颤动，较弱的气流先把舌尖的阻碍冲开一条窄缝，接着从窄缝中挤出，塞擦成声。例如普通话和济南、菏泽、临沂话的"支、知、争、蒸"，青岛、潍坊话的"支、争"，临邑、曹县话的"知、蒸"。

ch　发ch的情况跟发zh基本相同，只是冲出的气流比发zh时强。例如普通话和济南、菏泽、临沂话的"翘、吃、抄、超"，青岛、潍坊话的"翘、抄"，临邑、曹县话的"吃、超"。

sh　发sh时，舌尖上翘接近硬腭前部，留出窄缝，软腭上升堵塞鼻腔通路，声带不颤动，气流从窄缝中挤出，摩擦成声。例如普通话和济南、菏泽、临沂话的"时、实、生、声"，青岛、潍坊话的"时、生"，临邑、曹县话的"实、声"。

（二）方音辨正

普通话读zh ch sh声母的字，除了济南及其周围地区跟普通话相同外，山东其他地区的情况比较复杂，下面分项叙述。

1．鲁西南的汶上、宁阳、嘉祥、济宁、兖州、曲阜、泗水、邹县、滕州、枣庄、微山、鱼台、金乡、单县、定陶、聊城16地，胶东的烟台、福山、牟平、威海、长岛、蓬莱、龙口、招远、栖霞、莱阳、莱西11地的方言里没有zh ch sh声母。这些方言把全部（鲁西南）或部分（胶东）的zh ch sh声母字读成 z c s。z c s 和 zh ch sh 的不同在于：z c s 是舌尖前音，发音时舌尖抵住或接近上齿背， 而 zh ch sh 是舌尖后音， 发音时舌尖要翘起来，抵住或接近硬腭前部。

2. 鲁西南汶上等16地把普通话的 zh ch sh 声母字读成 z c s（但泗水、滕州、枣庄把普通话 zh ch sh 声母拼合口呼韵母的字——如"猪吹双"读成了〔pf〕〔pf'〕f 声母， 单县、定陶、微山把普通话 sh 拼合口呼韵母的字 —— 如 "刷双"读成了 f 声母，详见下文第3条），并且跟普通话原有的 z c s 声母字合为一类， 例如：

普通话	方言
罩照 zhao	罩照造灶 zao
造灶 zao	
馋缠 chan	馋缠蚕残 can
蚕残 can	
瘦寿 shou	瘦寿嗽 sou
嗽 sou	

因此，这些地方的人除了学会 zh ch sh 的发音以外， 还要把方言的 z c s 声母分为二类，一类仍读 z c s，另一类则要改为 zh ch sh。

z、c、s 和 zh、ch、sh 辨音练习：

zázhì   zuòzhōng   zhìzào   zhùzuò
杂志   座钟   制造   著作

cáichǎn　　cǎochuàng　　chēcì　　chuáncāng

财产　　　草创　　　车次　　　船舱

sǔnshāng　　sōngshǔ　　shīsàn　　shūsòng

损伤　　　松鼠　　　失散　　　输送

zǔlì　　zhǔlì　　zhīyuán　　zīyuán

阻力——主力　　支援——资源

cūbù　　chūbù　　tuīchí　　tuīcí

粗布——初步　　推迟——推辞

sīrén　　shīrén　　shísì　　sìshí

私人——诗人　　十四——四十

z、c、s和zh、ch、sh辨音字表

普声韵 \ 方声	z	
	z	zh
—i	①兹滋姿咨资孜淄③子仔籽梓紫④字自恣	①之芝支枝肢知蜘汁只一～织脂②直值植殖侄执职③止址趾旨指纸只～有④至窒致志治质帜挚掷秩置滞制智稚痔
u	①租②族足卒③组阻祖	①朱珠蛛株诸猪②竹烛逐③主煮嘱④注蛀住驻柱贮祝铸筑著
a	①扎包～②匝杂砸	①扎驻～渣②闸铡扎挣～札③眨④乍炸诈榨栅

ua		①抓
uo	②昨③左④坐座作做凿确~	①桌捉拙卓②着穿~ 酌灼浊镯啄
e	②泽择责则	①遮②折哲辙③者蔗浙这
ai	①灾哉栽③宰载十~④再在载~重	①摘斋②宅③窄④寨债
uai		①搋扔③跩④搋拉
ei	②贼	
uei	③嘴④最罪醉	①追锥④缀赘坠
ao	①遭糟②凿开~③早枣澡④造皂灶躁燥	①昭招朝~气②着~火③找爪沼④照召赵兆罩
ou	①邹③走④薮擞	①州洲舟周粥②轴③帚肘④宙昼咒骤皱
an	①簪②咱③攒④赞咱	①沾毡粘③盏展斩④占站战栈绽蘸
uan	①钻动词③纂④钻名词	①专砖③转~移④传~记转~动 撰篆赚
en	③怎	①贞侦真珍针斟③疹诊枕④ 振震阵镇
uen	①尊遵	③准

ang	①赃脏肮~④葬藏西~脏内~	①张章樟彰③长成~掌涨④丈仗杖帐账胀瘴障
uang		①庄桩装妆④壮状撞
eng	①曾姓憎增④赠	①正~月征争睁筝蒸③整拯④正~反政症证郑
ong	①宗踪棕综緵③总④纵粽	①中~国忠钟衷终③肿种~子④中打~种~田仲重~要众

方声 普声 普韵	c	
	c	ch
-i	①疵差参~②雌辞词祠瓷慈磁③此④次伺刺赐	①吃痴嗤②池弛迟持匙~子③尺齿耻侈豉④斥炽翅赤叱
u	①粗④猝促醋簇	①出初②除厨橱锄蹰刍雏③楚础储处~分④畜~生触处~长
a	①擦嚓	①叉杈插差~别②茶搽查察③衩④岔诧差~错
uo	①搓蹉磋④措错挫锉	①戳④绰~号辍

e	④侧测厕恻策册	①车③扯④撤彻澈
ai	①猜②才财材裁采彩踩④菜蔡	①差出~拆钗②柴豺
uai		③揣④踹
ao	①操糙②曹槽嘈③草	①抄钞超②嘲潮朝~代巢③吵炒
ou	④凑	①抽②仇筹畴俦绸稠酬愁③瞅丑④臭
an	①餐参~加②蚕残惭③惨④灿	①搀掺②蝉禅谗馋缠蟾③铲产阐④忏颤
uan	①蹿④窜篡	①川穿②船传~达椽③喘④串钏
en	①参~差②岑	①琛②辰晨沉忱陈臣尘④趁衬称相~
uen	①村②存③忖④寸	①春椿②唇纯醇③蠢
ang	①仓苍舱沧②藏~起来	①昌猖娼②常嫦尝偿场肠长~短③厂场敞④倡唱畅怅
uang		①窗疮②床③闯④创
eng	②曾~经层④蹭	①称~呼撑②成诚城盛~饭呈程承丞乘澄橙惩③逞④秤

ong	①匆葱囱聪②从丛	①充冲舂②重~复虫崇③宠

方言声 鲁声 普韵	s	
	s	sh
-i	①司私思斯丝③死④四肆似寺	①尸师狮失施诗混虱②十什拾石时识实食蚀③史使驶始屎矢④世势誓逝市示事是视室适饰士氏恃式试轼
u	①苏酥②俗④素塑诉肃粟嗉速	①书梳疏蔬舒殊叔淑输抒枢②孰塾熟赎③暑署薯曙鼠数动词属④树竖术述束漱恕数名词
ua		①刷③耍
uo	①缩缫梭唆③所锁琐索	①说④硕朔妁
e	①塞闭~涩色瑟啬	①奢赊②蛇舌③舍~得④射社舍宿~设摄涉赦
ai	①腮鳃塞~子④塞要~赛	①筛④晒
uai		①衰摔③甩④帅率~领蟀

uei	①虽尿名词②绥隋随③髓④岁碎穗隧遂	②谁③水④税睡
ao	①臊~气骚搔③扫~地嫂④扫~帚臊害~	①捎稍艄烧②勺芍韶③少多~④少~年哨绍邵
ou	①搜艘馊飕③叟擞④嗽	①收②熟③手首守④受授 寿售 兽瘦
an	①三③伞 散~文④散~会	①山舢删衫珊姗羶③闪陕④扇善膳擅赡单姓
uan	①酸④算蒜	①拴栓闩④涮
en	①森	①申伸身深参人~②神③沈审婶④慎肾甚渗
uen	①孙③笋损	④顺舜
ang	①桑丧~事③嗓④丧~失	①商伤③晌赏④.上尚
uang		①双霜③爽
eng	①僧	①生牲笙甥升声②绳③省山东~④圣胜盛兴~剩
ong	①松③悚④送宋颂诵	

　　3. 泗水、滕州、枣庄、新泰四地，把普通话 zh ch sh 声母拼合口呼韵母和 ong 韵母（如"猪中吹双"）读成了〔pf〕〔pf'〕r 声母，韵母除了单韵母 u 不变、ong 变为 eng 以外，其他都丢掉 u 韵头变为相应的开口呼韵母。〔pf〕〔pf'〕是用上齿咬着下唇而发出的塞擦音，跟 f 同发音部位。例如：

	方言	普通话
猪	〔pf〕u	zhū
抓	〔pf〕a	zhuā
庄	〔pf〕ang	zhuāng
中	〔pf〕eng	zhōng
初	〔pf'〕u	chū
吹	〔pf'〕ei	chuī
窗	〔pf'〕ang	chuāng
冲	〔pf'〕eng	chōng
树	fu	shù
刷	fa	shuā
双	fang	shuāng

　　此外，阳谷、梁山、鄄城、郓城、菏泽、巨野、定陶、成武、曹县、单县、平邑、费县、微山、苍山、郯城15地把普通话 sh 声母拼合口呼的字（如"刷双"）读成了 f 声母，韵母变化同泗水等地。

　　〔pf〕〔pf'〕跟 zh ch 的差别悬殊，只要加以注意，是容易纠正过来的。但把 sh 读成 f 的除了纠正发音外，还必须把方言的 f 声母字按照普通话分为 f、sh 两组。

　　f 和 sh 辨音练习：

fùshǔ　　shūfù　　　fùshù　　shùfú
附属　　　叔父　　　复数　　　束缚

fèishuǐ　　shuāngfāng　　fāshū　　shuōfǎ
废水　　　双方　　　发书　　　说法

fūfù　　shūshu　　　fāyá　　shuāyá
夫妇 —— 叔叔　　　发芽 —— 刷牙

shùyè　　fùyè　　　yīshuāng　　yīfāng
树叶 —— 副业　　　一双 —— 一方

f 和 sh 辨 音 字 表

方 言 声 母　　　　f		
普通话声母　　f		普通话声母　　sh
u	①夫肤麸孵敷②扶符浮俘服福伏幅蝠拂③府腐斧腑俯甫辅抚④付妇负父富附副赴傅复腹	u	①舒疏蔬梳输殊书叔淑②赎熟③暑署薯鼠曙数动词属④树竖漱恕数名词术述束
a	①发出~②罚乏伐筏阀③法④发理~	ua	①刷③耍
o	②佛	uo	①说④硕朔妁
		uɔi	①衰摔③甩④帅 率~领蟀
ei	①非飞啡②肥③匪诽④费废肺沸痱	uei	②谁③水④税睡

ou	③否		
an	①翻帆番②烦凡繁樊③反返④饭犯范贩泛	uan	①栓拴闩④涮
en	①分~家纷吩芬氛②坟焚③粉④分本~份奋粪愤	uen	④顺舜
ang	①方坊芳②房防妨肪③纺访仿④放	uang	①双霜③爽
eng	①峰蜂锋风疯枫②冯逢缝~补③讽④奉缝裂~凤		

4.东区全部、西区的陵县、平原、临邑、商河、宁津、乐陵、无棣、庆云、东明、曹县、成武、单县等地方言把普通话读 zh ch sh 声母的字分为两组："争抄生"等字为一组，"蒸超声"等字为一组。"准船顺"等少数字在东莱区除威海同"蒸"组外其他同"争"组，在东潍区和其他地方除东明同"争"组外其他同"蒸"组。但是两组声母的读音各地很不一致，归纳起来有以下六种情况：

普通话	争抄生			蒸 超 声		
	zh	ch	sh	zh	ch	sh
无棣　庆云　乐陵　宁津 商河　临邑　陵县　平原 成武　曹县　单县　莱州	z	c	s	zh	ch	sh

威海	长岛	招远	栖霞	z c s	[tʃ]	[tʃʻ]	[ʃ]
烟台	福山	牟平	蓬莱	z c s	j	q	x
龙口	莱阳	莱西	东明				
安丘	沂水	莒县	蒙阴	zh ch sh	z	c	s
青岛	崂山	即墨	海阳				
荣城	平度	胶县	胶南				
诸城	五莲	日照	高密	zh ch sh	[tʃ]	[tʃʻ]	[ʃ]
昌邑	昌乐	青州	潍坊				
寿光	临朐	沂源	沂南				
莒南							
文登	乳山			zh ch sh	j	p	x

除了发音上要把方言的非 zh ch sh 声母改为 zh ch sh 以外，以下方言还需要对字重新进行分类。

（1）无棣、威海、烟台等24地，把"争抄生"等字读成了 z c s 声母，结果跟普通话也读 z c s 声母的"增操僧"等字合为一类，例如：支＝资、中＝宗、吹＝崔、冲＝葱、师＝私、山＝三。这些地方的人应从方言的 z c s 声母里把普通话读 zh ch sh 的字分出来。

z c s、zh ch sh 的辨音练习和辨音字表参看上文第 2 条。需要说明的是上文表是用于分辨所有 z c s、zh ch sh 声母的字的，而无棣、威海、烟台等地只是其中的部分 zh ch sh 声母字混入 z c s。

（2）烟台、福山、龙口、莱阳把"蒸超声"等字读成了 j q x 声母，长岛、招远把"蒸超声"等字读成了〔tʃ〕〔tʃʻ〕〔ʃ〕声母，结果在本方言中都跟普通话读 j q x 声母的一部分字（"精悄须"等，即尖音字）合为一类，例如：住＝聚、掌＝奖、池＝齐、陈＝秦、收＝修、扇＝线。这些地方的人应根据普通话把方言的 j q x 或〔tʃ〕〔tʃʻ〕〔ʃ〕声母分为 j q x、zh ch sh 两组。

j q x、zh ch sh 的辨音练习和辨音字表见上文"四 j q x·2·（3）"。

（3）诸城、五莲、日照、昌乐四地及寿光、青州部分地区把"蒸超声"等字读成了〔tʃ〕〔tʃʻ〕〔ʃ〕声母，结果跟普通话读 j q x 声母的一部分字（"经敲虚"等，即团音字）合为一类，例如：知＝鸡、张＝姜、抽＝丘、秤＝庆、世＝戏、书＝虚。因此，要按照普通话把方言的〔tʃ〕〔tʃʻ〕〔ʃ〕分为 j q x、zh ch sh 两组。

（4）东明把"蒸超声"等字读成了 j q x 声母，结果跟普通话读 j q x 的全部字合为一类（因为东明方言不分尖团），例如：蒸＝精经、超＝锹敲、声＝星兴。东明人区分 j q x 和 zh ch sh 可以参看"四 2·（3）"和"四 3"两种辨音练习和辨音字表。

六　r

（一）正确发音

r 发 r 时，舌尖上翘，接近硬腭前部，留出窄缝，软腭上升，堵塞鼻腔通路，气流振动声带，从窄缝中挤出，摩擦成声。例如普通话和菏泽、临沂、阳信话的"热、染、如、软"，济南、惠民、泰安话的"热、染"。

（二）方音辨正

普通话读r声母的字除了山东西区边缘地带的20多个市县跟普通话相同以外，在其他地区表现出多种情况，现分述如下。

1．山东东区（临朐除外）、西鲁区的东明、定陶、单县、金乡、鱼台、嘉祥、济宁、汶上、宁阳、兖州、曲阜、泗水、邹县、滕州、微山、枣庄以及西齐区的淄博、章丘、广饶、武城、夏津、高唐、聊城等方言没有 r 声母。但这些方言大多数有 sh 声母，sh 和r的发音部位一样，只是发 sh 时声带不颤动，发r时象m、n、l等声母似的声带要颤动。

2．除青州、临朐外的所有东区方言和西区的东明方言都把普通话 r 声母字（"染软"等）读成了y声母（即零声母），韵母也由开口呼、合口呼变为相应的齐齿呼、撮口呼，结果跟其他y声母字（普通话也是y声母的）合为一类，例如：染＝眼 yan、软＝远 yuan、绕＝要 yɑo、乳＝雨 yu。因此，这些方言区的人除了学习r的发音外，还要根据普通话从方言的y声母中分辨出 r 声母字来。由于 r 声母一共只有五六十个常用字，所以只要记住 r 声母字就行了。

y和 r 辨音练习：

yúròu	yòngrén	róngyì	rìyuè
鱼肉	佣人	容易	日月

yuánrùn	yǒurén	ruǎnyìng	rényì
圆润	有人	软硬	仁义

yèyǐjìrì	yōuróuguǎnduàn	ruǎnyìngjiānshī
夜以继日	优柔寡断	软硬兼施

yīchénbùrǎn	yòuyǒuyóu	yòuyǒuròu
一尘不染	又有油	又有肉

y 和 r 辨 音 字 表

方言声母 y		
普通话声母　y	普通话声母　r	
i ①衣依伊医一②姨移遗宜疑仪③以巳椅蚁 乙④易异意肄义议毅艺亦邑役疫益翼逸译亿忆 抑轶屹谊诣	-i (后)	④日
ü ①淤迂②于盂余俞愉榆鱼渔娱愚③羽予与屿雨语④誉预豫喻愈裕芋寓遇御育域浴欲吁玉狱郁	u	②如儒孺蠕③乳辱④孺入
ia ①丫鸦押鸭②牙芽崖③哑雅④亚讶		
	uo	④若弱
ie ①椰掖~藏噎②爷③也冶野④夜腋液 掖~县叶页业	e	③惹④热
üe ①约④悦阅越 粤跃月乐音~岳		
	uei	③蕊④锐（方言l-） （方言l-或s-、sh-）

iao	①妖要～求腰邀②姚 摇 遥窑谣③舀咬④要重～ 耀 药钥	ao	②饶③扰④绕
iou	①忧忧幽悠②由油邮铀 游尤犹③友有①又右幼釉 诱	ou	②柔揉④肉
ian	①烟咽胭焉淹腌②延沿 檐盐炎阎言研颜严岩②衍 演掩眼④燕宴堰焰厌艳雁 谚砚验	an	②然燃③染
üan	①冤渊②元员圆园袁猿 辕援缘原源③远 ④ 怨院 愿	uan	③软
in	①因姻殷音阴②淫银寅吟 龈垠③尹引蚓隐 瘾 饮 ④ 印	en	②人仁任姓壬③忍④ 刃纫认韧任葚
ün	①晕②云匀③允 ④ 运 荤韵熨酝蕴	un	④闰润
iang	①央秧殃②羊洋阳扬杨 ③养氧痒仰④样	ang	②瓤③嚷壤④让
ing	①英应～该鹰婴樱缨 鹦 ②迎盈营萤蝇赢③ 影 ④ 硬映应～用	eng	①扔②仍

iong	①庸拥③永泳咏勇涌 蛹踊④用佣	ong	②绒容溶熔蓉荣融茸 ③兀

3．淄博、章丘、广饶、青州、武城、夏津、高唐7地把普通话的r声母字读成了l声母，结果跟其他l声母字合为一类。例如：揉＝楼lou、让＝浪lang、入＝路lu、闰＝论lun。

l、r二音的不同在于：发l时舌尖要抵住上齿龈，气流从舌尖两边通过，而发r时舌尖要翘起接近硬腭前部，气流从窄缝里挤出，亦即一是形成阻碍的部位有前、后不同，二是舌尖的形状有平、翘之分，三是发音方法有边、擦之别。

l和r辨音练习：

rèliè	ránliào	lùróng	lìrùn
热烈	燃料	鹿茸	利润

liánrèn	lǎorén	ròuliú	rànglù
连任	老人	肉瘤	让路

róngrǔ	rónglú	chūrù	chūlù
荣辱 ——	熔炉	出入 ——	出路

lùzi	rùzi	ruòjíruòlí
路子——	褥子	若即若离

分辨l、r声母字可参看上条"y和r辨音字表"。记住了读r的字，剩下的自然是普通话读l的字了。

4．济宁、兖州、曲阜、聊城、汶上、宁阳、嘉祥、邹县、定陶、金乡、鱼台、单县、微山13地，把普通话r声母字大多读成舌尖前浊擦音声母〔z〕。〔z〕跟s同发音部位，跟s的区别在于发〔z〕时带声颤动，发s时声带不颤动。把r读成〔z〕的地区正是把zh ch sh读成z c s的地区。r跟zh ch sh同部位，

60

〔ʐ〕跟z c s同部位，r跟〔ʐ〕的不同正象zh ch sh跟z c s的不同一样，即前者翘舌，后者平舌。本方言区的人练习zh ch sh的方法也同样适用于练习r。

在字的归类方面，方言读〔ʐ〕声母的字在普通话里一般都念r。但有的地方（如济宁）由于还把普通话零声母拼iong韵母（即yong音节）的字也读成了〔ʐ〕声母，故在把方言的大部分〔ʐ〕声母字改为r声母的同时，还应把方言读〔ʐ〕ong的部分字改读为yong。方言读〔ʐ〕ong普通话读yong的字有：庸拥壅永泳咏勇涌蛹踊用佣。

5.西区的其他方言和东区的临朐方言把普通话r声母字分为二组，即开口呼韵母（ong韵除外）字为一组，合口呼韵母（加ong韵）字为一组。具体读音见下表三种情况：

						热 染	褥软荣
普通话						r	r
济南	惠民	长清	平阴	肥城		r	l
泰安	莱芜	新泰	临朐	冠县			
茌平	平原	禹城	乐陵	商河			
济阳	齐河	博兴	桓台				
平邑	费县	郯城				r	v
泗水	滕州	枣庄				〔ʐ〕	v

（1）济南、惠民等19地把普通话韵母是u、uo、uei、uan、uen、ong的r声母字读成l声母，结果跟其他l声母字合为一类，例如：褥＝路lu、弱＝落luo、闰＝论lun、荣＝龙long。因此，

济南、惠民等地的人除了纠正发音外，还应该从韵母是合口呼和ong的l声母字里分辨出r声母来。不过方言读l而普通话为r声母的字比较少，一共只有以下20多个常用字：如儒孺蠕乳辱褥入若弱蕊锐瑞软闰润绒容溶熔融蓉荣茸冗。

（2）泗水、滕州、枣庄、平邑、费县、郯城的v是指跟f同发音部位、但声带颤动的浊擦音（发f时声带不颤动）。这些方言把普通话合口呼韵母和ong韵母前的r读成了v，韵母除ong韵变为eng外，其他韵丢失u。例如：褥v、软van、荣veng。把合口呼韵母前的r读成v，跟本方言把合口呼韵母前的sh（与r相对）读成f（与v相对）是类似的现象，练习发音时可以互相比较。

泗水、滕州、枣庄把开口呼韵母前的r读成〔z〕，跟济宁、兖州等地一样，参看上条。

以上方言的v、〔z〕都只跟普通话的r声母相对应，所以只要把方言的v、〔z〕声母改成r就行。

七　Z　C　S

（一）正确发音

z　发z时，舌尖抵住上齿背，软腭上升堵塞鼻腔通路，声带不颤动，较弱的气流先把舌尖的阻碍冲开一道窄缝，接着从窄缝中挤出，塞擦成声。例如普通话和济南、青岛、烟台话的"早、增、组、尊"，泗水、滕州的"早、增"。

c　发c的情况跟发z基本相同，只是冲出的气流比发z时强。例如普通话和济南、青岛、烟台话的"菜、仓、粗、崔"，泗水、滕州话的"菜、仓"。

发 s 时，舌尖接近上齿背，留出窄缝，软腭上升，堵塞鼻腔通路，声带不颤动，气流从舌尖的窄缝中挤出，摩擦成声。例如普通话和济南、青岛、烟台话的"四、搜、苏、算"，泗水、滕州话的"四、搜"。

（二）方音辨正

1．东潍区的平度、高密、胶县、青岛、崂山、即墨、胶南、诸城、五莲、安丘、临朐、沂源、沂水、蒙阴、莒县、莒南、日照和东莱区的长岛方言把普通话的 z　c　s 声母读成了齿间音声母 [tθ] [tθ'] [θ]，例如：走 [tθ]ou、租 [tθ]u、曹 [tθ']ao、错 [tθ']uo、洒 [θ]a、素 [θ]u。

[tθ] [tθ'] [θ] 跟 z　c　s 的不同在于：发 [tθ] [tθ'] [θ] 时是把舌尖伸到上下齿之间甚至伸出来，发 z c s 时则要把舌尖抵到上齿背上，不能露到牙齿外面来。纠正 [tθ] [tθ'] [θ] 时要注意把舌尖往后缩，抵在上齿背上，不让它伸出来。

2．泗水、邹县、平邑、滕州、枣庄、梁山 6 地，把普通话合口呼和 ong 韵母前的 z　c　s 声母读成了 j　q　x 声母，韵母也由合口呼变为相应的撮口呼，ong 变为 iong，例如：

	普通话	方言
租	zū	ju
存	cún	qun
松	sōng	xiong

结果跟其他 j　q　x 声母字合为一类，如：租＝居、存＝裙、松＝胸。这些地方的人要从韵母为 ü、üe、üɑu、ün、iong 的 j　q　x 声母字中分辨出 z　c　s 声母来。

j、q、x和z、c、s辨音练习：

zǔzōng 祖宗	zuòzuò 做作	zǒngjié 总结	zūnxún 遵循
cuīcù 催促	cuànquán 篡权	qiáocuì 憔悴	cùjìn 促进
suōxiǎo 缩小	suícóng 随从	sōusuǒ 搜索	xiāngcūn 乡村
cúnzài 存在	cóngqián 从前	xīnsuān 辛酸	qīngsuàn 青蒜
sùmù 肃穆——	xùmù 序幕	xúnxùjiànjìn 循序渐进	

j q x 和 z c s 辨音字表

方言声母　j			
普通话声母　j		普通话声母　　z	
ü	①居拘②局菊鞠桔③矩举④巨拒距句具俱惧锯据剧聚	u	①租②族足卒③组阻祖
üe	②决诀倔掘橛镢觉~悟角~色绝	uo	②昨③左④坐座作做凿确~
		uei	③嘴④最罪醉
üan	①悁娟③卷~烟④卷考~倦圈羊~眷纠	uan	①钻动词③篡④钻名词攥
ün	①均君军菌④俊峻竣骏	uen	①尊遵
iong	③窘迥	ong	①宗踪棕综鬃鬷 ③总④纵粽

方言声母 q		
普通话声母 q		普通话声母 c
ü	①区 驱躯蛆趋曲~折 屈 ②渠 ③取娶曲歌~ ④去 趣	u	①粗④猝促醋簇
üe	①缺②瘸④却确鹊雀	uo	①搓蹉撮④措错挫锉
üan	①圈圆~②全泉拳权 ④劝券	uan	①蹿④窜篡
ün	②群裙	uen	①村②存③忖④寸
iong	②穷琼	ong	①匆葱囱聪②从丛

方言声母 x		
普通话声母 x		普通话声母 s
ü	①虚须需②徐 ③许 ④序 叙婿絮绪畜~牧蓄续	u	①苏酥②俗④素塑诉肃 粟宿速
üe	①靴薛削剥~②学③ 雪 ④穴血~压	uo	①缩蓑梭唆③所锁琐索
		uei	①虽尿名词②绥隋 随 ③髓④岁碎穗隧遂
üan	①宣喧②悬旋玄③选癣 ④楦	uan	①酸④算蒜

| ün | ①熏 勋②循 旬 洵 巡 寻 驯 ④训 迅 讯 殉 逊 | uen | ①孙③笋损 |
| jong | ①兄 凶 匈 胸 ②熊 雄 | ong | ①松③悚④送宋颂诵 |

3. 普通话拼 e 韵母的 z c s 声母字即"泽择责测策册涩啬瑟色"，除了没有 zh ch sh 声母的方言（如烟台、济宁，参看上文"五zh ch sh·（二）·1"）和把"争抄生"等字读为z c s声母 的 方言（如临邑、曹县，参看上文"五（二）·4"）以外，山东其他方言（约占全省的三分之二）读作zh ch sh 声母，例如：

	责	策	涩
普通话	zé	cè	sè
济南话	zhei	chei	shei
德州话	zhě	chě	shě
荣城话	zhe	che	she

说这些方言的人应注意把这几个字的zh ch sh声母改为 z c s。

八　零声母

（一）正确发音

所谓"零声母"，是指音节只有韵母、声调，没有声母。为了避免在拼写中产生混淆，《汉语拼音方案》规定，凡是以 i、ü 或 u 开头的零声母音节一律加上（或改写为）y 或w，开头无i、ü、u的零声母音节不加符号，例如普通话的

"安" ān、 "烟" yān (←iān)、 "弯" wān (← uān)、
"冤" yuān (←üān)。

（二）方音辨正

1.临清、高唐、齐河、长清、泰安、新泰、蒙阴、沂
南、莒县、日照、诸城、安丘、潍坊一线及其以北、以西地
区，即山东北部、中部地区把普通话韵母为开口呼的零声母
字（er 音节除外，如"袄安"）读成 ng 声母。例如：

	普通话	方言
爱	ài	ngė
袄	ǎo	ngao
欧	ōu	ngou
安	ān	ngan
恩	ēn	ngen
昂	áng	ngang

在普通话里，ng只能作韵尾，如"昂"áng，从来不作
声母。山东话里凡是以 ng 作声母的字都应该把 ng 去掉，
读成零声母。

2.西鲁区所有市县、西齐区的聊城、冠县、莘县、茌
平、东阿、平阴、肥城以及东潍区的莒南读"袄、安"等字
时带上了一个舌根浊擦音声母〔γ〕，即发ao、an等音时不是
一开始就发元音，而是先发出一个跟 h 同发音部位的浊擦
音。这些地方的人要注意把方言的这种摩擦成分去掉。

3.潍坊市南部、惠民地区东南部、临沂地区北部、菏泽
地区大部把普通话er音节的字即"儿而耳 尔二"读成 l 或近
似 l（如卷舌边音〔ɭ〕）的声母，韵母一般为 e。有此现象的

方言应把这几个字的读音改为零声母的er。

4.德州、平原、临清、冠县、禹城、长清、济南、章丘、淄博、桓台、高青、阳谷一线及其以北、以西地区和诸城、五莲、沂水、日照等地把普通话以w开头的零声母字（即韵母为合口呼的零声母字，如"位网"）读成v声母，韵母部分丢失 u。但有的地方 wu 音节仍读 wu。例如：

	普通话	方言
五	wǔ	v、wu
位	wèi	vei
弯	wān	van
网	wǎng	vang

由于德州、诸城等方言的v只跟普通话的合口呼零声母相对应，所以这些地方的人应将方言中所有的 v 声母改为 u（即w）。v、u 发音的不同在于：发 v 时上齿咬在下唇上，声音是由气流通过上齿和下唇时产生的摩擦发出的，发 u 时上齿和下唇不接触，而是把上下唇收拢成一个小孔（象吹气的样子），声音是由气流通过声带时产生振动而发出的。所以，要改 v 为 u，必须注意纠正用上齿咬着下唇发音的习惯。

第四节 山东人怎样学习普通话韵母

一 与声母变化相关的韵母问题

在上一节讲声母的时候，我们已经讲到了一些韵母问题。因为一定的声母只能跟一定的韵母相拼，所以如果方言的某些音节的声母变得跟普通话不一样了，其韵母也往往发生变

化。由声母变化而引起的韵母变化常常涉及到多个韵母甚至
一整呼的韵母，因此如果分别放到各个韵母中去讲会显得过
于零碎，这里我们先把山东话韵母中跟声母有关的特殊现象
整理出来，集中叙述，下文就不再重复。

1.诸城、五莲、日照、昌乐四地及寿光、青州部分地区在把
普通话 j q x 声母的部分字（"经、丘、虚"等，即团音字）
读成 [tʃ][tʃ'][ʃ] 声母的同时，还把这些字的韵母由齐齿
呼、撮口呼改为开口呼、合口呼。有关韵母及其例字如下：

	普通话	方　言		普通话	方　言
鸡	jī	[tʃ] -i	居	jū	[tʃ] u
掐	qiā	[tʃ'] ɑ			
协	xié	[ʃ] e	缺	que	[tʃ'] ue
鞋	xié	[ʃ] ê			
叫	jiào	[tʃ] ɑo			
求	qiú	[tʃ'] ou			
县	xiàn	[ʃ] ɑn	玄	xuán	[ʃ] uɑn
金	jīn	[tʃ] en	军	jūn	[tʃ] un
腔	qiāng	[tʃ'] ɑng			
杏	xìng	[ʃ] eng			
穷	qióng	[tʃ'] ong			

这些方言区的人在把 [tʃ][tʃ'][ʃ] 声母改为 j q x 的同
时，还应该把这些字的韵母改为相应的齐齿呼或撮口呼韵
母，即在原开口呼韵母（如ɑ、ɑo）前加上韵头 i（-i、ê、en、eng
改为 i、ie、in、ing），将原合口呼韵母（如u、uɑn）的韵头u改为ü。

2.烟台、福山、龙口、莱阳在把普通话 zh ch sh 声母的部
分字（"招、处、两"等）读成 j q x 声母，长岛、招远读成

〔tʃ〕〔tʃ'〕〔ʃ〕声母的同时，还把这些字的韵母 由开口呼、合口呼改为齐齿呼、撮口呼。有关韵母及其例字如下：

	普通话	烟台等	长岛等
知	zhī	ji·	〔tʃ〕i
傻	shǎ	xia	〔ʃ〕ia
车	chē	qie	〔tʃ'〕ie
烧	shāo	xiao	〔ʃ〕iao
州	zhōu	jiu	〔tʃ〕iu
缠	chán	qian	〔tʃ'〕ian
婶	shěn	xin	〔ʃ〕in
张	zhāng	jiang	〔tʃ〕iang
秤	chèng	qing	〔tʃ'〕ing
朱	zhū	ju	〔tʃ〕ü
着	zhuó	juo	〔tʃ〕üo

这些方言区的人在把 j q x 或 〔tʃ〕〔tʃ'〕〔ʃ〕声母改为 zh ch sh 的同时，还应该把这些字的韵母改为相应的开口呼或合口呼韵母，即除了将 i、in、ing、ü 改为 –i、en、eng、u 外，要将其他齐齿呼韵母（如iao、iang）的韵头i去掉，将其他撮口呼韵母（üo）的韵头ü改为u。

烟台、长岛等方言读〔tʃ〕组或 j 组声母拼齐齿呼、撮口呼而普通话读zh ch sh声母拼开口呼、合口呼的字见第三节"四、j q x·（二）·2·（3）"的辨音字表。

3.泗水、滕州、枣庄、新泰在把普通话zh ch sh拼合口呼韵母和ong韵母的字（"猪中次双"等）读成〔pf〕〔pf'〕f声母的同时，除了单韵母u不发生变化外，ong韵变为enɡ，其他韵都丢掉u韵头而变为相应的开口呼。有关韵母及其例字如下：

	普通话	方言
抓	zhuā	[pf] a
戳	chuō	[pf'] o
帅	shuài	fê
追	zhuī	[pf] ei
船	chuán	[pf'] ɑn
顺	shùn	fen
庄	zhuāng	[pf] ɑng
冲	chōng	[pf'] eng

泗水等地的人在把 [pf]　[pf'] f 声母改为 zh ch sh 的同时,除 u 不需改动外,还应该把 eng 改为 ong,把其他韵母改为相应的合口呼韵母,即在原开口呼韵母(如 a、en)前加上 u 韵头(ê 改为 uai)。泗水等地方言所有读 [pf]　[pf'] 声母的字的韵母都须按此原则纠正,读 f 声母的字中究竟有哪些字需要改为合口呼可参看第三节 "五 zh ch sh·(二)·3" 的辨音字表。

4.阳谷、梁山、鄄城、郓城、菏泽、巨野、定陶、成武、曹县、单县、平邑、费县、微山、苍山、郯城 15 地在把普通话 sh 拼合口呼韵母的字(如 "刷说帅水拴顺双" 等)读成 f 声母的同时,除了单韵母 u 不发生变化外,其他韵都丢掉 u 韵头而变为相应的开口呼。可参看上条。方言读 f 声母开口呼而普通话读 sh 声母合口呼的字见第三节 "五 zh ch sh·(二)·3" 的辨音字表。

5.除青州、临朐外的所有东区方言和西区的东明方言在把普通话 r 声母的字("染软" 等)读成 y 声母(即零声母)的同时,还把这些字的韵母由开口呼、合口呼改为齐齿呼、撮口呼。有关韵母及其例字如下：

	普通话	方言		普通话	方言
日	rì	yi	如	rú	yu
热	rè	ye	弱	ruò	yuo
饶	ráo	yao			
肉	ròu	you			
染	rǎn	yan	软	ruǎn	yuan
人	rén	yin	闰	rùn	yun
让	ràng	yang			
仍	réng	ying			
荣	róng	yong			

　　有此现象的方言在把y声母改为r的同时，还应将这些字的韵母改为相应的开口呼或合口呼韵母，即除了把i、in、ing、ü四韵改为-ï（后）、en、eng、u外，要把其他齐齿呼韵母（如iao、iang）的韵头i去掉，把其他撮口呼韵母（如üo、üan）的韵头ü改为u。

　　方言读零声母齐齿呼、撮口呼而普通话读r声母开口呼、合口呼的字见第三节"六r·（二）·2"的辨音字表。

　　6.泗水、滕州、枣庄、平邑、费县、郯城在把普通话r声母拼合口呼韵母和ong韵母的字（"褥软荣"等）读成v声母的同时，除了ong韵变为eng，其他韵都丢失u。有关韵母及其例字如下：

	普通话	方言
褥	rù	v
弱	ruò	vo
软	ruǎn	van

闰　　　　　rùn　　　　　　ven

荣　　　　　róng　　　　　veng

有此现象的方言在把所有的v声母改为r的同时，还应在r声母后加上韵头u，把开口呼韵母o、an、en改为相应的合口呼韵母uo、uan、uen，把eng改为ong。

7．泗水、邹县、平邑、滕州、枣庄、梁山在把普通话z c s声母拼合口呼韵母和ong韵母的字（"租存松"等）读成 j q x声母的同时，还把这些字的韵母由合口呼改为撮口呼（ong改为iong）。有关韵母及其例字如下：

	普通话	方言
租	zū	ju
错	cuò	quo
岁	suì	xuei
钻	zuān	juan
存	cún	qun
松	sōng	xiong

有此现象的方言在把 j q x声母改为z c s的同时，还应把这些字的撮口呼韵母ü、üo、üei、üan、ün改为相应的合口呼韵母u、uo、uei、uan、uen，把iong改为ong。

方言读 j q x声母拼撮口呼、iong韵母而普通话读z c s声母拼合口呼、ong韵母的字见第三节"七 z c s·（二）·2"的辨音字表。

8．潍坊市南部、惠民地区东南部、临沂地区北部、菏泽地区大部在把普通话开口呼零声母音节er读成l或近似l（如卷舌边音［ɭ］）的声母的同时，韵母也变成了不卷舌的央元音e。有此现象的方言在去掉l等声母的同时，应把e改为卷舌韵母 er。

9. 德州、平原、临清、冠县、禹城、长清、济南、章丘、淄博、桓台、高青、阳信一线及其以北、以西地区和诸城、五莲、沂水、日照等地在把普通话 w 声母（即韵母为合口呼的零声母）读成 v 的同时，均失去了韵母中的 u，韵母由合口呼变为开口呼。有关韵母及其例字如下：

	普通话	方言
乌	wū	v
瓦	wǎ	va
我	wǒ	vo
外	wài	vê
威	wēi	vei
完	wán	van
问	wèn	ven
王	wáng	vang
翁	wēng	veng

有此现象的方言在把 v 声母去掉的同时，应在韵母部分加上 u 作单韵母或韵头，使之成为合口呼韵母（ê 改为 uai）。

二　i u ü

正确发音

i　发 i 时，双唇合拢呈扁平状，舌头向前伸，舌尖抵住下齿背。例如普通话和山东话的"衣、米、地、七"。

u　发 u 时，双唇合拢呈圆形，舌头向后缩，舌根抬起接近软腭。例如普通话和山东话的"布、土、路、湖"。

ü 发 ü 的情况跟发 i 基本相同,只是双唇要合拢呈圆形。例如普通话和山东话的"鱼、雨、取、需"。

山东话的 i u ü 韵母,除了本节开头所提到的问题以外,在发音和字的归类上跟普通话没有什么差别。

三　　　a　ia　ua

正确发音

a　发 a 时,嘴张大、不圆,舌头居中、下放。例如普通话和山东话的"妈、发、他、拉"。

ia　由较轻短的韵头 i 和清晰响亮的韵腹 a 组合 而成。例如普通话和山东话的"牙、俩"。

ua　由较轻短的韵头 u 和清晰响亮的韵腹 a 组合而 成。例如普通话和山东话的"瓜、夸、花"。

山东话的 a ia ua 韵母,除了本节开头所提到的问题以外,在发音和字的归类上跟普通话没有重要的差别。但淄博、潍坊一带发 a ia ua 时舌头比普通话靠后,并带圆唇色彩,纠正时应将舌头往前伸一点。

四　o e ie uo üe

(一) 正确发音

o　发 o 时,嘴半开呈圆形,舌头向后缩,舌面后部抬起。例如普通话和济宁、青岛、烟台话的"波、婆、摸"。

e　发 e 的情况跟发 o 基本相同,只是嘴要自然展开呈扁平状。例如普通话和济南、烟台话的"个、额"。

ie　由较轻短的韵头 i 和清晰响亮的韵腹 e（舌头比单韵母 e 靠前略低）组合而成。例如普通话和山东话的"爷、别、爹、列"。

uo　由较轻短的韵头 u 和清晰响亮的韵腹 o 组合而成。例如普通话和济南、济宁、青岛、烟台话的"多、罗、郭、火"。

üe　由较轻短的韵头 ü 和清晰响亮的韵腹 e（舌头比单韵母 e 靠前略低，同 ie 中的 e）组合而成。例如普通话和济南、青岛话的"月、决、缺、靴"。

（二）方音辨正

从发音方面看，山东各地方言除了 e 韵母发得跟普通话一样外，o、ie、uo、üe 几个韵母都发得不大准确。绝大多数地方发 o、uo 的 o 时嘴唇合拢得不够圆，发 ie、üe 的 e 时舌头比较靠后，因而 o、ie、uo、üe 中的 o、e 实际发音差不多，都接近于央元音〔ə〕。此外有些地方如济宁、莱阳把 üe 中的 e 发成近似 ɑ 或比 ɑ 靠前的圆唇元音。山东人要想把 o、ie、uo、üe 等韵母念得准确、地道，可以通过结合这些韵母的发音要领，找出方言和普通话的差异而加以纠正。

这里需要特别指出的是，由于普通话和山东话都缺乏零声母的 o 音节字，山东话甚至在 b p m f 后面的 o 也往往不是真 o，所以山东很多中小学语文教师都把汉语拼音的 a o e 中的 o 念作 uo 甚至 vo、ve，结果成千上万的学生也都跟着这样念。把单元音念作复合元音 uo 甚至带辅音声母的 vo、ve 之类可说是大错特错，应该引起广大师生足够的重视。

从字的归类看，除了本节开头所提到的问题以外，还有以下特殊现象需要注意辨别、纠正。

1.东潍、西齐、西鲁三区中除乐陵、博兴、新泰等个别地方外的其他地区把普通话o韵母拼b p m声母的部分字即"伯迫魄陌默墨"读成了ei韵母，跟"北胚妹"等同韵，这些方言区的人应该把"伯"等字的ei改为o。

2.莘县、阳谷、东平、宁阳、泗水、新泰、沂源、淄博、章丘、高青、利津一线及其以南、以东地区把普通话e韵母拼g k h和零声母的部分字读成uo韵母，跟"锅阔活"等字的韵母相同，或uo、e两读皆可，或一些字读uo，一些字读e，具体字有：

哥歌个科苛棵颗可课禾和河何荷贺讹蛾鹅饿俄

有此现象的方言应该把以上字的uo韵母一律改为e。

3.东区除边缘地带外的绝大部分地区把普通话e韵母拼g k h声母的部分字（即"割疙蔼渴磕喝"等）读成了a韵母，如：割ga、渴ka、喝ha。有此现象的方言应该把这几个字的a韵母改为e。

4.东潍区、西鲁区及黄河以南的西齐区把普通话e韵母拼d t、g k h（部分）、z c s声母的字读成ei韵母，跟"给贼"等字的韵母相同，或ei、e两读皆可，或一些字读ei，一些字读e，具体字有：

得德特隔膈格革克客刻核貉赫则泽择责侧测策册塞涩色瑟啬

有此现象的方言应该把以上字的ei韵母一律改为e。

5.黄河以北的西齐区把普通话e韵母拼z c s声母的字读成了e韵母，具体字有：

则泽择责侧测策册塞涩色瑟啬

有此现象的方言应把这些字的e改为e。

6. 全省除西南部的鄄城、东明、菏泽、定陶、曹县、成武、单县、金乡以及新泰、济阳外的其他地区把普通话ie韵母拼 j x声母 的部分字读成了ie韵母，具体 字 有：

皆阶秸街解～放介界芥疥届戒谐鞋解姓蟹懈

在以上方言中，普通话ie韵母的另一部分字（"接斜"等）仍读ie，故只要把"皆鞋"等字的ie改为跟"接斜"等字相同的ie就行了。

7. 烟台、长岛、龙口、牟平、荣城把普通话 üe 韵母中的"嚼脚鹊削学弱虐约药乐音～"读为üo之类 的 韵 母，跟读üe之类韵母的"撅缺靴月"等不同音。这些方言区 的 人在读"嚼鹊削约"等字时，发完韵头ü以后应把嘴角 往 两 边拉开，使嘴呈扁平状，将舌头往前伸，发成跟"撅缺靴月"等相同的 üe。

五 ai uai

（一）正确发音

ai 由清晰响亮的韵腹 a 和较轻短的韵尾 i 组合而成。例如普通话的"摆、太、盖、爱"。

uai 由较轻短的韵头 u 加清晰响亮的韵腹 a 再加较短的韵尾 i 组合而成。例如普通话的"帅、怪、坏、歪"。

（二）方音辨正

在发音方面，山东各地方言在发ai uai韵时往往缺少韵尾i，同时把韵腹a发成近似 e 的音，于是 ai uai 就成了e ue。为了练好 ai uai 二韵，学习时不妨有意地把韵尾 i 发得响亮、清楚一点，以养成发韵尾的习惯。

在字的归类方面，除了本节开头所提到的问题以外，**普通话 ɑi 韵母拼 b p m、zh ch 声母的部分字**，即"掰白柏拍麦脉摘宅翟窄拆"，东潍区、西鲁区及黄河以南的西齐区读成了 ei 韵母，跟"杯胚妹"等同韵；长岛、蓬莱、龙口、招远、栖霞、福山、威海、莱阳、莱西、海阳读成了 e 韵母，烟台、牟平读成了 o 韵母，跟"波坡磨"等同韵。这些方言区的人应将以上字的 ei、e、o 等韵母改为 ɑi。

六 ei uei

（一）正确发音

ei 由清晰响亮的韵腹 e（舌头比单韵母 e 靠前）和较轻短的韵尾 i 组合而成。例如普通话和山东话的"杯、配、美、贼"。

uei 由较轻短的韵头 u 加清晰响亮的韵腹 e（舌头比单韵母 e 靠前）再加较轻短的韵尾 i 组合而成。例如普通话和山东话的"闺、亏、回"。

（二）方音辨正

除了本节开头所提到的问题以外，在字的归类方面，山东话还有以下特殊现象需要注意辨别、纠正。

1. 山东中部、西部的大部分地区把普通话 ei 韵母拼 l 声母的字即"雷播播累积~偏垒类泪肋累劳~"读成了 uei 韵母，有的地方还同时把 ei 拼 n 声母的"内"字也读成了 uei。在普通话里 n、l 声母不能跟 uei 韵母拼，没有 nuei、luei 这样的音节，但能跟 ei 韵母拼。有 nuei、luei 音节的山东方言只要把这些音节中的韵头 u 去掉，读成 nei、lei 就行了。

2．东莱区所有市县和东潍区的平度把普通话 uei 韵母拼 d t、z c s 声母的字都读成了 ei 韵母，莱州、昌邑、潍坊、昌乐、高密、胶县、即墨、崂山、青岛、胶南等地是一些字读 ei、一些字读 uei，具体字有：

堆队兑推颓腿退蜕嘴罪最醉崔催摧悴翠粹脆虽尿随绥遂岁碎穗隧

在普通话里，除"得你~去贼"等个别字外，d t z c s 声母不能跟 ei 韵母相拼，但能跟 uei 韵母相拼，胶东地区的人应把上列字的 ei 韵母一律改为带 u 韵头的合口呼韵母 uei。

3．阳谷、平阴、长清、泰安、泗水、滕州、枣庄一线及其以南、以西地区把普通话 ei 韵母拼 f 声母的字即"飞非妃肥匪诽肺费沸痱废吠"读成了 i 韵母。在普通话里，f 声母不能跟 i 韵母相拼，但能跟 ei 韵母相拼。有 fi 音节的山东方言只要把这些字的 i 韵母改为 ei（如"杯配"的韵母）即可。

4．平邑一带把普通话 ei 韵母拼 m、n 声母的字即"眉媒煤梅霉枚玫美每妹内"读成了 en 韵母，结果与普通话读 men、nen 音节的"门们闷焖嫩"相混，当地人应将"眉内"等字的 en 韵母改为 ei（如"杯配"的韵母）。

5．荣城、文登、乳山把"北贼黑"这几个字的韵母读为 e，烟台、牟平读为 o（北）、e（贼黑），东莱区内其他地方都读为 e。这些方言在念"北贼黑"时应把方言的 e、o、e 等韵母改为 ei。

七　ao　iao

（一）正确发音

ao 由清晰响亮的韵腹 a 和较轻短的韵尾 o（实际上接近u）组合而成。例如普通话的"袄、包、刀、好"。

iao 由较轻短的韵头 i 加清晰响亮的韵腹 a 再加较轻的短韵尾 o（实际上接近u）组合而成。例如普通话的"要、表、跳、小"。

（二）方音辨正

山东各地方言在发"袄包刀好"等字的韵母时嘴张得比 a 小比 o 大，呈圆形，舌头向后缩，舌面后部抬起，整个过程中舌头、唇形没有大的变动，实际音值相当于国际音标的〔ɔ〕。同样，"要表交小"等字的韵母是〔iɔ〕。山东方言〔ɔ〕〔iɔ〕跟普通话 ao iao 的最大不同在于 ao iao 有韵尾 而〔ɔ〕〔iɔ〕没有韵尾。因此，山东人在练习ao iao时不妨有意地把韵尾o发得突出清楚一点，以养成发韵尾的习惯。

在字的归类方面，除了本节开头所提到的问题以外，跟普通话没有其他差别。

八　ou　iou

正确发音

ou 由清晰响亮的韵腹 o 和较轻短的韵尾 u 组合而成。例如普通话和山东话的"藕、偷、楼、狗"。

iou 由较轻短的韵头 i 加清晰响亮的韵腹 o 再加较轻短的韵尾 u 组合而成。例如普通话和山东话的"优、丢、流、修"。

山东话的 ou iou 韵母，除了本节开头所提到的问题以外，在发音和字的归类上跟普通话没有多大差别。

九　an ian uan üan en in uen ün

（一）正确发音

an 由清晰响亮的韵腹 a 和鼻音韵尾 n 组合而成。例如普通话的"安、班、战、赶"。

ian 由较轻短的韵头 i 加清晰响亮的韵腹 a 再加鼻音韵尾 n 组合而成。例如普通话的"烟、边、点、线"。

uan 由较轻短的韵头 u 加清晰响亮的韵腹 a 再加鼻音韵尾 n 组合而成。例如普通话的"弯、端、乱、管"。

üan 由较轻短的韵头 ü 加清晰响亮的韵腹 a 再加鼻音韵尾 n 组合而成。例如普通话的"冤、卷、劝、宣"。

en 由清晰响亮的韵腹 e 和鼻音韵尾 n 组合而成。例如普通话的"恩、本、真、根"。

in 由清晰响亮的韵腹 i 和鼻音韵尾 n 组合而成。例如普通话的"音、拼、林、金"。

uen 由较轻短的韵头 u 加清晰响亮的韵腹 e 再加鼻音韵尾 n 组合而成。例如普通话的"温、村、隹、棍"。

ün 由清晰响亮的韵腹 ü 和鼻音韵尾 n 组合而成。例如普通话的"云、军、群、训"。

82

（二）方音辨正

在发音方面，普通话的an ian uan üan、en in uen ün八个鼻尾韵在山东方言里除胶东一些地方以外往往没有明显的鼻音韵尾n，而念成元音鼻化的鼻化韵。鼻化韵是指其元音发音时软腭下降，打开鼻腔通路，气流同时从口腔和鼻腔里出来，听上去带有鼻音色彩的元音韵母。而鼻尾韵an、en等发元音时则先将软腭上收，堵塞鼻腔通路，气流从口腔里出来，发完元音后再将软腭下降，用舌尖抵住上齿龈堵塞口腔通路，气流经过鼻腔发出鼻音n。

山东人念an ian uan üan、en in uen ün时应特别注意收尾时一定要把舌尖抵在上齿龈后，练习时不妨有意地把韵尾 n 发得清楚、拖长一点，以养成发n韵尾的习惯。

在字的归类方面，除了本节开头所提到的问题以外，还有以下特殊现象需要注意辨别、纠正。

1. 东莱区所有市县和东潍区的平度把普通话uan、uen韵母拼d t n l、z c s声母的字（如"端存"）都读成了an en韵母，莱州、昌邑、潍坊、昌乐、高密、胶县、即墨、崂山、青岛、胶南等地是一些字读an en，一些字读uan、uen。因为普通话an、en韵母的字（如"丹岑"）在这些方言里也读an、en，所以两部分字混而不分。胶东地区的人需要根据普通话从方言的an、en韵母中分辨出uan、uen韵母的字来。

an、en和uan、uen辨音练习：

suànpán	zhànluàn	zhuǎnnuǎn	duǎnzàn
算盘	战乱	转暖	短暂

	běncūn	chénlún	cúngēn	lúndūn
	本村	沉沦	存根	伦敦

an、en 和 uan、uen 辨音字表

方韵 普声 韵	an	
	an	uan
d	①丹单~独担~心耽眈③胆掸④且但弹子~诞蛋淡氮担~子	①端③短④段缎锻断
t	①摊滩瘫坍贪②弹~琴坛檀谈痰潭谭	②团
n	②难~易男南④难灾~	③暖
l	②兰拦栏蓝篮婪③懒览揽榄缆	②滦孪②卵④乱
z	①簪②咱③攒④赞暂	①钻~探③纂④钻~子攥
c	①参~加餐②残惭蚕③惨④灿	①蹿④窜篡
s	①三③散~乱伞④散~会	①酸④算蒜

方韵 普韵 普　　声	en	
	en	u en
d		①墩敦蹲吨③炖④钝顿囤盾遁炖
t		①吞②屯臀④褪
n	④嫩	
l		①抡②仑伦纶轮④论
z	③怎	①尊遵
c	①参～差②岑	①村皴②存③忖④寸
s	①森	①孙③损笋

2．山东中南部一些地区把普通话 in 韵母拼 n、l 声母的字即"您邻磷鳞麟林淋琳临凛赁吝"读成了 en 韵母。由于普通话除"嫩"字读 nèn（山东话多读 nun 或 lun）外，n、l 声母不跟 en 韵母相拼，所以方言区的人只要把本方言 nen、len 音节中的 en 改为 in 就行了。

少数地区如沂水、诸城、五莲等在把"您邻"等读为 en 韵母的同时，还把普通话 in 韵母拼 b p m 声母的字（如"宾贫民"）也读成了 en 韵母，结果跟普通话的 en 韵字（如"奔盆门"）混同。有此现象的方言需要根据普通话从方言的 en 韵母中分辨出 in 韵母的字来。

en 和 in 辨音练习：

bīnfēn　　bēnpǐn　　rénmín　　pīnyīn
缤纷　　　本品　　　人民　　　拼音

en和in辨音字表

普声 方韵 普韵	en	
	en	in
b	①奔～腾锛③本④笨 奔～头	①宾滨缤斌彬③殡④鬓
p	①喷②盆	①拼②贫频③品④聘
m	①闷～热②门们④闷 阿苦～焖	②民③敏抿泯闽悯皿
n	④嫩	②您
l		②邻磷鳞麟林淋 琳临凛赁吝

十·ang iang uang

正确发音

ang 清晰响亮的韵腹a和鼻音韵尾ng组合而成。例如普通话和山东话的"昂、帮、党、康"。

iang 由较轻短的韵头i加清晰响亮的韵腹a再加上鼻音韵尾ng组合而成。例如普通话和山东话的"央、娘、亮、想"。

uang 由较轻短的韵头u加清晰响亮的韵腹a再加上鼻音

韵尾 ng 组合而成。例如普通话和山东话的"王、光、矿、黄"。

鼻音韵尾ng的发音特点是软腭下降，鼻腔畅通，舌头后缩，舌根抬起抵住软腭，气流从鼻腔里出来。山东中、北部地区"袄、藕、暗"等字的声母就是 ng。

山东话的ang、iang、uang韵母，除了本节开头所提到的问题以外，在发音和字的归类上跟普通话没有其他重要的区别。

十一　　eng ong ing iong ueng

（一）正确发音

eng　由清晰响亮的韵腹 e 和鼻音韵尾 ng 组合而成。例如普通话和济南、烟台话的"风、灯、争、坑"。

ong　由清晰响亮的韵腹 o 和鼻音韵尾 ng 组合而成。例如普通话和济南、烟台话的"东、中、工、空"。

ing　由清晰响亮的韵腹 i 和鼻音韵尾 ng 组合而成。例如普通话和济南、烟台话的"英、冰、丁、青"。

iong　由较轻短的韵头 i 加清晰响亮的韵腹 o 再加上鼻音韵尾 ng 组合而成。例如普通话和济南、烟台话的"穷、凶、兄、用"。

ueng　由较轻短的韵头 u 加上清晰响亮的韵腹 e 再加上鼻音韵尾 ng 组合而成。例如普通话的"翁、瓮"。

（二）方音辨正

除了本节开头所提到的问题以外，关于eng ong ing iong ueng几韵，山东话还有以下特殊现象需要注意辨别、纠正。

1. 东潍区胶州湾周围青岛、崂山、即墨、胶县、高密、平度、安丘、诸城、胶南、五莲、日照把普通话eng－ong、 ing－iong 四韵合为二韵，或读为eng、ing、或读为ong、iong， 或读为介于二者之间的音。因此，这些方言区的人首先要在自己方言的基础上学会eng、 ing 或ong、iong的准确发音。eng、ing和ong、iong的差别在于eng、ing中的元音e、i 发音时唇形为扁平状，而ong、iong中的元音o、io发音时唇形为小圆状（o、io的实际音值接近于u、ü）， 明白了这一点，学会eng、ing或ong、iong 的发音是不难的。但要根据普通话从方言的两个韵母中分辨出eng、ong、ing、iong四个韵母的字来，是需要下一番功夫的。

eng、ing和ong、iong辨音练习：

| téngtòng
疼痛 | dōngfēng
东风 | lěngdòng
冷冻 | zhèngtǒng
正统 |
| dīngdōng
叮咚 | yīngxióng
英雄 | yìngyòng
应用 | xióngxìng
雄性 |

eng ing和ong iong辨音字表

方韵 　普韵 普声	eng或ong	
	eng	ong
b	①崩绷④蹦迸泵	
p	①烹②朋棚彭膨篷蓬澎③捧④碰	
m	②蒙朦檬盟萌③猛锰④孟梦	

f	①蜂峰锋风 疯枫封丰②冯逢缝~补③讽④奉凤缝裂~	
d	①登灯③等戥④凳凳邓	①冬东③董懂④洞桐冻栋动
t	②疼藤滕腾誊	①通②同桐铜童潼瞳③筒桶捅统④痛
n	②能	②农浓脓④弄
l	②棱③冷④楞	②隆窿龙聋 笼~子③拢垄陇 笼~统
g	①更变~耕羹庚③梗耿哽④更~加	①工功攻公蚣弓躬供~给恭宫③拱巩汞④共供~销贡
k	①坑	①空~话③孔恐④空~白控
h	①哼亨②恒衡横~竖④横蛮~	①烘哄~动轰②红虹宏洪鸿③哄~骗④哄起~讧
zh	①正~月征争挣筝睁蒸③整拯④正~反政症郑证	①中~国衷忠忠终钟③种~类肿④中打~仲重~要种~地众

ch	①称~呼撑②成城诚盛~饭呈程承乘惩橙澄丞③逞骋④秤	①冲~锋充舂 ②虫重~复崇④冲~我来
sh	①升生牲笙甥声 ②绳③省山东~胜剩盛兴~圣	
r	①扔仍	②绒容溶熔荣融茸③冗
z	①曾姓增憎④赠	①宗棕踪鬃 综~合③总④纵粽
c	②曾~经层④蹭	①匆葱囱聪②从丛
s	①僧	①松④宋送颂诵讼

普声 方韵 普韵	ing或iong	
	ing	iong
b	①冰兵槟③丙柄炳饼禀秉④并病	
p	①乒②平评萍苹屏瓶凭	
m	②明名铭茗酩鸣冥螟溟④命	
d	①丁钉~子叮盯②顶鼎④定铤腚 订钉~住	

t	①听厅汀②庭蜓亭停③挺艇	
n	②宁泞咛拧凝④宁～可佞	
l	②伶零龄铃玲 菱 凌 陵 灵③领 岭④令另	
j	①京鲸惊经茎荆精睛晶③井景颈警④竟境镜敬径竞净静	③窘迥
q	①轻氢倾青清蜻卿②擎情晴③顷请④庆亲～家	②穷琼
x	①兴～旺星腥猩②行进～刑型形③醒省反～④幸杏兴高～姓性	①兄凶匈胸②熊雄
零	①英应～该鹰婴樱缨鹦②迎盈营萤蝇嬴③影④映应～用硬	①庸拥雍③永泳咏勇涌蛹踊④用佣

2．山东部分地区如济宁、青岛、烟台等地的方言 把普通话ueng韵母的的字即"翁嗡瓮"读成了开口呼韵母ong，有此现象的方言应把这几个字改为带 u 韵头的合口呼韵 母ueng。

十二　－i（前）　－i（后）　er　ê

正确发音

－i（前）是用于 z c s 声母后面的舌尖元音韵 母。发－i

（前）时，双唇合拢成呈扁平状，舌头向前伸，舌尖靠近上齿背，气流从舌尖和上齿背的窄缝中通过。例如普通话和济南、济宁、烟台话的"资、雌、思"。

-i（后）　是用于 zh ch sh r 声母后面的舌尖元音韵母。发 -i（后）时，双唇合拢呈扁平状，舌尖比发 -i（前）时靠后，舌尖翘起靠近硬腭前部，气流从舌尖和硬腭前部的窄缝中通过。例如普通话和济南、青岛话的"支、齿、诗"。

er　是卷舌元音韵母。发 er 时，嘴半开、不圆，舌头不前不后，舌尖向硬腭方向卷起。注意 r 只是用来表示卷舌的符号，不是说先发完了 e 再发 r，er 还是一个单元音韵母，例如普通话和济南、济宁、青岛、烟台话的"儿、耳、二"。

ê　发 ê 时，嘴张开（比 a 略小）、不圆，舌头向前伸，舌尖抵住下齿背。普通话中只有叹词"欸"读这个韵母。山东话中"摆、带、来、盖"等字的韵母就是 ê。

山东话的 -i（前）、-i（后）、er、ê 韵母，除了本节开头所提到的问题以外，在发音和字的归类上跟普通话没有重要的差别。

第五节　山东人怎样学习普通话声调

一　调值

（一）正确发音

阴平调　即第一声。调值为高平型 55，由最高音 5 度延长而成。发音点是高而平。例如普通话的"阿、衣、乌、迂"。

阳平调 即第二声。调值为中升型35，由中音3度开始上升到最高音5度，发音特点是先低后高。例如普通话的"鹅、移、吴、鱼"。

上声调 即第三声。调值为低降升型214，由半低音2度开始下降到最低音1度，然后从1度上升到半高音4度，发音特点是先降后升。例如普通话的"藕、椅、五、雨"。

去声调 即第四声。调值为全降型51，由最高音5度开始一直降到最低音1度，发音特点是先高后低。例如普通话的"饿、意、务、玉"。

（二）方音辨正

普通话阴平调的字在山东话里除了烟台、福山、栖霞、海阳一线及其以东地区读成降调外，全省其他地区读作跟普通话上声调值类似的降升调，没有地方读作普通话那样的高平调。

普通话阳平调的字在山东话里除了长岛、蓬莱、龙口、荣城、乳山、枣庄、苍山、郯城读成跟普通话阴平调值类似的高平调以及没有阳平调的方言外，全省其他地区均读作由最高音降到中音的53或近似53的高降调，没有地方读作普通话那样的中升调。

普通话上声调的字在龙口、栖霞、海阳一线及其以东地区读作跟普通话上声调值214近似的降升调，在沂源、沂南、莒南、平邑、费县、滕州、微山、枣庄、苍山、郯城、莱阳读作跟普通话阳平调值35近似的中升调，全省其他地区均读作跟普通话阴平调值55近似的高平调。

　　普通话去声调的字除了没有去声调的方言外，在烟台、威海、福山、栖霞读作跟普通话阴平调值55近似的高平调，在文登、荣城、乳山读作升调，在牟平读作先升后降的升降调，在招远、海阳读作前低后高的降升调，在武城、高唐、茌平、平阴、宁阳、泗水、平邑、费县、莒南--线及其以西、以南地区（冠县、嘉祥、滕州、微山、枣庄除外）读作前高后低的降升调，全省其他地区（包括冠县等）读作较低的降调，跟方言阳平调的高降有区别，没有读作普通话那样的全降调的。

　　由上可见，除了半岛东端地区的上声调值跟普通话相同外，山东话的其他调都念得不准确，需要纠正。由于山东各地方言的的调值往往跟普通话的调值存在一些交叉对应的关系，如：

	济南、青岛话	普通话	例字
阴平	214	55	姑妈
上声	55	214	古马

	枣庄、苍山话	普通话	例字
阴平	214	55	衣初
阳平	55	35	移锄
上声	35	214	椅楚

因此，山东人可以利用自己方言原有的调值来练习普通话的调值发音，例如济南人可以用济南话的阴平调值214来念普通话的上声字，而用济南话的上声调值55来念普通话的阴平字；枣庄人可以用枣庄话的阴平调值214来念普通话的上声字，用枣庄话的阳平调值55来念普通话的阴平字，用枣庄话的上声调值35来念普通话的阳平字。

　　但是，普通话的去声调值51在山东各地方言里都没有，这就只有现学了。不过山东话一般都有高降调或低降调，其调型跟普通话的全降调相似，只是山东话降的坡度小一点，普通话降的坡度大一点（从最高音降到最低音），山东人可以在自己方言原有调值的基础上略加改动来练习普通话去声调值的发音。有高降调的方言可以在原来的末尾再往下降一点，如济宁话"移" i⁵³──→普通话"意" i⁵¹；有低降调的方言则可以在原来的开头再提高一点，如枣庄话"意" i³¹──→普通话"意" i⁵¹。有些方言既有高降调又有低降调，因此，从方言高降调的开头一直降到方言低降调的末尾就成了全降调，如济南话"移" i⁵³＋"意" i³¹──→普通话"意" i⁵¹，青岛话"局" ju⁵³＋"玉" ü³¹──→普通话"踞" ju⁵¹。

　　普通话的阳平调值35，除了沂源、沂南、莒南、费县、平邑一线及其以南地区和莱阳把上声字如"椅楚"念作近似35的中升调外，山东其他地方没有此调值。由于这些方言里往往连跟普通话阳平35的调型相似的上升调也没有，所以学起来比学去声调值更难一些。这只有多加模仿、体会，反复练习，才能学好。

二　　调类

　　调类方面，多数字的归类在山东话和普通话里是一致的，但有一部分字的归类山东话和普通话不同，山东各地方言之间也有所差异。下面以方言调类数目为序介绍各地方言调类及其具体的字与普通话的差异，并指出纠正的办法。

（一）五个调类的方言

利津、邹平、章丘各有阴平、阳平、上声、去声、入声五个调类，比普通话多出一个入声调。利津等读阴平、阳平、上声、去声的字在普通话里也读阴平、阳平、上声、去声，利津等读入声的字在普通话里分别读作阴平、阳平、上声、去声。因此，利津等地的人应该将本方言读入声调（调值近似中平33）的字根据普通话分归到阴平、阳平、上声去声四调中去。至于这些字具体应归进普通话的哪个调，可参看本节所附"古代入声调在普通话里的读音表"。

（二）四个调类的方言

山东绝大多数的方言是四个调类。但同是四个调类的方言各调所含的具体字有所不同，可分为以下五种情况。

1. 昌邑、安丘、临朐、青州、沂水、五莲、胶南一线及其以东的有阴平、阳平、上声、去声四个调的方言，其读阴平、阳平、去声的字在普通话里也读阴平（东莱区有例外，详下）、阳平、去声，其读上声的字在普通话里除了大部分仍读上声外，小部分（即古代清声母入声字）分别读作阴平、阳平、去声，因此，这些方言应该将本方言读上声调的部分字根据普通话分归到阴平，阳平、去声三调中去。至于究竟有哪些字需要从上声调中分离出去，并分别归进哪个调里去，可参看本节所附"古代入声调在普通话里的读音表"。

除龙口、蓬莱、长岛外的东莱区方言的阴平调中有一部分字普通话读阳平，其中的常用字有：

挪箩磨～刀骡螺拿芽于爷模炉芦梧驴鱼渔来埋泥犁媒雷

离儿宜移眉梨疑毛熬苗描饶摇谣窑留榴柔揉牛由油南蓝廉镰炎盐阎檐严淋难颜绵棉连联延眠年研缘沿原源援鳞人门匀纹蚊忙芒狼昂凉量_{动词} 梁粱羊杨扬凝蝇鸣迎名盈嬴零铃脓融浓容

不难发现这些字大多为 m、n、l、r 声母的字，而普通话阴平调中只有个别的 m、n、l、r 声母字（如"妈猫捏拉扔"），因此，有此现象的方言应将本方言阴平调中的绝大部分 m、n、l 声母（这些方言无 r）字改读为阳平调。至于方言读零声母的阴平字中有哪些是普通话读阳平的则只有死记了。

2. 乐陵、宁津、陵县、德州、武城、夏津、禹城、济南、泰安、新泰一线及其以南的西齐区方言和东潍区的沂源、蒙阴、沂南方言有阴平、阳平、上声、去声四调，其读阳平、上声、去声的字在普通话里也读阳平、上声、去声，其读阴平的，在普通话里除了大部分仍读阴平外，小部分（即古代清声母入声字）分别读作阳平、上声、去声。因此，这些方言应该将本方言读阴平调的部分字根据普通话分归到阳平、上声、去声三调中去。至于究竟有哪些字需要从阴平调中分离出去并分别归进哪个调里去，可参看本节所附"古代入声调在普通话里的读音表"。

3. 沾化、庆云、阳信、滨州、惠民、商河、临邑、平原、济阳、广饶、寿光、昌乐、潍坊、莒县、莒南、日照有阴平、阳平、上声、去声四调，其读阳平、去声的字在普通话里也读阳平、去声，其读阴平、上声的字在普通话里除了大部分仍读阴平、上声外，小部分（即古代清声母入声字）分别读作上声／阴平、阳平、去声。因此，这些方言应该将本方言读阴平、上声调的部分字根据普通话分归到上声／阴平、阳平、去声中去。至于究竟有哪些字需要从阴平、上声调中分离出来并分别归进哪个调里去，可参看本节所附"古代入声调在普通话里的读音表"。

4．西鲁区所有方言有阴平、阳平、上声、去声四调，其读阳平、上声、去声的字在普通话里也读阳平、上声、去声，其读阴平的字在普通话里除了大部分仍读阴平外，一部分（即古代清声母入声字）分别读作阳平、上声、去声，一部分（即古代次浊声母入声字）读作去声。因此，这些方言应该将本方言读阴平调的部分字根据普通话分归到阳平、上声、去声三调中去。其中方言读阴平的m、n、l、r声母字绝大部分（即古代次浊声母入声字）应归入普通话的去声，至于其他还有哪些字需要从阴平调中分离出去并分别归进哪个调里去，可参看本节所附"古代入声调在普通话里的读音表"。

5．淄博、桓台二地有阴平、上声、去声、入声四调，比普通少一个阳平调，多一个入声调。普通话读阳平的字，淄博、桓台读上声；淄博、桓台读入声的字，普通话分别读作阴平、阳平、上声、去声。因此，淄博、桓台方言应该将本方言读入声调（调值近似中平·33）的字根据普通话分归到阴平、阳平、上声、去声四调中去，至于这些字具体应归进普通话的哪个调，可参看本节所附"古代入声调在普通话里的读音表"。

此外，还应将本方言读上声调的字根据普通话分为阳平、上声二类。

阳平和上声辨音练习：

98

xuéxí	wénmíng	píngděng	tóngzhì
学习	文明	平等	同志
yǔsǎn	shǒubiǎo	zhǔrén	tǒngzhì
雨伞	手表	主人	统治

因普通话中阳平、上声字太多，略去辨音字表，读者可参阅有关字典。

（三）三个调类的方言

山东半岛部分地区和中北部从无棣到莱芜一线的部分地区只有三个调类。三个调类的方言有以下三种类型：

1. 烟台、威海、福山、栖霞、海阳、莱西、即墨、崂山有阴平、上声、去声三调，比普通话少一个阳平调。其读阴平的字在普通话里也读阴平（东莱区有例外，详下），其读上声的字在普通话里除了大部分仍读上声外，小部分（即古代清声母入声字）分别读作阴平、阳平、去声，其读去声的字在普通话里分别读作阳平、去声。因此，这些方言应该将本方言读上声调的部分字根据普通话分归到阴平、阳平、去声三调中去。至于究竟有哪些字需要从上声调中分离出去并分别归进哪个调里去，可参看本节所附"古代入声调在普通话里的读音表"。

此外，还应将本方言读去声调的字根据普通话分为阳平、去声二类。

阳平和去声辨音练习：

máolǘ	yínháng	xuéxiào	wèntí
毛驴	银行	学校	问题
shèhuì	shòuqì	yuèqiú	wénzì
社会	受气	月球	文字

99

　　因普通话中阳平、去声字太多，略去辨音字表，读者可参阅有关字典。

　　烟台、威海、福山、栖霞、海阳、莱西等东莱区方言的阴平调中有一部分字（多为 m、n、l 声母）普通话读阳平，情况同东莱区除龙口、蓬莱、长岛外的四个调类的方言，参看96－97页。

　　2. 莱州、平度二地有阴平、阳平、上声三调，比普通话少一个去声调。其读阴平的字在普通话里除了一部分仍读阴平外，另一部分读作去声；其读阳平的字在普通话里除了一部分仍读阳平外，另一部分读作去声；其读上声的字在普通话里除了大部分仍读上声外，小部分（即古代清声母入声字和部分次独声母入声字）分别读作阴平、阳平、去声。因此，莱州、平度方言应该根据普通话将本方言的阴平分为阴平、去声二类，将阳平分为阳平、去声二类，将上声的部分字分归入阴平、阳平、去声。方言读上声而普通话读阴平、阳平、去声的字可参看本节所附"古代入声调在普通话里的读音表"。

　　阴平、阳平和去声辨音练习：

gōngzī	fēngfù	tiāndì	kuàichē
工资	丰富	天地	快车
yúmín	xuéxiào	pídài	wèiténg
渔民	学校	皮带	胃疼
shìjiè	mùbiāo	dìtú	nóngjù
世界	目标	地图	农具

　　3. 无棣、高青、博兴、莱芜有阴平、上声、去声三调，比普通话少一个阳平调。无棣、高青、博兴方言读阴平的字在普通话里多数也读阴平，少数（即部分古代清声母入声

字）分别读作阳平、上声、去声；方言读上声的字在普通话里一部分也读上声，一部分（即古代浊声母平声字和全浊声母入声字）读作阳平，少数（即部分古代清声母入声字）分别读作阴平、阳平、去声；方言读去声的字在普通话里也读去声。

莱芜方言"出革笔克"等字（即古代清声母入声字）都读阴平，故其读阴平的字在普通话里除了大部分仍读阴平外，小部分分别读作阳平、上声、去声；其读上声的字在普通话里分为阳平、上声二类；其读去声的字在普通话里也读去声。

无棣、高青、博兴、莱芜方言读阴平（或上声）而普通话分读上声／阴平、阳平、去声的字参见本节所附"古代入声调在普通话里的读音表"。

附　古代入声调在普通话里的读音表

说明：本表收常用的古代清声母和次浊声母入声字，按普通话的"调——韵——声"序排列。古代全浊声母入声字在山东话里读阳平（无阳平的方言随古代浊声母平声字归上声或去声），跟普通话一致，故不收。

阴平 55	只一～织汁吃虱湿失逼劈～开滴剔踢激缉通～击积唧七柒漆沏缉～鞋口吸夕熄惜息蟋蜥晰析膝锡一壹扑督秃突凸窟哭忽出叔屋屈曲弯～蓿八捌发出～搭答～应塌拉垃哈～腰扎包～插杀扎～辫子咂擦撒～手夹～子掐瞎押鸭压刮刷挖拨剥～副泼摸托讬脱将郭豁卓桌捉拙戳说作～坊撮

101

	勒~索搁胳疙割鸽磕 喝 蜇~人鳖 憋 撇~开 跌 贴 捏 揭 结~果子接疖切~开歇蝎楔噎 缺 薛 削剥~ 约 拍 摘 拆 塞瓶~儿勒~紧黑剥~皮儿着~急雀~子削切~粥
阳平 35	执职识的~确级吉急疾即棘脊~梁媳拂福幅~员蝠辐骨~头竹烛足卒菊鞠桔笤~复瘩轧~钢扎挣~札察砸夹~裤荚博搏驳伯膜掇国酌灼琢啄得~到德格阁蛤~蜊革隔葛纠~咳壳果~貉折~断哲辙蜇海~则责洁劫睫节结拮诘胁决诀厥爵脚~色馕攥觉感~角~逐没~有
上声 214	尺笔匹劈~柴给供~脊山~乙朴幅~儿骨~肉谷嘱辱曲歌~法塔哈姓眨撒~种甲抹索葛姓渴恶~心撇一~铁帖血出~雪百柏窄色~儿北得~去给~你郝脚手~角三~
去声 51	质窒蛭斥赤叱式室释适饰必壁璧毕碧 辟复~僻辟开~秘泌惕鲫绩寂迹泣讫戚隙益邑忆亿抑噎不腹复覆酷祝筑触畜家~束促簇肃速宿粹畜~牧蓄恤发理~踏栅诧煞萨卅恰洽吓~唬轧~棉花迫魄阔括扩廓 霍绰硕作工~错握沃各克客刻赫吓威~这渐撒彻设摄侧厕测册策侧塞闭~涩色~彩瑟啬扼鄂恶~劣怯切一~窃泄遏却确雀麻~鹊血~压率~领蟀觉睡~壳地~
	（以下适用于西鲁区和莱州、平度）日密蜜匿弱逆力立粒笠栗沥历厉亦役疫逸翼译轶幕木目牧睦苜鹿辘碌陆戮褥入物勿率效~律绿氯育域浴欲吁玉狱纳捺呐辣瘌蜡腊划计~袜末沫茉莫漠默墨没沉~寞诺洛络骆落或惑获弱若乐快~热灭蔑镊列烈裂猎劣叶页业虐疟略掠悦阅越粤跃月乐音~岳麦脉肋烙酪药钥肉六

第六节　　山东人怎样学习普通话
变调、轻声、儿化

以上几节讲山东人学习普通话声母、韵母、声调的问题，是就单独地发这些音而言的。但我们在实际说话时，总是一连串一连串地发出音来的。在连续发音时，为了使成串的词句发音方便、流畅、悦耳，有的音会产生一定的变化，即在具体的词句里的读音跟单独念的时候有所不同，这就是"音变"。音变是语音系统的重要特征之一。学习一个语音系统，如果只能念准其声母、韵母、声调，只能念准一个单独的字音，而不掌握其音变规律，说出来的话虽然"字字都对"，但必定显得不自然、不地道。因此，我们学习普通话语音除了学好声母、韵母、声调以外，为了进一步提高普通话水平，还应该学习音变。普通话的音变主要包括变调、轻声和儿化，山东话也有这几种音变现象，但二者的具体音变规律有差异。不过，山东人如果能说好普通话的各个声母、韵母、声调，在连续发音时一般就能自然而然地放弃方言的音变规律，问题就在于其普通话音变说得好不好了。因此，下面主要介绍一下普通话语音中的变调、轻声和儿化现象，同时也跟山东话作些简要的比较。

一　变调

变调是指有的声调在一定的成串的词句中变得跟单念的

103

时候不一样。例如普通话的"雨"单念yǔ，但在"雨水"这个词里变成了yú，跟"鱼"同音，"雨水"也就跟"鱼水"同音了。

普通话的变调规律主要有以下三条：

1．上上相连，前上变35

两个上声字相连，前一个上声字变成中升调3ˊ，跟阳平调值一样；后一个上声字保留原调值不变。例如：

美好mei²¹⁴hao²¹⁴→mei³⁵hao²¹⁴（同"梅好"）

洗脸xi²¹⁴lian²¹⁴→xi³⁵lian²¹⁴（同"习脸"）

百米bai²¹⁴mi²¹⁴→bai³ˊmi²¹⁴（同"白米"）

2．上声在阴平、阳平、去声前，上声变21

上声字和阴平、阳平、去声字相连，前面的上声字变成降调21，普通话单念的调里没有这个调值，人们一般叫它"半上"；上声后面的阴平或阳平或去声字保留原调值不变。例如：

北京bei²¹⁴jing⁵⁵→bei²¹jing⁵⁵

语言yu²¹⁴yan³⁵→yu²¹yan³⁵

马路ma²¹⁴lu⁵¹→ma²¹lu⁵¹

3．去去相连，前去变53

两个去声字相连，前一个去声字变成高降调53，普通话单念的调里没有这个调值，人们一般叫它"半去"，后一个去声字保留原调值不变。例如：

会议hui⁵¹yi⁵¹→hui⁵³yi⁵¹

重要zhong⁵¹yao⁵¹→zhong⁵³yao⁵¹

迅速xun⁵¹su⁵¹→xun⁵³su⁵¹

此外，数词"一"yi⁵⁵在去声字前变35（同阳平），在阴平、阳平、上声字前变51（同去声）；数词"七"qi⁵⁵、"八"ba⁵⁵在去声字前既可以变35（同阳平），也可以

不变调；否定副词"不"bu⁵¹ 在去声字前变 35（同阳平）
例如：

一个yi⁵⁵ge⁵¹→yi³⁵ge⁵¹（同"移个"）

一张yi⁵⁵zhang⁵⁵→yi⁵¹zhang⁵⁵（同"义张"）

一回yi⁵⁵hui³⁵→yi⁵¹hui³⁵（同"义回"）

一本yi⁵⁵ben²¹⁴→yi⁵¹ben²¹⁴（同"义本"）

七个qi⁵⁵ge⁵¹（或）→qi³⁵ge⁵¹（同"其个"）

八个ba⁵⁵ge⁵¹（或）→ba³⁵ge⁵¹（同"拔个"）

不去bu⁵¹qu⁵¹→bu³⁵qu⁵¹

由上可见，普通话的变调现象主要限于多音节词语中的前面的音节，主要限于上声、去声音节和个别数词、副词，规律不算复杂，所以掌握起来并不太难。山东话由于声调比较少（多数为四个，少数为三个或五个），因而变调现象也比较简单，并且也往往只限于多音节词语中的前面的音节。所以，山东人学习普通话的变调只要在掌握上述普通话变调规律的基础上多加练习、模仿，是比较容易学好的。

二　轻声

轻声是指有的音节在一定的成串的词句中失去单念时的调值，变成一种又轻又短的调子。例如普通话的"头"单念tou³⁵，但在"石头"这个词里变成了声调又轻又短的tou（《汉语拼音方案》规定轻声不标调）。

轻声一般发生在词语中的后面的声节。在普通话里经常读轻声的成分有以下几种：

1. 口语中部分常用双音节名词、动词、形容词的后一个音节，例如：

先生　　大夫　　太阳　　月亮　　风筝　　骆驼
钥匙　　耳朵　　玻璃　　扫帚　　萝卜　　关系　　分量
事情　　打扮　　应付　　招呼　　客气　　清楚　　舒服
痛快

2．后缀"子、头"和词尾"们"，例如：
桌子　　凳子　　房子　　本子　　点子　　拳头　　木头
上头　　外头　　看头　　我们　　　同学们　　老人们

3．重叠式名词、动词的后一个音节，例如：
奶奶　　爸爸　　妹妹　　星星　　看看　　听听　　试试
商量商量　　拾掇拾掇　　锻炼锻炼

4．名词后的部分方位词，例如：
天上　　墙上　　桌子上　　床底下　　箱子里

5．动词后的趋向动词，例如：
过来　　拿来　　送去　　出去　　爬上来　　夺回来

6．助词，例如：
他的　　卖菜的　　慢慢地　　高兴得　　拿着　　走了
快了　　去过　　唱啊　　说嘛　　好吧　　你呢　　没啦

轻声也可以认为是变调的一种，不过轻声跟一般的变调还有所不同。变调一般不影响到声母、韵母，但轻声在声调变轻、变短的同时，还常常引起声母、韵母产生一些变化，例如送气声母常变为不送气声母：糊涂 hú tú ──→hú du；韵

106

腹常变为e：棉花mián huɑ——→mián hue。此外，变调一般无区别词义的作用，而有些词读轻声与非轻声有区别词义的作用，例如"兄弟"读xiōng dì包括哥哥和弟弟，读xiōng di则光指弟弟。

山东话里也有比较丰富的轻声现象，并且山东话习惯上读轻声的成分跟上述普通话的情况也差不多，所以山东人学习普通话的轻声并不难。不过要想把普通话的轻声学得地道，还得多加模仿、练习轻声音节乃至整个轻声词的整体发音。

三　儿化

儿化是指有的音节发音时在原韵母后加上一个卷舌动作，使韵母变成卷舌韵（亦即"儿化韵"）。例如普通话的"花"单念huɑ，儿化后变成了"花儿"huɑr（《汉语拼音方案》规定儿化韵在韵母后加r表示）。

普通话有儿化现象的词主要是名词，也有少数其他词，例如：刀儿、小鸡儿、小狗儿、玩儿、好好儿、顺便儿。

普通话的儿化在原韵母后加上卷舌动作的同时，多数韵母由于原来的发音与卷舌音连读不大协调，因而原韵母内部产生了一些变化，少数韵母没有变化。具体情况如下：

1. 音节末尾是u、ɑ、o、e的韵母，由于u、ɑ、o、e卷舌方便，就在原韵母末尾直接卷舌，例如：

u→ur	眼珠儿	小树儿
ɑ→ɑr	哪儿	小马儿
iɑ→iɑr	芽儿	人家儿

ua→uar	刷儿	裙儿
o→or	末儿	山坡儿
uo→uor	活儿	被窝儿
e→er	小盒儿	方格儿
ie→ier	碟儿	台阶儿
üe→üer	木橛儿	丑角儿
ao→aor	刀儿	小草儿
iao→iaor	鸟儿	面条儿
ou→our	扣儿	小猴儿
iou→iour	小牛儿	抓阄儿

2．i、ü二韵由于是前高元音，卷舌不方便，儿化时变为 ier、üer，例如：

i→ier	玩意儿	小鸡儿
ü→üer	金鱼儿	有趣儿

3．韵尾是 i、n 的韵母，由于 i 不便卷舌，n 是辅音不能卷舌，所以儿化时去掉 i、n 韵尾，由原韵腹卷舌（如果韵腹为 i、ü需在后面加 e）例如：

ai→ar	盖儿	小孩儿
uai→uar	一块儿	乖乖儿
ei→er	辈儿	刀背儿
uei→uer	腿儿	麦穗儿
an→ar	干儿	花篮儿
ian→iar	尖儿	一点儿
uan→uar	丸儿	小船儿
üan→üar	圈儿	烟卷儿
en→er	本儿	门儿

in→ier　　劲儿　　脚印儿

uen→uer　　棍儿　　没准儿

ün→üer　　云儿　　一群儿

4.韵尾是ng的韵母，由于ng不能卷舌，儿化时要去掉ng韵尾，由原韵腹鼻化并卷舌（如韵腹为i、ü需在后面加〔ə〕），例如：

ang→〔ãr〕　　缸儿　　药方儿

iang→〔iãr〕　　亮儿　　腔儿

uang→〔uãr〕　　窗儿　　小王儿

eng→〔ə̃r〕　　凳儿　　绳儿

ing→〔iə̃r〕　　影儿　　花瓶儿

ueng→〔uə̃r〕　　小瓮儿

ong→〔ũr〕　　小虫儿　　没空儿

iong→〔yə̃r〕　哭穷儿　　小熊儿

5.－i（前）、－i（后）二韵由于是舌尖元音，发音与卷舌音冲突，儿化时全变为er，例如：

－i（前）→er　　字儿　　爪子儿

－i（后）→er　　事儿　　树枝儿

儿化能表示喜爱、亲昵或诙谐等感情色彩，有的还能区别词义，例如"信"xìn指信件，"信儿"xìnr则指消息。

山东话也有儿化。山东话儿化的词类和作用跟普通话大体一样，在儿化的语音变化方面，有些方言（如济南）跟普通话差不多，有些方言则比较特殊、复杂。例如中、西部一些地区（如诸城、五莲、金乡）d t n l 声母的音节儿化时，除了在韵母后加卷舌动作外，还在原声、韵母之间加上一个滚音〔r〕，如"豆"dou→"豆儿"drour；金乡方言z c s

109

声母的音节儿化后，声母由 z c s 变为 zh ch sh，如"卒"zu
→"卒儿"zhur；西部地区 ng 韵尾的音节儿化时，去掉 ng 韵
尾，由韵腹直接卷舌，不鼻化，如"汤"tang→"汤儿"
tar；中、南部一些地区（如淄博、平邑、定陶）则不象普通话和
大多数山东话那样通过在韵母后加卷舌动作来构成儿化，而
是通过改变原韵母本身的音值来表示类似儿化的意义，例如：

丝 si→sei（丝儿）　　　　　　事 shi→shei（事儿）

地 di→diei（地儿）　　　　　　主 zhu→zhui（主儿）

窄玉 yu→yuei（窄玉儿，斜玉旁）　得劲 jin→jiei（得劲儿）

上班 ban→be（上班儿）　　　　玩 wan→we（玩儿）

有以上这些现象的方言区的人学习普通话的儿化有一定的困
难，需要针对本方言的具体情况加以纠正、练习。（普通话
卷舌元音 er 的发音方法见 92 页）

附录　　山东人容易读错的字

山东人在学习普通话语音时，除了掌握以上几节所讲的
方音辨正的系统规律外，还应注意一些零散字（如"泥"、
"农"）的读音，因为这些字的读音在山东全省或部分地区
的方言里往往比较特殊。本表收录了山东话里的这些不成系
统的特殊字音。为节省篇幅，表中只列出某个字在山东话里
存在的特殊读法，不注明它们的通行地区。除调类特殊者用
小字注明该字的调类外，其他只标声韵母，不标声调。所收字
依普通话的"声——韵——调"序排列。

110

字	山东话	普通话	字	山东话	普通话
笔	bei	bǐ	堆	zui	duī
庇	pi	bì	突	du	tū
捕	ʋu	bǔ	吐呕~	tu 上声	tù
埠	pu	bù	他	ta 上声	tā
卑备贝	bi	bèi	它其~	tuo	tā
胞	Pao	bāo	踏	zha	tà
雹	ʋa	báo	态	tai 阴平	tài
抱	bu	bào	停	ting 去声	tíng
坯丕	Pei	pī	泥	mi	ní
仆~人	bu 上声	pú	腻	mi	nì
剖	Pao	pōu	奶	nan	nǎi
苹	pin	píng	鸟	miao	niǎo
灭蔑	nie	miè	嫩	lun、nun	nèn
买	man	mǎi	娘	nia 去声	niáng
卖	man	mài	农	nu	nóng
没	mu 阳平	méi、mò	弄	long、neng、nou	nòng
猫	mao 阳平	māo	乐快~	luo	lè
毛一~钱	mao 上声	máo	略掠	luo	lüè
某谋	mu	móu	淋	lun	lín
谬	niu	miù	龙	ling、liong	lóng
棉~花	niang	mián	垄	liong	lǒng
甫	pu	fǔ	刮~脸	kua	guā
佛~教	fu	fó	国	gui	guó
沸	fu	fèi	过	ge	guò
否	fao	fǒu	给~你	ji、qi 阳平	gěi

字	山东话	普通话	字	山东话	普通话
围	gun	guī	雪	xie	xuě
刚	jiang	gāng	朽	qiu	xiǔ
更耕五~	jing	gēng	迅讯	xin	xùn
客	qie	kè	象~话	qiang	xiàng
括	guo	kuò	贞侦	zheng	zhēn
楷	jie 阴平	kǎi	撞	chuang	zhuàng
恐~怕	pong	kǒng	触	zhu	chù
捆	qun	kǔn	产	san、shan	chǎn
还~有	huan、han	hái	惩	zhēng	chéng
获	hu、hui	huò	施	shi 上声	shī
或	hui	huò	匙钥~	chi	shi
含	hen	hán	殊	chu 阳平	shū
横	hun、hong	héng	蛇	sha	shé
济	ji 阴平	jǐ	摄	nie	shé
假放~	jia 上声	jià	摔	shui	shuāi
剿围~	chao 阴平	jiǎo	勺芍	shuo	sháo
酵	xiao	jiào	绍	shao 阳平	shào
津	jun	jīn	深伸	chen	shēn
俊	zun、jin	jùn	顺孝~	chun	shùn
渠璩	qu 阴平	qú	尚和~	chang	shang
去	qi	qù	瑞	sui、shui	ruì
全	qian	quán	褥	rou	rù
清	cun	qīng	囷润	yun	rùn
倾	qiong	qīn	足	ju	zú
薛	xie	xuē	族	cu	zú

112

字	山东话	普通话
组	zu阴平	zǔ
左	zuo去声	zuǒ
做	zu、zou	zuò
再	zai阴平	zài
在	zai阴平、dai	zài
邹	zhou	zǒu
咱	zen	zán
粽	jiong	zòng
赐	s-i	cì
侧	zhei	cè
踩	chai	cǎi
皲	qun	cūn
丛	ceng	cóng
俗	xu	sú
宿~舍粟肃	xu	sù
诉	song	sù
缩	shuo	suō
所	shuo	suǒ
随	cui	suí
髓	sun、xun	suǐ

字	山东话	普通话
嗽	suo	sòu
森	shen	sēn
损笋	xun	sǔn
生~炉子	shen	shēng
松~树嵩	Xiong	sōng
医	yi去声	yī
涯	ye	yá
爷~~	ye去声	yé
跃	yao	yuè
挨	ye	āi、ái
矮	ye	ǎi
右	rou	yòu
缘芫	yan	yuán
闻	yun	wén
孕	yin	yùn
忘望	mang	wàng

第二章　词　汇

第一节　词汇常识

词汇是一种语言、一种方言 或 一 部 作品、一个作家所
使用的词的总汇。例如：汉语词汇、济南方言词汇、《红楼
梦》的词汇、老舍的词汇等等。我们通常所说的词汇，不仅
包括词，也包括一些固定结构"语"在内，如成语、谚语、
歇后语等。当然，单个的词或语都不能称作词汇。

本节的词汇常识只介绍跟山东人学习普通话词汇有关的
部分。

一　词和语素

词是语言中有固定语音形式、能表示一定意义、可以用
来造句或单说的语言单位，语素则是语言中最小的语音和意
义的结合体，是构词成分。一个词可以由一个语素构成，例
如"人"；也可以由两个或两个以上的语素构成，例如
"人民"、"人民性"、"人民政府"。词和语素的主要区别
是词能独立运用而语素不能。例如上面说到的"人民"这个
词中的两个语素"人"和"民"."人"是语素也是词,而"民"
则只是语素而不是词，因为现代汉语中"人"能独立运用

而"民"则不能。

二　语素、词和音节

只有一个音节的语素叫单音节语素，例如"语"、"言"、"改"、"革"；由两个或两个以上音节构成的语素叫多音节语素，例如"玻璃"、"巧克力"、"阿司匹林"。现代汉语中以单音节语素占绝大多数。

单音节语素可以独立运用为词的叫单音节词，例如"天"、"马"、"走"、"好"、"三"；多音节语素独立为词或由两个及两个以上语素构成的词皆为多音节词。前者例如"玻璃"等，后者如"天空"、"玻璃钢"、"现代化""科学工作者"。现代汉语中以双音节词占绝大多数。

三　实语素和虚语素

有实在意义的语素叫实语素，例如"学"、"习"、"方"、"向"。没有实在意义的语素是虚语素，例如："阿（姨）"、"（椅）子"、"（石）头"等。

掌握实语素和虚语素的含义对了解词的构成很有帮助。在词中，实语素常常体现词的基本意义，叫做词根；虚语素只表示附加意义，叫做词缀（参见本节"四"）。山东话的虚语素跟普通话有许多明显的不同，这是山东人学习普通话要特别注意的。

四　单纯词和合成词

由一个语素构成的词叫单纯词。由两个或两个以上的语素构成的词叫合成词。合成词的构成可以分为三类：

1. 复合式　由实语素加实语素构成，其中又有并列式（如：开关、骨肉）、限定式（如：皮鞋、白糖）、补充式（如：说明、车辆）、支配式（如：要饭、司机）、陈述式（如：地震、年轻）等。

2. 附加式　由实语素加虚语素构成。在实语素前的虚语素叫前缀，如：阿姨、老虎、第一、初二，在实语素后的虚语素叫后缀，如：胖子、骨头、作家、温度、绿化；在实语素中间的虚语素叫中缀，如：来不及、对得起。

3. 重迭式　由两个相同的实语素重迭而成，如：奶奶、爸爸、偏偏、刚刚、往往。

第二节　山东话词汇特点举要

作为基础方言的山东方言词汇，有相当多的词语与普通话在词形、词义及用法方面是一致的。例如："天"、"马"、"有"、"红"、"十"等，当然，这部分词中跟普通话还存在着语音上的不同需要辨正。除此以外，山东话中又有许多跟普通话明显不同的词语，本节就是要通过这一类词与普通话的比较分析，来说明山东话词汇的一些特点。由于每一个词都有具体的说法，本节不可能一一介绍，因而只能着眼于能够总结出一定系统来的部分进行分析。

116

一 词的构成

（一）音节

就词的音节多少来看，现代汉语以双音节词占优势。但有一部分具体的词在不同方言中存在着音节多少的不同。分下面几种情况：

1. 普通话是双音节词，山东话是单音节词

烟台、威海、荣成、文登、乳山、牟平、海阳、栖霞、蓬莱、长岛、招远、龙口、莱阳等县市，一些关于亲属称谓、身体器官、日常用品等方面的常用词是单音节词。例如：

烟台话	普通话	烟台话	普通话
叔	叔叔	鼻	鼻涕
舅	舅舅	被	被子
牙	牙齿	梳	梳子
眼	眼睛	窗	窗户
泪	眼泪	镰	镰刀

2. 普通话是双音节词，山东话是三音节、四音节词，例如：

枣庄话	普通话	济南话	普通话
日子蚀	日蚀	眵麻糊	眼屎
月子蚀	月蚀	戒镏子	戒指
胡同子	胡同	苦楝子	楝树
门插栓	门栓	黑星星子	雀斑
汤匙子	汤匙	冻冻凌子	冰锥
土鳖子	土元	蛤蟆蝌蚪儿	蝌蚪

也有少量普通话单音节词而山东话是双音节、三音节或更多音节的。例如：

临沂话	普通话		文登话	普通话
帐子、幔子	雾		杏子	杏儿
霜雪	霜		猫子	猫
团鱼	鳖		黑瞎子	熊
脊梁	背		勒勒雕	雕

（二）同素异序

同素异序，指的是某些方言所使用的语素与普通话相同，意义也相同或相近，但语素排列次序不一样。此类方言词在山东东部比较多见，且多数限于双音节词。例如：

牟平话	普通话		牟平话	普通话
命性	性命		魂灵儿	灵魂
嚏喷	喷嚏		影踪儿	踪影
得获	获得		久长	长久
好喜	喜好		袖领	领袖
耍戏	戏耍		量比	比量
糊迷	迷糊		罕稀	稀罕
乐快	快乐		拉夺	夺拉

又如：

平度话	普通话		平度话	普通话
貌相	相貌		习练	练习
倒颠	颠倒		攒积	积攒
布摆	摆布		乱散	散乱
认承	承认		望盼	盼望

山东西部地区也有少量同素异序词，例如郯城话：山羊母儿（母山羊）、绵羊母儿（母绵羊）；新泰话：喊呼（呼喊），等等。

二 词义

从词义的角度来看，山东话有些词与普通话也存在差别。有的词形相同，词义范围不同；有的同一词形，所指又非同一事物。

（一）词义范围

同一词语，山东有些地方含义比普通话宽泛。常见的如：

词目	普通话	山东话（方言代表点）
婆	丈夫的母亲	兼指奶奶（牟平）
老爷	外祖父	兼指祖父（新泰）
外甥	姐妹的孩子	兼指外孙（济南、青岛、烟台）
鼻子	五官之一	兼指鼻涕（济南、聊城、菏泽）
茶	茶水	兼指白开水（临沂、平邑）
湖	被陆地围着的大片积水	兼指田野，如上地里干活叫"下湖"（临沂、枣庄、郯城）
炭	木炭通称	兼指煤（济南、潍方）
圈	猪圈、羊圈	兼指厕所（青岛、潍坊、诸城）
鳖	甲鱼	兼指乌龟（青岛、烟台、威海）
蛾	蛾子	兼指蝴蝶（青岛、烟台、威海）
听	用耳朵接受	兼指鼻闻（威海、牟平、荣城）

打仗　进行战争　　　　　兼指吵架、打架（济南、德州）

甜　　象糖和蜜的味道　　兼指淡（菏泽、梁山、利津）

宽、窄　面积大、小　　　兼指锅中水多、少，如：锅里的水
　　　　　　　　　　　　得宽点儿，窄了煮不开（牟平）

娶　　男子成亲　　　　　兼指女子出嫁（济南）

抓　　手抓　　　　　　　兼指刨（地）（淄博）

揍　　打（人等）　　　　兼指打碎物品（济宁）

赶　　驾御动物　　　　　兼指推（自行车等）（烟台、文登）

杀　　使人或动物　　　　兼指砍（树）（牟平）
　　　失去生命

死　　生物失去生命　　　兼指灯、火熄灭（青岛、烟台）

（二）同名不同义

其特点是：同一个词，普通话指甲事物，山东话指与之相关的乙事物。例如：

词目　　普通话　　　　山东话（方言代表点）

姑娘　　女儿　　　　　姑姑（聊城、巨野、泗水）

老爷　　外祖父　　　　祖父（泗水、邹县、平邑、苍山）

明天　　次日　　　　　早晨（潍坊、利津、青州、临朐）

包子　　一种发面带　　饺子（济南、枣庄、青州）
　　　　馅食品

芋头　　芋艿　　　　　白薯（济宁、临沂、曲阜、苍山）

三　特殊词

本节所谓特殊词是指山东话中的一部分跟普通话说法不同或普通话根本没有的词。实际上，前面从构词和词义两方面介绍的也是属于特殊词。这里主要从特殊词的造词方式及其产生原因作一些简单的分析。

（一）造词法不同而形成的特殊词

造词法指创造新词的方法。由于各地人民对同一事物的理解并不一样，就往往从不同的角度出发，运用不同的造词原料和不同的修辞方式，创造出不同的词来。山东话跟普通话由于造词法不同而存在的特殊词可以从以下三方面看：

1．描写法　通过对某些事物、现象的某一方面特征进行描写说明而形成新词的方法。例如：

普通话	山东话（方言点举例）
怀孕	重身（淄博）
	双身子（枣庄）
经纪	牙子（济南）
	跑街的（济宁）
卫生球	臭球（德州、枣庄、梁山）
闲谈	拉呱儿（济南、德州、烟台）
	闲砸牙（淄博）
行贿	送小篓儿（烟台、威海）
受贿	吃小篓儿（烟台、威海）
熊	黑傻子（牟平、文登）
	黑瞎子（济南、青岛、烟台）
	狗黑子（菏泽、枣庄）
马蜂	长脚蜂子（威海）

鸭子　　　　　扁嘴（潍坊、青州、诸城）

灰喜鹊　　　　长尾巴郎（青州）

同一事物，山东话和普通话都是采用描写法造词，但由于着眼点不同，也就产生了不同的词。例如：

普通话	山东话（方言点举例）
双胞胎	双棒儿（枣庄、平邑、郯城）
	双双儿（潍坊）
乌鸦	黑老鸹（枣庄、平邑）
	黑老娃子（烟台、牟平）
向日葵	朝阳花（济南、诸城、新泰）
	转向葵（德州）
	转株葵（聊城）
	向阳花（昌乐）
	转日莲（烟台、栖霞、文登）
	转悠葵儿（青岛，等）
	迎葵、照葵（枣庄、郯城）

2. 比喻法　用打比方的方法创造的词在山东话中相 当丰富，其中有的整个词就是一个完整的比喻，有的词中某一部分是比喻成分。例如：

普通话	山东话（方言点举例）
拳头	锤（诸城）
	鼓锤（莱阳）
	皮锤（枣庄、临沂、梁山）
耳屎	耳蛹儿（烟台、牟平）
肩胛骨	铁锨板子（文登）
	锨板子骨（烟台、龙口、牟平）

男少年	半桩子（烟台、龙口、牟平）
玉米	棒子（济南、德州、枣庄）
	棒槌子（淄博、临朐）
	棒棒儿（文登、牟平）
夜来香	懒老婆（新泰）
百足虫	草鞋底（青岛、烟台）
冰锥	辘轳锤（潍坊）
北斗星	勺星（潍坊）
	勺子星（枣庄、菏泽）
彗星	扫帚星（济南、青岛、德州）
流星	贼星（济南、青岛、烟台）
	天老鼠（诸城）
别字	叔伯字儿（潍坊、诸城、文登）

有的词，普通话和山东话都是采用比喻法造词，但由于用来打比方的事物不同，也会形成不同的词。例如：普通话"雀斑"，济南话"黑星星子"；普通话"连襟"，山东则有"两乔"（济南、德州）、"剖不断"（青岛、诸城）等多种比喻（参见本章第三节"词语对照"）。

3．拟声法　用方言的语音形式，对某种声音加以摹拟或改造，从而创制新词的方法。例如：

普通话	山东话（方言点举例）
喜鹊	山喳喳（聊城）
布谷鸟	嘎勾（新泰）
猫头鹰	咕咕喵儿（烟台）
斑鸠	咕咕（新泰）

（二）受客观环境因素影响而产生的特殊词

　　各方言区人们居住的地理条件不同，不同的自然环境制约着当地生产、经济的特点，由此产生了许多具有浓厚地方色彩的方言词。例如，沿海地区水产丰富，渔业、盐业和养殖业发达，长岛话中就有一大批这方面的特有词语。仅以鱼类名称来说，同是一种"鲐鱼"，长岛话有"瓣子鱼"、"摆夹子"、"八蝎虎"、"尖头鱼"、"大眼骡子"等五种说法，分别表示这类鱼的不同品种。

　　同样，山区地带野生植物、动物多，由此产生了大量与此有关的方言词语。例如位于沂蒙山区的平邑县方言中有许多关于中草药的名称：

平邑话	普通话	平邑话	普通话
花子	金银花	姜良子	二丑
瓜蒌鞭	连翘	拉拉秧	茜草
白蒿头	茵陈	车辙子棵	车前子
田麻棵	益母草	红娘子根	丹参

（三）受不同社会心理的支配而产生的特殊词

　　为避免因音因义而引起不愉快或不吉利的联想，各地区都有一些禁忌词语。例如：济南、青岛、淄博等地把"醋"叫作"忌讳"；长岛人叫"蒜"为"义和菜"，孩子夭折，烟台、威海一带叫"丢了"，郯城一带叫"跑了"，胶东的文登等许多地方，饺子煮破称"挣了"，馒头蒸裂了口称"笑了"，等等。

　　由于迷信或其他心理因素的影响，山东话中还有不少特殊词如：全省多数地方以"爷爷"、"老爷"和"奶奶"、"姥娘"等来称呼"太阳"和"月亮"（参见本章第三节"词语对照"），表示人们对"太阳"、"月亮"亲切而又敬惧的心理，旧时"黄鼠狼"被视为是一种神的化身而往往不直呼其名，烟台人称为"黄家"，淄博人则称"老福神"或"老邻舍家"；长岛渔民观察到鲸鱼出没的海域常有鱼群而可望丰收，因此长岛话称之为"老头儿"或"老福神"。再如：济南人称"花生"为"长果"（潍坊"长生果"）、称"雪珠"为"饭巴拉子"、称"拍马屁"为"舔腚"等，都是明显地反映了人们的爱憎。

（四）受特定人文历史影响而产生的特殊词

例如："理发师"，潍坊、诸城等地叫"代诏"。据说，是因为清时为改变汉人蓄发风俗，政府在各地专设人员奉诏进行剪发，潍坊一带的人就把理发的人叫作"代诏"，以后的理发铺也称为"代诏铺子"。再如，临沂、诸城等地称女青年为"识字班"。原来，解放初期，这些地方组织了各种类型的文化补习班，青年妇女班坚持较好，后来，"识字班"便成为青年妇女的同义语。平邑等地称女青年为"姐妹团"，也是在解放初期成立的各种团体组织背景下而形成的一个特殊词。

第三节 山东语与普通话常用词语对照

本节以中国科学院语言研究所《方言调查词汇手册》为基础，酌情补充在山东有特殊说法的常用词语，并删去山东话跟普通话说法相同的部分，共900余条，大体按意义分为11类：一 天时、地理、方位；二 亲属称谓、人品；三 身体、疾病、医疗；四 起居、动作；五 红白事；六 房舍、用品；七 服饰、饮食；八 动物、植物；九 农工商学各业、文体；十　性质、状态；十一　代词、副词、介词、量词。意义相近、相关的词排在一起。

　　各条都以普通话的说法打头，用《汉语拼音方案》注音。注音后列出该词在山东的说法。本字不详者用同音字代替，读音特殊者在右下角用小字注音，因各地音系不同，注音一般用汉字，如："甏音拔子"，例子中遇本条目，用"～"号代替。

　　因材料及篇幅所限，本节未能将每个词语在山东全省的所有说法及其所通行的各个县市尽数列出。通行地有目的地选取20个点作为代表，其中地市级的13个：济南、青岛、烟台、德州、聊城、菏泽、济宁、枣庄、临沂、泰安、淄博、潍坊、威海；县市级的7个：梁山、新泰、利津、诸城、莱阳、牟平、长岛。这些点的选择尽可能照顾到分布均匀及方言特点。每条方言词不论通行范围的大小，都只选择一个点作为该词通行地的代表，例如通行于全省范围或有济南在内的词，其通行地就为济南，如果只通行于包括青岛在内的山东东区，则写青岛，其余各点不再一一写出。通行地在方言词后圆括号内标出，除济宁一点写全称外，其余都用前字简写。

一　天时、地理、方位

太阳tàiyang　　　老爷爷儿（济）　　日头（青）　　老爷儿（德）　　老爷儿爷儿（聊）　　天兰帝儿（菏）　　太阳帝儿（济宁）　　太影（枣）　　爷帝儿（梁）　　老爷爷（新）

月亮yuèliang　　　月亮奶奶（德）　　月姥娘（聊）　　月明帝儿（济宁）　　月明（淄）　　月妈妈儿（潍）

126

·落 阴平 落娘儿（梁）   月么帝儿（利）   圆么帝儿（利）

日蚀rìshí   天狗吃日头（青）   天兰帝儿食的（菏）

　　日子蚀（潍）

月蚀yuèshí   天狗吃月亮（青）   月子蚀（潍）

北斗星běidǒuxīng   勺儿星（烟）   勺子星（菏）

　　勺星（潍）

启明星qǐmíngxīng   毛楞星（烟）

流星liúxīng   贼星（济）   天老鼠（诸）

彗星huìxīng   扫帚星（济）

风圈fēngquān   风铜链（聊）   雨铜链（聊）

　　风嘎拉（潍）   雨嘎拉（潍）   风圈链（新）

顶风dǐngfēng   顶头风儿（烟）   顶头风（济宁）

阴凉儿yīnliangr   背阴里儿（菏）   凉影儿（枣）

　　凉凉儿（梁）   阴凉儿窠儿（牟）

雾wù   雾露（济）   帐子（济宁）   幔子（临）

下雾xiàwù   下雾露（青）   放雾露（烟）

　　挂帐子（济宁）   上雾（枣）

霜shuāng   霜雪（济宁）

雪珠xuězhū   饭巴拉子（济）   饭布拉（青）

　　雪肠子（菏）   雪爽儿（济宁）   盐粒子（临）

　　雪爽子（诸）   雪豆儿（牟）

雪花儿xuěhuār   雪瓜子（诸）

霹雷pīléi   呱啦（济）   呼雷（青）   炸雷（菏）

雨点儿yǔdiǎnr   雨滴子（枣）   雨点子（诸）

·大雨dàyǔ   闯雨（潍）   麻线溜子雨（利）

·淋雨línyǔ   着雨（利）

雹子báozi　　　　　雹 音拔子（济）　　　　冷子（枣）

雨停了yǔtíngle　　　　住雨了（青）

风停了fēngtíngle　　　　煞风了（青）　　　　息风了（潍）
　　住风了（长）

冰bīng　　冻 音冬冻（济）　　冻凉（聊）　　凌（济宁）

冰锥bīngzhuī　　　　凌锥（济）　　　冻 音冬冻 凌子（济）
　　冰局凌（青）　　　　冰流子（烟）　　　　冷锥锥（聊）
　　琉璃嘎子（菏）　　　琉琉（枣）　　　　　琉璃（临）
　　龙嘴（淄）　　　　辘轴锤（潍）　　　　冷凉钻儿（牟）

发大水fādàshuǐ　　　发河水（烟）　　　　上黄水（菏）
　　发山水（潍）　　　闹河水（利）

地面儿dìmiànr　　　地肤上（烟）　　　溜地（枣）
　　漉地（枣）　　　　地肤皮（潍）

平地píngdì　　　泊地（烟）、　　　泊（牟）、

丘陵qiūlíng　　　土岗子（德）　　　高岗子（德）
　　岭地（枣）　　　山埠岭子（潍）　　　壋（牟）
　　壋地（牟）

肥沃地féiwòdì　　　壮地（菏）　　　拔籽粒地（临）
　　好地（牟）

贫瘠地pínjídì　　　孬地（聊）　　　薄地（枣）

土块儿tǔkuàir　　　坷垃（济）　　　土坷垃（青）
　　泥拉块儿（烟）　　泥疙瘩（烟）　　　坷垃块（德）
　　泥量块儿（牟）　　泥孤子（长）

土堆tǔduī　　　孤堆（济）　　　土塥堆（菏）

乱石堆luànshíduī　　石头巴乱子（淄）　石头碴子（牟）

鹅卵石éluǎnshí　　河流子儿（济）　　石头蛋子（青）

马姑蛋子（烟）　　老鸹枕头儿（菏）　老鸹儿枕头（济）

滑石蛋（枣）　　　摸漏蛋子（牟）

关口 guānkǒu　　　口子（烟）

灰尘 huīchén　　　灰（济）　　　垆土（济）　　土（济）

(尘土)飞扬 fēiyáng　　暴（济）　　重（烟）

河岸 hé'àn　　　河涯（烟）

泉眼 quányǎn　　　泉子（青）

采石场 cǎishíchǎng　　　石窝子（牟）　　　石坑（莱）

护城河 hùchénghé　　　城墙海子（菏）

白天 báitiān　　　白夜（济）　　白家（济）　白日（青）

白下（德）　　白一儿（聊）　　白夜里（泰）　　大

白夜（淄）

夜里 yèli　　黑夜（济）　　　黑价（聊）．　黑下（德）

夜来（枣）

早晨 zǎochén　　　早清音亲（济）　　早了（泰）

早起（烟）　　清音亲清（淄）　　清起来（梁）

上午 shàngwǔ　　　头午（济）　　　头晌午（济）

头半晌（烟）　　头晌儿（德）　　晌午音户（聊）

晌午（菏）　　头晌（潍）

中午 zhōngwǔ　　晌午（济）　　晌午头儿（青）　　正晌

午（聊）

下午 xiàwǔ　　过午（济）　　过午儿（青）　　下半晌（烟）

过晌儿（烟）　　后晌（菏）　　下半天（枣）

下晌（潍）　　下晌儿（威）

过晌午（利）　　吃儿晌儿（牟）

傍晚儿 bàngwǎnr　　　撩黑（德）　　合黑（聊）

129

傍黑天儿（聊）　　黄黑儿（聊）　　挨黑（菏）

临麻眨眼儿（淄）　乌马儿（利）　　傍傍黑儿（牟）

晚上 wǎnshàng　　　后晌（济）　　　下晚（青）

黑夜（烟）　　　昏上（聊）　　　黑家（菏）

黑来（枣）　　后晌黑儿（威）　　过晌黑儿（牟）

光黑儿（牟）　　　下黑儿（长）

今天 jīntiān　　　今明儿（济）　　　今儿（烟）

今儿个（德）　　今儿里（聊）　　今门儿（枣）

今每儿（临）　　今门（潍）

明天 míngtiān　　明儿（济）　　明儿里（聊）明儿个儿（聊）

明来（枣）　　明儿里（泰）　　早晨（潍）　　门儿（威）

大明日（长）

后天 hòutiān　　后日（烟）　　后儿（德）　　过明儿（聊）

过明（菏）　　后来（枣）

大后天 dàhòutiān　　大后日（烟）　　大过明儿（聊）

大过明（菏）　　外后儿（潍）

大大后天 dàdàhòutiān　　外后日（青）　　大外后日（烟）

大外后儿（潍）

昨天 zuótiān　　夜来（济）　夜里（聊）　夜儿每（济宁）

昨来（枣）　　夜儿（威）

前天 qiántiān　　前儿（济）　　前日（青）

前一儿（聊）　　前夜儿（菏）　　前每（济宁）

前儿日（泰）

大前天 dàqiántiān　　大前日（烟）　　大前一儿（聊）

大前夜儿（菏）　　大前儿里（济宁）

端午 duānwǔ　　单午（聊）　　五月单阳（利）

冬至dōngzhì　　过冬（青）

十一月shíyīyuè　　　冬月（烟）　　　冬至月（诸）

年底niándǐ　　年根子底下（利）

除夕chúxī　　年除日（潍）　　　年下（梁）

去年qùnián　　年时（济）　　　头年（德）　　　上年（临）
　　年上儿（威）

明年míngnián　　过年（济）　　　过年儿（烟）

这时候zhèshíhou　　这暂（德）　　　这当来（枣）　　　这霎儿
　　（潍）　　这空儿里（新）　　　这阵儿（牟）

那时候nàshíhou　　那当来（枣）　　　那暂（淄）　　　那空儿
　　里（新）　　捏阵儿（牟）

什么时候shénmeshíhou　　多暂（济）　　　么时候（德）
　　哪会儿里（聊）　　多暂晚儿（聊）　　　啥时候（菏）
　　啥会儿（济宁）　　多暂山（新）　　　多海儿（牟）

一会儿yīhuìr　　一霎儿（济）　　　没出歇（烟）
　　没眨干儿（烟）

一段时间yīduànshíjiān　　一盼子（济宁）　　　一崩子
　　（淄）

闰月rùnyuè　　闰音论 月（聊）

前些日子qiánxiērìzi　　先份儿（烟）

从前cóngqián　　在早（烟）　　　过来（聊）　　　先前（聊）
　　每儿来（枣）　　早日时（利）　　　早里时（利）
　　那山（新）

往年wǎngnián　　门年（聊）　　　在前（牟）

现在xiànzài　　眼时火（烟）　　　现大晚儿（聊）　　　眼时
　　（枣）　　脚底下（枣）　　　现今（牟）

将来 jiānglái　　　　赶明儿来（枣）

多长时间 duōchángshíjiān　　　　多时截（淄）

整天 zhěngtiān　　　成天价（烟）　　　焦天（梁）

整夜 zhěngyè　　　成夜价（烟）　　　一黑家（聊）　　　一黑
夜（利）　　　成宿价（牟）

每天 měitiān　　　朝天价（烟）　　　见天（聊）　　　天天天（牟）

每夜 měiyè　　　成宿价（烟）　　　成夜价（烟）

每年 měinián　　　见年（聊）　　　年年年（牟）

没空闲 méikòngxián　　　不拢过（潍）　　　不得闲（梁）

地方 dìfang　　　地处（济）　　　场儿（烟）　　　地场儿（烟）
地间儿（德）　　　地分儿（济宁）　　　窝儿（枣）
地窝（泰）　　　埝子（淄）　　　埝儿（潍）

什么地方 shénmedìfang　　　哪个场儿（青）　　　哪场儿（烟）
什么地处（德）　　　啥地方（菏）　　　什么地窝（泰）

这里 zhèli　　　这场儿（烟）　　　这窝儿（新）　　　这窝里（新）
这合儿（新）　　　这合门儿（新）　　　这拉块儿（牟）

那里 nàli　　　揑场儿（烟）　　　那窝儿（新）　　　那窝里（新）
那合儿（新）　　　那合儿门儿（新）　　　揑拉块儿（牟）

附近 fùjìn　　　四外周儿（烟）　　　跟前（聊）　　　一片儿（菏）
根儿记（菏）　　　边近儿（济宁）　　　近处（泰）
围近（潍）　　　近前（利）

周围 zhōuwéi　　　转遭儿（梁）　　　四外周儿（烟）

旁边 pángbiān　　　根下（青）　　　旁边个（菏）　　　近处（泰）
一半儿（威）

角落 jiǎoluò　　　旮旯儿（济）　　　角孤儿（烟）　　　潘隅首
儿（菏）　　　哈拉子（脚）　　　角孤落儿（牟）

132

中间zhōngjiān　　当中间儿（菏）　　当不间儿（菏）

　　当住央儿（潍）　　当央里（潍）　　当个中儿（威）

里面lǐmiàn　　里半儿（烟）

外面wàimiàn　　外半儿（烟）

左边zuǒbiān　　左半儿（烟）　　左半个儿（菏）

　　左一撇儿（诸）　　左一撇子（诸）

右边yòubiān　　右半儿（烟）　　右半个儿（菏）

　　右一撇儿（诸）　　右一撇子（诸）

上头shàngtou　　上半儿（烟）　　直上（淄）

下头xiàtou　　下半儿（烟）

后头hòutou　　脊梁后里（诸）

二　亲属称谓、人品

爸爸bàba　　达（济宁）　　爷（枣）　　达达（潍）

妈妈māma　　娘（济）　　娘娘（诸）

祖父zǔfù　　老爷（枣）

祖母zǔmǔ　　妈妈（青）　　婆（烟）

曾祖父zēngzǔfù　　老老爷（新）　　老太爷（牟）

曾祖母zēngzǔmǔ　　老太（牟）

伯父bófù　　大爷（济）　　大爹（烟）　　大大（胭）

伯母bómǔ　　大妈（烟）

叔叔shūshu　　大爹（青）　　二爹（青）　　爹儿（莱）

婶子shěnzi　　娘娘（诸）　　娘儿（莱）

弟弟dìdi　　兄儿（莱）

丈夫zhàngfu　　外头（菏）　　　汉子（牟）　　　汉们（长）

妻子qīzi　　家里（济）　　媳子（枣）

儿子érzi　　儿郎（烟）

儿媳érxí　　媳妇子（牟）

女儿nǚ'ér　　妮儿（聊）　　　闺娘（烟）　　　闺女子（诸）

女婿nǚxu　　姑爷（济）　女婿子（烟）　客（菏）　贵客（枣）

大伯子dàbǎizi　　大伯哥（利）　　　大伯头子（诸）

大姑子dàgūzi　大姑姐（烟）　姑姑子（利）　大姑姑子（利）

小姑子xiǎogūzi　　姑姑子（利）　　　小姑姑子（利）

姑姑gūgu　　姑（烟）　　妈妈（菏）　　姑娘（聊）

公公gōnggong　　老爷背称（利）

婆婆pópo　　老娘背称（利）

外祖父wàizǔfù　　老爷（济）　　外老爷（枣）

外祖母wàizǔmǔ　　老娘（济）　　老母（牟）

舅母jiùmǔ　　妗子（济）　　妗母（烟）　　妗妈（长）

连襟liánjīn　　两乔儿（济）　　割不断（青）　　连乔（青）　　两空（聊）　　一根檩（菏）　　对筋股（枣）　　两来拽（临）　　一条绳儿（潍）

外孙wàisūn　　外甥（济）　　外孙子（枣）

外孙女儿wàisūnnǔr　　外甥女（济）　　外甥闺女（济）

外甥wàisheng　　外甥子（枣）

外甥女wàishengnǚ　　外甥闺女（德）　　外甥闺娘（长）

老头儿lǎotóur　　老汉儿（潍）

老太太lǎotàitai　　老妈妈儿（济）　　老娘娘（淄）　　老妈儿（诸）

男孩儿nánháir　　小小儿（济）　　小嘶（淄）

小儿（梁）　　　小人儿（长）

女孩儿 nǚháir　　　小妮儿（济）　　　小嫚儿（青）　　　小妮

子（枣）　　妮子（淄）　　妮儿（梁）　　小闺女子儿（诸）

男少年 nánshàonián　　　半桩子（烟）

姑娘 gūniang　　大嫚儿（青）　　识字班（临）　　闺娘子（牟）

单身汉 dānshēnhàn　　　光棍儿汉（菏）　　　光棍汉子（菏）

光汉（牟）

老姑娘 lǎogūniang　　　老大嫚儿（青）　　　家姑老（枣）

老丫头（临）　　　老妮子（梁）　　　大闺娘 精儿（牟）

老生子 lǎoshēngzi　　　小老生儿（烟）　　　老生儿（济 宁）

耤渣儿（枣）　　　恋腚子（牟）

没儿没女的人 méi'érméinǚderén　　　孤老子（烟）

绝户头（枣）　　　绝户（梁）　　　孤老棒子（牟）

亲戚 qīnqi　　　亲亲（济）

邻居 línju　　　邻身家（德）　　　邻舍家（淄）

内行 nèiháng　　　行范（枣）　　　明家（牟）

外行 wàiháng　　　离巴头（济）　　　离巴（青）　　　离巴头

子（烟）　　　掠子头（枣）

半吊子 bàndiàozi　　　半青（济）　　　二把刀子（济）

固执的人 gùzhíderén　　　杠子头（烟）　　　犟筋头（枣）

犟孙（利）　　　犟铁头（牟）

冒失鬼 màoshīguǐ　　　楞头青（枣）

吝啬鬼 lìnsèguǐ　　　夹一头（梁）　　　小气毛子（新）

贱骨头 jiàngǔtou　　　贱才（烟）

犯贱 fànjiàn　　　主贱（烟）　　　讨下贱（烟）

脓包 nóngbāo　　　熊蛋包（烟）　　　熊包（临）

败家子bàijiāzǐ　　败坏头（济宁）　　　败乎头（枣）

懒汉lǎnhàn　　流荡鬼（枣）　　滑子（临）

地痞dìpǐ　　街痞（济）　　　街滑子（济宁）　　泥腿（利）
　　光棍（利）

扒手páshǒu　　俩夹儿（济宁）　　小溜摸（济宁）
　　赚赚子（枣）　　起手（潍）

强盗qiángdào　　老砸（聊）　　老搅（聊）　　混子（菏）
　　砸杠子的（利）

土匪tǔfěi　　红胡子（青）　　老缺（济宁）　　大马子
　　（济宁）　　光棍（新）

拦路抢劫lánlùqiǎngjié　　短道（烟）　　短路（枣）

下贱xiàjiàn　　下三烂（济）　　贱才（烟）　　下三儿
　　（枣）下四 又音次 赖（牟）

性格xìnggé　　体性（烟）　　性体（牟）

三　身体、疾病、医疗

头顶tóudǐng　　顶门瓜（济宁）　　头目顶儿（牟）

旋儿 xuánr　旋顶（烟）　　顶（济宁）　　旋音线柱儿（牟）

额头étóu　　页拉盖（济）　　额老盖（青）　　眼棱盖
　　（烟）　　额拉盖子（菏）　　眉头（济宁）　　额娄盖子
　　（枣）　　页颅骨盖（淄）　　眼勒盖（威）

囟门xìnmén　　头囟子（烟）　　门囟子（济宁）　　头囟
　　印子（淄）　　头囟眼子（利）

脸liǎn　　面皮儿（临）　　面皮子（临）

太阳穴tàiyángxué　　风脉（烟）　　三官脉（淄）

颧骨 quángǔ　　腮顶子骨（利）

酒窝儿 jiǔwōr　　酒窝罗儿（诸）

眼珠 yǎnzhū　　眼灵珠子（新）

睫毛 jiémáo　眼眨毛（济）　　眼子毛（烟）　　眼支毛（潍）

眼眵 yǎnchī　　眵麻糊（济）　　眵嘎巴（淄）　　眵孬（利）

鼻孔 bíkǒng　　鼻孔眼儿（烟）　　鼻子眼儿（德）　　鼻眼子（枣）　　鼻孔眼子（新）　　鼻子窟窿儿（牟）

鼻涕 bítì　　鼻子（济）　　鼻清（青）　　鼻挺（青）　　鼻（烟）　　鼻定（德）　　鼻鼻（淄）

耳屎 ěrshǐ　　耳碎（济）　　耳蛹儿（烟）　　耳戎（菏）　　耳逊（潍）

口水 kǒushuǐ　　斜涎（济）　　痴拉拉（济）　　痴水（烟）　　痴水豆儿（烟）　　哈喇子（德）　　嘴水（菏）　　口娄水（济宁）　　口拉水（梁）　　洌洌（新）

牙垢 yágòu　　牙黄（济）　　牙锈（烟）　　牙屎（新）

嗓子 sǎngzi　　颌嗓眼儿（济）　　屯子（烟）胡咙（济宁）　　嗓格眼子（牟）

喉结 hóujié　　胡咙疙瘩（利）

气管 qìguǎn　　气嗓（淄）　　气嗓管子（牟）

后脑勺儿 hòunǎosháor　　后背髅（青）　　后脑勺子（烟）　　脑骨勺子（临）　　后锈（利）　　后瓢儿（诸）

后脑窝儿 hòunǎowor　　馋窝（济）　　脖儿窝（济）　　馋窝落（青）　　争食窝子（烟）　　胃口窝儿（济宁）　　孬窝儿（济宁）　　馋窝子（新）　　满心沟（莱）

脖颈儿 bógěngr　　脖儿梗（济）　　脖拉梗（泰）　　脖罗梗子（诸）

137

肩胛骨jiānjiǎgǔ　　锨板子骨（烟）　　锨巴骨（莱）

夹肢窝gāzhiwō　　胳肢窝（济）　　夹肘窝（烟）　　胳
　　叉窝（德）　　胳子窝（聊）　　腋折子（聊）　　隔了窝
　　（济宁）　　夹紧窝子（淄）　　胳拉肢（新）

肋骨lèigǔ　　肋条（济）　　肋条骨（济）　　肋巴（烟）
　　肋巴骨（枣）　　肋膊骨（枣）　　肋叉骨（诸）
　　肋巴条（牟）

脊背jǐbèi　　脊梁杆子（烟）　　脊梁音娘（聊）　　筋股（枣）

乳房rǔfáng　　妈妈（济）　　奶子（烟）　　包包（聊）
　　斗斗儿（济宁）　　磨儿（枣）

乳汁rǔzhī　　妈妈水子（淄）　　奶汤子（牟）

肚脐bùqí　　布脐（济）　　脖脐（济）　　脖脐眼儿（济）
　　鼻脐（烟）　　肚哜窑子（菏）　　布脐窝儿（梁）
　　鼻脐眼子（牟）　　肚鼻臭（长）

胯下kuàxià　　卡巴裆（利）　　胯巴拉子（牟）

屁股pìgu　　腚（济）　　腚锤子（济）　　腚蛋子（聊）
　　腚帮子（枣）

胳膊gēbo　　胳脯（菏）　　胳旁（潍）　　胳破（新）

胳膊肘子gēbozhǒuzi　　拐柱（烟）　　胳拉肘子（菏）
　　胳臂曲子（临）　　胳膊足子（淄）　　拐肘子（潍）
　　胳膊曲梁子（利）　　胳膊曲律子（利）　　拐柱顶子（莱）

右手yòushǒu　　正手（菏）

手掌shǒuzhǎng　　手巴掌（济）　　巴掌（德）　　耳瓜
　　子（菏）　　手掌子（牟）

手背shǒubèi　　手面（德）　　手面子（潍）

手腕儿shǒuwànr　　手脖子（烟）

138

拳头quántou　　撇子（德）　　　皮锤（临）　　　锤（诸）

　　鼓锤（莱）

指甲盖儿zhǐjiagàir　　　手指盖子（枣）　　　指角盖儿（诸）

大拇指dàmǔzhǐ　　大门指头（济）　　　大拇哥（济）

食指shízhǐ　二门指头（济）　二拇指头（青）二拇手指头（菏）

中指zhōngzhǐ　　中拇指头（青）

无名指wúmíngzhǐ　　四指（济）　　　太阳（威）

小拇指xiǎomǔzhǐ　　小门指头（济）

膝盖xīgài　　波拉盖（济）　　　胳拉拜（济）　　　波膝盖

　　（济）　　波儿盖（青）·　波楞盖（烟）　　硌膝盖（菏）

　　胳拉拜子（菏）

小腿xiǎotuǐ　　干腿（烟）　　二腿（枣）　　干腿子（潍）

踝子骨huáizigǔ　骨果骨（济）　　脚磨骨儿（青）　　脚骨拐（烟）

脚jiǎo　　脚丫子（济）　　　脚巴丫子（烟）

脚掌jiǎozhǎng　　脚巴掌（济）　　　脚掌子（烟）

脚背jiǎobèi　　脚面（济）　　脚背子（青）　　脚面子（利）

脚腕子jiǎowànzi　　脚脖子（烟）

不舒服bùshūfu　　不得腔（聊）　　不出坦（枣）　　不熨

　　贴（淄）　　不济（淄）　　长火儿（利）　　不熨作（长）

传染chuánrǎn　　着着（烟）　　　着（枣）

感冒gǎnmào　冻着了（济）　凉着了（济）　　伤风（济）

　　冻住了（菏）

头晕tóuyūn　　远影（利）

发炎fāyán　　恶发（淄）　　　发恶（潍）　　　熬发（利）

哮喘病xiàochuǎnbìng　　　駒駒儿（青）　　　駒病（烟）

哮喘病患者xiàochuǎnbìnghuànzhě　　　鼻固子（青）

鼻固老爷儿（烟）　　　　　朐巴子（青）　·　朐瞎包（新）

恶心ěxin　　干吵（济）　　恶影（青）

胃疼wèiténg　　心口疼（德）　　胃气疼（菏）　　心口窝痛（牟）

拉肚子lādùzi　　窜稀（德）　　　跑茅厕（德）　　　跑肚
　　（聊）　　跑茅子（聊）　　屙肚子（济宁）　　屙肚（枣）
　　冒肚子（牟）　　蹲肚子（长）　　拉稀（长）

便秘biànbì　　拔干（德）　　大肠干（聊）

肺结核fèijiéhé　　痨病（济）　　痨气（烟）　　肺痨（聊）
　　细病（临）　　蒸骨病（临）　　乔病（淄）

发疟疾fānüèji　　打摆子（济）　　发脾寒（烟）　　发疟子（德）

羊角风yángjiǎofēng　　羊羔子风（聊）　　羊骨儿风（济
　　宁）　　羊割子风儿（潍）　　羊狗子疯（新）

偏瘫piāntān　　偏枯（利）

狐臭húchòu　　狐臊（烟）　　狐臊子气（利）

秃顶tūdǐng　　拔顶（济）

雀斑quèbān　　黑星星子（济）　　　黑粽子（烟）　　　黑痣
　　痣子（利）

痱子fèizi　　热疙瘩（青）

鸡皮疙瘩jīpígēda　　鸡皮子（烟）

夜盲症yèmángzhèng　　雀谷眼（利）

结痂jiéjiā　　结疙渣（济）　　　钉疙渣儿（济宁）　　　长疙
　　·渣（潍）　　长疙儿（牟）

残废cánfèi　　残音才坏（济）

秃子tūzi　　秃斯（诸）

聋子lóngzi　　聋汉（淄）

瞎子xiāzi　　瞎厮（淄）　　瞎汉（潍）

塌鼻子tābízi　　趴鼻〔临〕　　趴鼻子（潍）

豁嘴儿huōzuǐr　　豁嘴子（济）　　豁子嘴（德）　　豁子（枣）　　豁鼻子（新）　　豁豁儿（利）

结巴jiéba　　科巴子（烟）　　结巴子（枣）

驼背tuóbèi　　罗古腰（济）　　锅腰子（济）　　锅腰（德）　　背锅子（菏）　　龟背（临）　　罗锅腰子（临）　　弓弓腰（利）　　罗锅子（新）　　连连肩儿（牟）　　摊肩子（长）

左撇子zuǒpiēzi　　左巴撇子（青）　　左撇撇子（烟）　　左二撇（聊）　　左拉撇子（聊）　　左拉撇（梁）　　左膊拉拐（利）　　左来瓜（渚）

瘸子quézi　　拐子（济）　　瘸巴子（枣）　　瘸腿儿（利）　　瘸巴（新）

罗圈腿luóquāntuǐ　　里勾筋（枣）

瘫子tānzi　　瘫巴子（枣）

疯子fēngzi　　痴子（烟）　　魔道（德）　　邪子（临）　　迷人（淄）　　疯汉（潍）　　痴巴（潍）　　爷巴（潍）

傻子shǎzi　　痴斯（青）　　彪子（烟）　　憨巴子（济宁）　　憨子（枣）　　嘲巴（淄）　　傻巴（利）　　绍巴（利）　　痴子（长）

两性人liǎngxìngrén　　二尾子（济）　　二页子（枣）

治疗zhìliáo　　扎固（烟）　　扎裹（淄）

药罐子yàoguànzi　　药锅子（济）　　药铫子（利）　　沙锅子（利）　　药壶子（利）

拔罐子báguànzi　　拔火坛子（牟）

针灸zhēnjiǔ　　打干针（烟）　　下针（利）

病情好转 bìngqínghǎozhuǎn　　强了（烟）　　松缓了（利）
见强（牟）

四　起居、动作

起床 qǐchuáng　　起来（德）　　起（枣）

打扮 dǎbàn　　扎刮（济）　　扎固（济）　　扎裹（潍）

生火 shēnghuǒ　　笼火（淄）

揉面 róumiàn　　溲面（烟）

烙饼 làobǐng　　赶饼（诸）　　淋饼（牟）

倒水 dàoshuǐ　　压水（烟）　　捅水（淄）

捣蒜 dǎosuàn　　掂蒜（青）　　搋蒜（济宁）

饿 è　　饥困（烟）　　害饥困（诸）

吃饭 chīfàn　　逮饭（烟）

吃零食 chīlíngshí　　拉零嘴（烟）　　拉零碎儿（烟）
　　搬干粮（诸）

打尖儿 dǎjiānr　　垫补（济）　　垫巴（青）

抽烟 chōuyān　　吃烟（诸）　　逮烟（牟）

串门子 chuànménzi　　溜门子（德）　　闯门子（诸）
　　闯门儿（长）

玩儿 wánr　　耍（潍）　　站（烟）

闲谈 xiántán　　拉呱儿（济）　　拉闲片儿（德）　　扯闲
片儿（德）　　闲拉呱儿（枣）　　闲砸牙（淄）　　闲说
话儿（牟）

声音 shēngyīn　　动静（济）　　动静儿（烟）

讲故事 jiǎnggùshì　　扒傻话儿（诸）　　说古今儿（牟）

小便xiǎobiàn　　尿尿（德）

绣花儿xiùhuār　　做花儿（烟）　　插花（淄）

熬夜áoyè　　打夜作（济）　　坐夜（牟）

工作gōngzuò　　营生（潍）　　事由（新）　　头相（利）

累lèi　　使人（烟）　　使（淄）

躺下tǎngxia　　趄趄（烟）　　趄下（烟）

仰卧yǎngwò　　仰歪（炽）　　仰戛（淄）

侧卧cèwò　　侧歪（烟）

俯卧fǔwò　　趴（济）　　哈趴（烟）

打哈欠dǎhāqiàn　　打哈吸（济）

打喷嚏dǎpēnti　　打嚏喷（烟）　　打带喷（利）　　打啊吃（牟）

铺床pūchuáng　　伸下炕（利）　　暖炕（牟）

打盹儿dǎdǔnr　　迷糊（德）　　打木拉（德）　　栽嘴儿
（菏）　　眯瞪（临）

睡觉shuìjiào　　歇（德）　　歇息（枣）　　困觉（潍）

午休wǔxiū　　睡晌（烟）　　歇晌（牟）

休息xiūxi　　歇歇（济）　　歇憩（烟）　　歇歇儿（聊）
歇子（聊）　　歇下（诸）

打呼噜dǎhūlu　　打酣睡（烟）　　打喝喽儿（菏）　　打呼（长）

说梦话shuōmènghuà　　说睡语（利）

梦魇mèngyàn　　压住了（济）　　招压虎子了（济宁）
压皮虎子（潍）　　发吃征（梁）　　着哩压百虎子了（利）

接吻jiēwěn　　做 音 zù 嘴（利）

闻（嗅）wén　　听你～～这朵花香不香？（烟）

扳倒bāndǎo　　扳音锛倒（烟）

鼓掌gǔzhǎng、　　拍巴掌（青）　　拍呱儿（利）

143

折断zhéduàn　　捣（烟）　　捐（潍）
打碎了dǎsuìlé　　打了（烟）　　·揍了（济宁）
丢失diūshī　　没见了（枣）
翻跟头fāngēntou　　吃跟头（烟）
伸懒腰shēnlǎnyāo　　打舒身（淄）　　打出身（梁）
　　打懒舒身（新）
扔rēng　　撂（潍）
安放ānfàng　　稳（青）
放～点儿盐fàng　　长上声（菏）
撕sī　　撷（济）
碰pèng　　乖（济）　　虎（烟）　　攒吃（烟）
摆弄bǎinòng　　舞弄（烟）　　摆平（枣）
踹chuài　　蹽（烟）
踢tī　　跐（烟）
踮着脚diǎnzhejiǎo　　飘脚（利）
蹲下dūnxià　　孤堆（济）　　孤底下（潍）　　孤得下（聊）
抬起来táiqilai　　架起来（济宁）
端起来duānqilai　　掇音德起来（烟）
提起来tíqilai　　提溜起（济）　　今起（青）　　掂起来（菏）
晒太阳shàitàiyang　　晒阳阳儿（烟）　　晒暖儿（济宁）
　　晒太暖儿（枣）
游泳yóuyǒng　　凫水（烟）
摔交shuāijiāo　　撂交（烟）　　摔个子（梁）
跌倒diēdǎo　　磕倒（烟）
扶着fúzhe　　招着（烟）　　驾着（济宁）
叉腰chāyāo　　卡腰（济）

摇摆yáobǎi　　摆赛（烟）

刮（掉）guā　　刮沙（烟）　　刽查（新）

步行bùxíng　　步撵儿（枣）

追赶zhuī gǎn　　撵（烟）　　断（枣）

回家去huíjiāqù　　家去（烟）　　家走（菏）

回家来huíjiālái　　家来（菏）

感觉到gǎnjuédào　觉警儿（烟）　觉警（淄）　觉么着（新）

留意liúyì　　郭眯（淄）

挂念guàniàn　　挂挂（青）　　挂牵（临）　念咕（威）

盼望pànwàng　　巴望（济）　　盼盼（淄）　承望（聊）
　　盼子（聊）

害羞hàixiū　　腼片（济）　　害淡（烟）

佩服pèifú　　宾服（烟）

厌恶yànwù　　格影（济）　　格痒（青）　　烦气（烟）
　　恶影（聊）　影（梁）　够载（新）　　犯恶（新）

嫌弃xiánqì　　嫌乎音后（青）　嫌音向乎（烟）　嫌乎（潍）

忌妒jìdu　　眼气（烟）

热衷rèzhōng　　热（济宁）　　认（济宁）

懂事儿dǒngshìr　　知道么儿（牟）

估量gūliang　　母量（济）　　约么（菏）　　大约么（新）
　　可么着（牟）

贪图tāntú　　图希（烟）

斟酌zhēnzhuó　　照量（烟）

打量dǎliang　　照量（烟）

打听dǎting　　问道音都（烟）

嘱咐zhǔfù　　嘱记（烟）　　安咐（新）

不知道bùzhīdào　　知不道（青）

不做声bùzuòshēng　　不吭气（济）　　不做音zù声（济）
　　不放声（烟）　　不吭声（菏）　　不吱拉声（枣）
　　不吱声（潍）

不舍得bùshěde　不割舍（济）　不割惜（烟）　割不舍（新）

怀疑huáiyí　各疑（济）　疑惑（聊）　各应（菏）　猜疑（牟）

寻思xínsi　　才省（枣）　　寻寻见（新）

服输fúshū　　草鸡（烟）

受不了shòubuliǎo　　抗不了（烟）　　搁不住（枣）
　　朝不住（新）　　愀音qiǎo不了（牟）

抗折腾kàngzhēteng　　抗造（青）

转向zhuànxiàng　　掉向（烟）

张望zhāngwàng　　撒摸（淄）　　撒目（烟）

呻吟shēnyǐn　　唉哼（淄）　　哼哼（牟）

呼喊hūhǎn　　嘘火（烟）　喊呼（新）　嘘唤（牟）　招嚎（牟）

猜不着cāibùzháo　　猜不方（烟）

约yuē　　约和（新）　　本（牟）

查访cháfǎng　　访听（烟）　　查听（枣）　　查复（牟）

怂恿sǒngyǒng　　撮弄（潍）

争论zhēnglùn　　争竞（烟）　　争白（新）

辨论biànlùn　　论计（烟）

发誓fāshì　起咒（烟）　误记（利）　误槁儿（利）

说谎shuōhuǎng　　侃空儿（枣）　　说瞎话儿（桼）

胡说八道húshuōbādào　　胡诌八扯（烟）

胡编乱造húbiānluànzào·　　崩木根儿（济）

抵赖dǐlài　　打赖（烟）　　放赖（牟）

钻空子zuānkòngzi　　拾后漏儿（烟）

批评pīpíng　　熊（济）　　剋（烟）　　编派（新）　　恶造（新）

数落shǔluò　　扒数（烟）　　数量（新）

喝斥hēchì　　哈唬（烟）　　嚷（枣）　　丧哏（淄）

诅咒zǔzhòu　　丧门（烟）

挑拨tiǎobō　　撮索（烟）　　架（聊）　　戳（聊）
戳乎（枣）　　戳儿（梁）

骂mà　　啳（济）　　㕵（烟）

诽谤fěibàng　　丧罗（枣）　　臭哄（烟）

吵架chǎojià　　打仗（济）　　打嘴仗（烟）　　打吵子
（德）　　别牙（枣）　　撕处（新）

打架dǎjià　　打仗（济）

哄骗hǒngpiàn　　熊光（烟）　　黑（聊）　　勒（聊）　　撒
（菏）　　拢（菏）　　削（临）　　削虎（临）　　戳哄（淄）
老人（潍）

捉弄zhuōnòng　　点化（济）　　捉治（烟）　　醉弄（新）

诬赖wūlài　　屈赖（烟）　　屈光（利）

道谢dàoxiè　　道激（潍）

理睬lǐcǎi　　搭理（济）　　摆（烟）

不理睬bùlǐcǎi　　不耳识（烟）　　不理乎（枣）　　不耳乎（梁）

炫耀xuányào　　谝拉（济）　　谝拢（烟）

逞能chěngnéng　　定厌（济）　　张精（淄）　　充精
（新）　　显能耐儿（牟）

拍马屁pāimǎpì　　舔腚（济）　　舔摸眼（青）　　吸喋子
（枣）　　舔腚眼子（枣）　　溜沟子（枣）　　柳沟（长）

讽刺fěngcì　　刺么（枣）　　倒脏（淄）　　砸磕（新）

臊么（梁）　　　苛陈（利）

侮辱wǔrǔ　　作索（烟）　　　侮霉（新）

袒护tǎnhù　　护局子（淄）　　护窝子（新）　　护小头儿（烟）

不罢休bùbàxiū　　　不让戗儿（烟）　　　不算事儿（牟）

牵连qiānlián　　带理（淄）

拉扯lāche　　抬长（烟）　　　抬拉（枣）

抚养fǔyǎng　　拉巴（烟）　　扒叉（淄）　　　抬抬（枣）

相处xiāngchǔ　　轧伙儿（济）　　　轧伙（潍）

冒充màochōng　　混充（烟）

损坏sǔnhuài　　捉冶（烟）　　败乎（枣）　　踢蹬（淄）　　败冶（牟）

糟蹋zāota　·踢蹬（烟）　　　捉冶（烟）　　　作索（淄）
　　　　　　　作害（聊）　　　葬种（聊）　　　踢动（牟）

挥霍huī huò　　踢蹬（淄）

浪费làng fèi　·抛撒（枣）　　瞎（淄）　　　活冶（牟）

糊弄hù nong　　糊弄局（淄）　　糊弄穷（潍）

让步ràngbù　　让服（烟）

偷懒tōulǎn　　磨滑儿（梁）　　耍熊儿（牟）

迁就qiānjiù　　就服（烟）　　接就（济宁）

抵挡dǐdǎng　　照（淄）

报答bàodá　　填还（青）

送礼sònglǐ　　答人情（烟）

行贿xínghuì　·送小篓儿（烟）　　买式（梁）

受贿shòuhuì　　吃小篓儿（烟）

拿乔náqiáo　　拿糖（济）

装傻zhuāngshǎ　　装憨儿（青）　　装痴打憨儿（青）

出洋相chūyáng xiàng　　弄瞎样（临）

148

排队páiduì　　挨号（济）　　　挨帮（烟）
索取suǒqǔ　　讨换（淄）
修理xiūlǐ　　　周理（烟）　　　扎固（威）　　　司维（枣）
帮助bāngzhù　　帮扶（烟）　　　帮寸（淄）
碍事àishì　　　挡害（烟）

五　红白事

喜事xǐshì　　　婚事儿（德）　　红事儿（德）
　　公事（淄）　　喜公事（诸）
（男方）找对象zhǎo duì xiàng　　寻媳妇儿（菏）
找婆家zhǎopójia　　找个主儿（诸）
相亲xiāngqīn　　看人（烟）　　相人儿（利）　　过目（牟）
结亲jiéqīn　　　轧亲（烟）　　做亲（新）
订婚dìnghūn　媒阑（青）　　换贴儿（聊）　　落小贴儿（聊）
　　送柬（淄）　　投契（诸）　　　下阑儿（牟）
娶亲qǔqīn　　将媳妇（青）
出嫁chūjià　　娶（济）　　嫁人（济）　　出门子（烟）
　　出阁（德）　　做音賽媳妇（潍）　　做音賽媳子
　　（诸）　　过门儿（聊）
闹房nàofáng　闹媳子（枣）　吵喜（枣）　央媳妇儿（利）
回门huímén　　望四日儿（青）　　站九（烟）
彩礼cǎilǐ　　　顺柬儿（利）
嫁妆jiàzhuang　缘音言房（济）　　圆房（淄）
怀孕huáiyùn　双身子（枣）　重身（淄）　双身（诸）
生孩子shēngháizi　拾孩子（淄）

产婆chǎnpó　　　收生婆（菏）　　　老牛婆（烟）
　　拾婆婆（枣）　　　老娘婆（潍）

胎盘tāipán　衣胞儿（济）　　　衣（青）　　衣巴孬子（淄）
　　衣胎子（新）

头胎tóutāi　　　头生儿（济宁）　　　头手儿（牟）

双胞胎shuāngbāotāi　　　双巴（济）　　　双棒儿（烟）
　　双巴儿（聊）　　　双生（枣）　　　双双儿（潍）
　　双儿（莱）　　　一对双儿（牟）

遗腹子yífùzǐ　　　背生（济）　　　背生儿（青）　　　背生
　　子（淄）　　　腹里无爷（济宁）

生日shēngrì　　　生儿（聊）　　　生月（聊）

坐月子zuòyuèzi　　　占房（聊）

吃奶chīnǎi　吃妈妈（济）　咂奶（烟）　吃斗斗儿（济宁）

吐奶tùnǎi　　　漾奶（潍）

断奶duànnǎi　掐奶（济宁）　　摘奶（诸）　　撂奶子（牟）

小产xiǎochǎn　　　掉孩子了（烟）　　　小月儿（德）
　　过小月子（菏）　　　掉了（菏）　　　小月了（枣）

离婚líhūn　　　打离婚（青）　　　（男方）休老婆（烟）
　　（男方）休媳子（诸城）

改嫁gǎijià　　　走主儿（聊）　　改节（枣）　　嫁人家（牟）

拖油瓶tuōyóupíng　带犊子（烟）　带羔子（潍）　跟脚子（牟）

过继guòjì　　　过房（烟）

丧事sāngshì　　白事儿（德）　　忧事（菏）　　　白事（枣）
　　公事（淄）　　　丧公事（诸）

棺材guāncai　　　寿货（烟）　　寿器（淄）　　寿活路（淄）

死了sǐle　　老了（烟）　过去了（德）　　倒头了（枣）

自杀zìshā　　寻无常（诸）　　寻方儿死（牟）

纸锞zhǐkè　　元宝（济）　　纸锞子（济）　　铂子（青）

坟fén　　坟子（菏）　　坟头子（菏）

坟地féndì　　老茔（烟）　　老坟（烟）　　林地（聊）

　　林（淄）　　老林（淄）　　墓田（潍）

风水fēngshuǐ　　地气儿（烟）

尼姑nígū　　姑姑子（枣）

木鱼mùyú　　摸和鱼子（济）　　木拉鱼儿（烟）

　　摸拉鱼子（德）　　拨拉鱼（济宁）　　拨老鱼子（济宁）

　　摸和鱼（淄）　　波霍鱼（淄）

香炉xiānglú　　香炉子（济）　　香楼子（菏）

六　房舍、用品

房子fángzi　　宅子（济）　　屋（青）　　屋子（菏）

屋子wūzi　　屋（济）　　房子（济）　　屋间（诸）

正房zhèngfáng　　北屋（济）

厢房xiāngfáng　　东西屋（济）　　偏房（济）

　　厢屋家（青）　　厢屋（烟）　　配房（菏）

外间wàijiān　　屋当间（枣）　　灶库（牟）

里间lǐjiān　　里房儿（牟）

院子yuànzi　　天井（济）　　当天井（德）　　当院儿（聊）

　　单沿子（聊）

厕所cèsuǒ　　栏（济）　　圈（青）　　茅子（菏）

　　屎目栏子（新）

台阶táijiē　　礓磜子（菏）　　门台子（临）

石头崖子（潍）　　登台儿（菜）

猪圈 zhūjuàn　　猪屋子（诸）

狗窝 gǒuwō　　狗屋子（诸）

鸡窝 jīwō　　鸡屋子（诸）

胡同 hútong　胡同子（枣）　　夹巴道儿（临）　　过道（潍）

天棚 tiānpéng　顶棚（济）　　仰棚（烟）　　浮棚（德）
　　顶件儿（德）　仰扯（聊）　仰视（枣）　眼棚子（长）

影壁 yǐngbì　　影背墙（菏）　　　影目墙（枣）
　　影壁墙（潍）　　影门墙（梁）　　照壁子（牟）

门坎儿 ménkǎnr　　门坎子（济）　　门石欠子（淄）
　　门下坎（潍）　　门杭（牟）

门闩 ménshuān　　门插关儿（烟）　　门插桩子（菏）
　　门插闩（枣）　　门插光（梁）　　门关子（诸）
　　穿门儿（牟）

厨房 chúfáng　　厨屋（济）　　饭屋（济）　　饭棚（德）
　　小伙房儿（德）　　锅屋（临）　　伙屋（利）

锅灶 guōzào　　锅头（聊）　　锅壳郎子（菏）

烟筒 yāntong　灶突（济）　金台（烟）　灶筒（德）
　　灶囱（聊）　　灶肚（泰）

饭锅 fànguō　　锅子（潍）

锅盖 guōgài　　盖天（利）

小酒杯 xiǎojiǔbēi　　酒瓯儿（济宁）

风箱 fēngxiāng　风匣（烟）　风欠儿（德）　风掀（梁）

凳子 dèngzi　坐床子（枣）　板堂（诸）　板凳子（牟）

杌子 wùzi　　板杌（济）　　骨牌凳（枣）

马扎儿 mǎzhār　　马扎子（济）　　交杈子（淄）

152

——

抽屉chōuti　　抽斗（济）　　抽头（济）　　抽匣子（泰）
　　抽匣（牟）

脸盆儿liǎnpénr　　铜盆（烟）　　洗脸盆子（枣）
　　铜盆子（牟）

肥皂féizào　　胰子（济）

毛巾máojīn　　擦脸布子（菏）　　手布子（临）
　　擦脸布儿（梁）　　餐布子（新）　　龙披（长）
　　羊肚子手巾（牟）

手绢儿shǒujuànr　　手捏子（枣）　　小手巾儿（牟）

抹布mābù　　掭布（济）　　掭布子（烟）　　擦布（聊）
　　抹桌布子（泰）　　掭巾子（威）　　抹布子（诸）
　　抹布儿（牟）　　网衣子（长）

磋床儿cǎchuángr　　磋床子（济）　　搜子（枣）　　茅充（牟）

火柴huǒchái　　洋火儿（济）　　取灯儿（潍）

筷筒儿kuàitǒngr　　箸笼子（潍）　　答头笼子（利）

糨糊jiànghu　　糨子（济）　　糨（烟）

顶针儿dǐngzhēnr　　顶子（枣）　　顶指子（新）

别针儿biézhēnr　　关针（烟）

自行车zìxíngchē　　洋车（德）　　洋车子（枣）
　　骑车子（潍）　　自行车子（诸）　　脚踏车子（诸）

轮子lúnzi　　毂轮子（菏）

扁担biàndan　　担杖（烟）　　钩担（聊）

水桶shuǐtǒng　　桶子（利）

篮子lánzi　　笾子（德）　　篓子（牟）

铁簸箕tiěbòji　　撮子（青）　　铁撮子（烟）

手电筒shǒudiàntǒng　　电棒（济）　　电棒子（济）

手灯（诸）

电池diànchí　　电（利）　　电石（新）　　电棒子石（牟）

棍子gùnzi　　扒棍子（烟）　　扒棍儿（临）

拐棍儿guǎigùnr　　文明棍儿（济）　　挂棒（青）

　　拐（烟）　　挂棍子（配）　　挂棍（枣）

枕头zhěntóu　　豆枕（济）

枕巾zhěnjīn　　枕头护布子（利）

被子bèizi　　被窝（济）　　被（烟）　　盖体（菏）

　　盖头（新）

褥子rùzi　　铺体（菏）　　铺头（新）

棉被miánbèi　　盖窝（新）

棉絮miánxù　　瓢子（聊）　　套子（聊）　　花绒子（菏）

卫生球wèishēngqiú　　超脑蛋儿（青）　　樟脑球

　　（德）　　臭球儿（菏）　　臭球（枣）　　避瘟球儿（潍）

　　臭脑蛋儿（牟）

瓶塞儿píngsāir　　瓶子锥儿（济）　　瓶锥儿（济宁）

　　瓶阻儿（牟）

酒壶jiǔhú　　酒拧子（利）　　酒鲒子（利）

漏斗lòudǒu　　流子（烟）

卫生纸wèishēngzhǐ　　擦腚纸（济）　　草纸（济宁）

尿布niàobù　　裤子（济）　　泼泼（烟）

尿壶niàohú　　尿鳖子（青）　　尿钵子（烟）

硫黄liúhuáng　　笼黄（聊）　　炉黄（菏）　　黄（枣）

松香sōngxiāng　　黄香（潍）

铝lǚ　　钢钟（济）　　钢精（济）　　轻铁（烟）

铁锈tiěxiù　　铦疏（济）

煤méi　　炭（济）

蜂窝煤fēngwōméi　　　蜂窝儿（济）

煤块儿méikuàir　　　炭拱子（枣）

水泥shuǐní　　洋灰（枣）

麻刀mádao　　尚羊筋（枣）　　麻䨲（枣）

东西dōngxi　　玩意儿（烟）　　黄子（聊）　　营生（淄）

　　杭子（新）

七　服饰、饮食

灯心绒dēngxīnróng　　　趟绒（烟）　　条绒（潍）

缩水suōshuǐ　　搋（济）　　衿音今（烟）

退色tuìsè　　涮色（济）

围裙wéiqún　　占裙（聊）　　水裙（菏）

围巾wéijīn　　围脖（济）　　围头巾儿（烟）

　　头巾（德）　　围脖子（枣）　　头巾子（牟）

帽檐儿máoyánr　　　帽子遮檐儿（利）

围嘴儿wéizuǐr　　围嘴子（济）　　格拉布（济）

　　涎布（济）　　格拉子（威）　　饭兜子（牟）

背心儿bèixīnr　　两膀清（青）　　汗塌儿（聊）

　　领衣子（枣）　　坎肩儿（临）　　汗流儿（牟）

衣兜儿yīdōur　　布袋儿（烟）　　褡包（聊）

　　荷包（临）　　海海（临）　　叉口（临）

裤衩儿kùchǎr　　裤衩子（济）　　半裤子（淄）

腰带yāodài　　扎腰带（德）　　束腰带（临）

　　战带（梁）　　扎腰带子（诸）　　裤腰带（牟）

开裆裤 kāidāngkù　　　豁裆裤子（利）

耳帽儿 ěrmàor　　　耳套（济）　　　耳捂儿（青）　　　耳襄子（利）

手套儿 shǒutàor　　　手巴裳儿（烟）　　　手套子（潍）

毡靴 zhānxuē　　　毡窝子（烟）　　　毡窝（聊）　　　靴头子（聊）　　　毡翁（潍）

雨鞋 yǔxié　　　胶鞋（聊）　　　油鞋（枣）　　　泥鞋（临）　　　水鞋（诸）

早饭 zǎofàn　　　早晨饭（济）　　　朝饭（烟）　　　清早饭（菏）　　　清起饭（枣）

午饭 wǔfàn　　　晌午饭（济）　　　晌饭（烟）　　　晌晚饭（诸）

晚饭 wǎnfàn　　　后晌饭（济）　　　晚晌饭（济）　　　下晚饭（青）　　　夜饭（烟）　　　喝汤（菏）　　　黑饭（长）

粥 zhōu　　　粘粥（济）　　　糊涂（新）　　　糊涂粥 音主（牟）

稀饭 xīfàn　　　饭汤（利）

饺子 jiǎozi　　　包子（济）　　　下包子（济）　　　饳饰（烟）　　　弯弯（聊）　　　扁食（潍）

饺子汤 jiǎozitāng　　　包子汤（济）　　　饳饰水（烟）

煮饺子 zhǔjiǎozi　　　下包子（济）　　　擂饳饰儿（烟）

包子 bāozi　　　蒸包儿（济）　　　蒸包子（济）　　　菜角子（牟）

馒头 mántou　　　馍馍（济）　　　卷子（济）　　　饽饽（烟）　　　馍（菏）

面条儿 miàntiáor　　　面（烟）　　　面条子（菏）　　　大条子（利）　　　面汤（牟）

疙瘩汤 gēdatāng　　　饳饰汤（烟）　　　饳饰（潍）

玉米饼子 yùmǐbǐngzi　　　苞米儿饼子（青）　　　片片（烟）　　　棒子面饼子（潍）　　　粑粑（牟）

窝窝头wōwōtóu　　　窝窝（枣）　　　籼粘（潍）

做米饭zuòmǐfàn　　　捞干饭（烟）

油条yóutiáo　　　果子（济）　　　香油果子（青）

　　麻糖（烟）　　　油果子（枣）　　　油炸果子（新）

粉条儿fěntiáor　　　干粉（济）　　　细粉（青）　　　扁粉

　（青）　　　粉条子（枣）

下水xiàshui　　　下货（青）

锅巴guōbā　　　锅疙渣（济）　　　疙渣（烟）　　　疙巴（德）

　　锅疙巴（菏）

猪油zhūyóu　　　荤油（济）　　　脂油（菏）

花生油huāshēngyóu　　　果子油（德）　　　长果油（聊）

　　白油（聊）

炼油liànyóu　　　焙音鼎油（烟）

酱油jiàngyóu　　　清酱（烟）

花椒huājiāo　　　花辣子（利）

胡椒hújiāo　　　胡辣子（利）

开水kāishuǐ　　　滚水（菏）　　　茶（临）

斟酒zhēnjiǔ　　　满酒（利）　　　长酒（牟）

温水wēnshuǐ　　　乌吐水（烟）　　　温和水（枣）

糖葫芦tánghúlu　　　糖球（烟）　　　山渣沾儿（聊）　　　立糕（潍）

鸡蛋壳jīdànké　　　鸡蛋皮儿（济）　　　鸡蛋渣儿（牟）

泔水gānshuǐ　　　刷锅水（济）　　　混水（威）　　　赖水

　（诸）　　　浑水（牟）

解xiè　　　澥漓（烟）

（食物）发霉fāméi　　　丝孬（济）　　　丝囊（梁）

八　动物、植物

牲口 shēngkou　　头牯（济）

马 mǎ　　马子（潍）

公马 gōngmǎ　　儿马（济）　　　臊马（枣）

母马 mǔmǎ　　骒马（济）

公牛 gōngniú　　犍子（济）　　　牦牛（德）　　忙牛（枣）　　老犍（枣）　　爬牯（淄）

母牛 mǔniú　　氏牛（济）　　特牛（烟）　　虾牛（诸）

公驴 gōnglǘ　　叫驴（济）

母驴 mǔlǘ　　草驴（济）

公羊 gōngyáng　　臊狐（枣）　　　羯子（枣）

公绵羊 gōngmiányáng　　扒牯（德）

母绵羊 mǔmiányáng　　棉羊母（枣）

猪 zhū　　猪子（烟）

公猪 gōngzhū　　鬃猪（济）　　獗猪（青）　　叫猪（德）　　牙猪（菏）　　牙猪子（威）　　泡卵子（长）

母猪 mǔzhū　　老母猪（济）

狗 gǒu　　狗子（烟）

哈巴狗 hābāgǒu　　巴狗子（济）

公狗 gōnggǒu　　牙狗（济）　　牙狗子（烟）

猫 māo　　猫子（烟）　　花儿花儿（新）

公猫 gōngmāo　　儿猫（济）　　男猫（济）　　牙猫（济）　　牙猫子（烟）

母猫 mǔmāo　女猫（济）　女猫子（烟）　女儿猫（聊）

母鸡 mǔjī　草鸡（菏）

鸡胗儿 jīzhēnr　鸡布次（烟）

下蛋 xiàdàn　媱蛋（济）

（昆虫）产卵 chǎn luǎn　媱（淄）

鸭子 yāzi　鸭巴子（烟）　八八子（淄）　扁嘴
（潍）　里里（利）　老歪（诸）

公鸭子 gōngyāzi　公鸭巴子（烟）　鸣鸭（枣）

母鸭子 mǔyāzi　母鸭巴子（烟）　草鸭（枣）

鹅 é　长脖子（烟）

狼 láng　麻虎（济）　麻猴子（临）　野狗（泰）
大口（淄）　老麻子（长）

熊 xióng　黑瞎子（济）　狗黑子（菏）

狐狸 húli　貔大狐子（济）　貔子（烟）　貔虎子
（烟）　野狸子（临）　野狸猫（临）
野狸（新）　貔狐子（新）

黄鼠狼 huángshǔláng　黄鼬（济）　臊水狼子（青）
黄家（烟）　黄水狼子（烟）　鼬子（枣）　黄
狼子（枣）　黄老鼠（临）　老福神（淄）　老
邻舍家（淄）　怀鼠狼子（梁）　黄鼬子（诸）
黄鼠狼子（长）

老鼠 lǎoshǔ　猫嚼子（淄）　耗子（潍）　土耗子（诸）

田鼠 tiánshǔ　仓老鼠（利）

兔子 tùzi　豁子（济宁）　跑食（枣）　跑食子（枣）

喜鹊 xǐquè　山喳喳（聊）　鸦鹊（烟）　野鹊子
（济宁）　马嘎子（济宁）　野鹊（潍）

乌鸦 wūyā　　老鸹（济）　　黑老娃子（烟）　　黑老鸹
（枣）　　黑老鸹子（长）　　玉老娃儿（长）

麻雀 máquè　　家雀儿（济）　　家雀子（济）
　　小雀儿（德）　　小小虫（菏）　　小虫儿（泰）
　　家岑鸟子（潍）　　家翅儿（潍）　　小家翅儿（潍）

大雁 dàyàn　　老雁（烟）

鹁鸽 bógē　　布鸽（烟）

布谷鸟 bùgǔniǎo　　烧香摆供（枣）　　光棍儿多忧儿
（潍）　　嘎勾（新）

啄木鸟 zhuómùniǎo　　铲打木子（济）　　搗打木（青）
　　凿打木子（德）　　鸹鸹木儿（聊）　　穿打木子
（济宁）　　铲打木（梁）　　凿打木（利）

猫头鹰 māotóuyīng　　夜猫子（济）　　咕咕猫（烟）
　　猫子头（烟）

蝙蝠 biānfú　　檐憋蝠子（济）　　檐别蝠（烟）
　　檐盐巴户（德）　　檐毛户子（枣）　　檐片户子
（淄）　　檐眠户子（梁）　　棉达夫子（新）
　　檐蝙蝠子（诸）　　元宝户儿（牟）　　乜乜户（长）

蚕 cán　　蚕妹（淄）

蛹 yǒng　　蛹子（潍）

结茧 jiéjiǎn　　做茧（济）　　绣茧儿（牟）

蜘蛛 zhīzhū　　阿郎蛛子（济）　　蛛蛛（德）　　罗罗
蛛（菏）　　来来蛛（烟）　　勒勒蛛（威）　　老老蛛（牟）

蚂蚁 mǎyǐ　　米蜱（济）　　蚂蚁蜱（青）
　　蚂蚁蜱子（烟）　　蚂蚂蚁（菏）　　蚁蜱（淄）
　　蚑蚂蜱子（威）　　蚂蚑蜱（长）　　蚂蚂蚑（长）

蚯蚓qiūyǐn　　　蛐蛇（烟）　　　蛐蛐蟮（德）　　　　蛐里蟮

（德）　　蛐串（菏）　　　蛐蜷（枣）　　　蛐喽串

（济宁）　　、蛐溜串（泰）　　　蛐尺（利）

蜗牛wōniú　　　哈拉蛐（济）　　　波螺章子（烟）

蜗老牛儿（聊）　　　蜗蝼牛子（菏）　　　屋屡牛（枣）

波罗牛儿（潍）

蝼蛄lóugū　　　蝼狗（济）　　　蝼音鲁蛄（烟）

百足虫bǎizúchóng　　　草鞋底（青）

壁虎bìhǔ　　蝎虎帘子（济）　　　蝎虎子（青）

蝎虎溜子（德）　　　蝎百虎子（德）　　　屋檐蝎虎儿

（莱）　　八蝎乎（长）

苍蝇cāngying　　　蝇子（济）　　　苍阳（诸）

苍蝇卵cāngyingluǎn　扩胚（烟）　　　白子（烟）　　　白渣（聊）

孑孓jiéjué　　　跟头虫（济）　　　蚊子鬼儿（潍）

担杖钩子（利）

臭虫chòuchóng　　　壁虱（烟）　　　床虱（新）

跳蚤tiàozao　　　虼蚤（济）　　　虼子（枣）

蟋蟀xīshuài　　　蛐儿蛐儿（济）　、蛐子鹿（枣）

土蜇儿（潍）　　　树儿权儿（梁）　　　蛐蛐子（牟）

蝗虫huángchóng　　　蚂蚱（德）

蚜虫yáchóng　　蜜虫（烟）　　　蜜虫子（聊）　　　赋虫子（枣）

蝈蝈儿guōguōr　　乖子（济）　　　蛐子（菏）　　母蛐（枣）

叫乖子（枣）　　咬乖（淄）　　　拐拐子（新）

螳螂tángláng　　　刀龙（烟）　　　刀螂（德）　　　　大

硕刀（菏）　　刀篓（枣）

知了zhīliǎo　　　截了（济）　　　　遮溜（烟）

　　都了子（菏）　　　　稍钱子（淄）　　　稍钱儿（潍）

马蜂mǎfēng　　　长脚蜂子（威）　　　草蜂（诸）

萤火虫yínghuǒchóng　·　狗屎虫儿（青）　　　八八
　　虫（枣）　　　　火眉虫（淄）

蝴蝶húdié　　　蛾儿（青）

蜻蜓qīngting　　　蜻音听蜓（济）　　　蚂楞（德）
　　老利利（德）　　　利利蚂（德）　　　蛾蜋（菏）
　　光光蜓（枣）　　　老鸹蜓蜓（梁）

花大姐huādàjiě　　　盖子虫（潍）

米象mǐxiàng　　　欧子（烟）　　　由子（潍）

天牛tiānniú　　　老牛（济）　　　水牛（青）

屎壳郎shǐkelàng　　　屎壳郎子（潍）　　　屎气亮（牟）

土元tǔyuán　　　土鳖子（枣）

蚂蟥mǎhuáng　　　蚂蛌（青）　　　蚂匹（济宁）　　　肉钻
　　子（利）　　　蚂条（牟）

鲫鱼jìyú　　　曹鱼（枣）

带鱼dàiyú　　　鳞刀（青）　　　鳞刀鱼（烟）

鱿鱼yóuyú　　　巴带鲱（青）　　　巴大鲱（烟）

鱼鳃yúsāi　　　结腮（济）　　　鱼割嗓（青）　　　鱼割查（烟）

乌龟wūguī　　　鳖（牟）

鳖biē　　　团鱼（枣）

泥鳅níqiū　　　泥狗（青）　　　泥里狗子（烟）　　　泥拉
　　垢（烟）　　　紫泥垢子（淄）　　　泥量狗子（牟）

青蛙qīngwā　　　田鸡（济）　　　崴子（青）　　　青崴子
　　（烟）　　　蛤蟆（德）　　　疥巴子（牟）

癞蛤蟆làihámɑ　　　疥蛤蟆（济）　　　毒疥巴子（烟）

疥巴子（烟）　　　癞癫嘟（枣）

蝌蚪kēdǒu　　蛤蟆蝌塔儿（济）　　各各荡子（烟）

　蛤蟆蝌达（德）　　蛤蟆蝌达子（聊）　　蛤蟆蝌子（菏）

　蝌塔子（梁）　　蛤蟆可坦子（新）

蜥蜴xīyí　　马蛇子（烟）　　蛇虫子（潍）　　蛇虫利子

　（新）　　马神儿（莱）

棉花miánhuā　　棉音年花（聊）　　棉花音娘（德）

大麦dàmài　　拱子（烟）

高粱gāoliang　　秫秫（青）　　胡秫（烟）　　胡食（威）

高粱秸gāoliangjiē　　秫秸（济）　　胡秸（青）

　胡秫秸子（烟）

谷草kǔcǎo　　杆草（烟）

玉米yùmǐ　　棒子（济）　　苞米儿（青）　　秫秫（菏）

　玉蜀黍（枣）　　棒槌子（溜）　　棒棒儿（威）　　　玉豆

　（诸）　　苞儿米（牟）

莠子yǒuzi　　谷谷莠子（利）　　稻穆子（全）

白薯báishǔ　　地瓜（济）　　山芋（德）　　红薯（菏）　芋头（泰）

马铃薯mǎlíngshǔ　　土豆子（济）　　地蛋（菏）

　地豆子（菏）　　地蛋子（牟）

花生huāshēng　　长果（济）　　长果儿（德）　　落生（枣）

　长生果儿（诸）　　果子（新）

花生米huāshēngmǐ　　长果仁儿（济）　　长果仁

　（德）　　长生果仁儿（诸）　　落生米儿（牟）

向日葵xiàngrìkuí　　朝阳花（济）　　转悠葵儿（青）

　朝日莲（烟）　　转日莲（烟）　　转向葵（德）

　转天葵（聊）　　转株葵（聊）　　迎葵（枣）

照葵（枣）　　关关葵（临）　　场院花（淄）

苍阳花（利）　　万只灯（长）

栗子lìzi　　椟蓬（烟）

水果儿shuǐguǒr　　果儿木（烟）

桃子táozi　　大杏（枣）

山楂shānzhā　　山里红儿（聊）　　酸楂（聊）　　山里红子（菏）

草莓cǎoméi　　泼盘儿（青）　　破瓣头儿（烟）　　酸莓（济宁）

桑葚儿sāngrènr　　桑葚子（济）　　桑枣儿（烟）

葚子（济宁）　　桑籽（利）

芸豆yúndòu　　四季豆儿（青）　　四角眉（枣）　　眉豆（枣）

泥豆（临）　　月眉豆（新）　　八月忙（莱）

豆角dòujiǎo　　菜豆（烟）　　豆角子（新）

扁豆biǎndòu　　眉豆（潍）　　秋眉豆（枣）　　秋泥豆（临）

蒜苗儿suànmiáor　　蒜苗子（诸）

蒜薹suàntái　　蒜毫子（淄）

西红柿xīhóngshì　　洋柿子（济）

辣椒làjiāo　　椒子（济）　　洋椒子（聊）　　辣子（聊）　　秦椒（菏）

洋白菜yángbáicài　　元白菜（济）　　卷心菜（青）

包头菜（德）　　大头菜（聊）　　刚白菜（济宁）

西葫芦xīhúlu　　茭瓜（青）

香椿xiāngchūn　　香椿芽（济）　　椿头（烟）　　樗叶（牟）

蘑菇mógu　　蛾子（青）

洋姜yángjiāng　　鬼子姜（烟）

苋菜xiàncài　　玉鼓菜（枣）　　营生菜（新）

马齿苋mǎchǐxiàn　　蚂蚱菜（烟）　　马绳菜（聊）

车前草 chēqiáncǎo　　老牛舌（利）　　老牛涎涎（利）

蒲公英 púgōngyīng　　扑扑丁（青）　　婆婆丁（菏）
　　饽饽丁（潍）

喇叭花 lǎbahuā　　大碗子花儿（牟）

枯萎 kūwěi　　蔫音烟蔫（烟）　　瘟蔫（济宁）
　　蔫音烟由（新）

树苗儿 shùmiáor　　树栽子（烟）　　树栽子（梁）

树干 shùgàn　　树身子（青）　　树本（临）　　树老本（临）

树墩子 shùdūnzi　　树疙瘩（聊）　　树孤敦（临）

砍（树）kǎn　　杀（淄）

柏树 bǎishù　　片松（莱）　　片儿松（牟）

松球 sōngqiú　　松胡笼儿（青）　　松胡球儿（青）
　　松火笼儿（烟）

杨树 yángshù　　哗啦杨（牟）　　呱哒杨（莱）

楝树 liànshù　　苦楝子（济）

柳絮 liǔxù　　柳绒（利）

甘蔗 gānzhe　　甜棒（利）

花蕊 huāruǐ　　花心门儿（利）　　花心儿（牟）

九　　农工商学各业、文体

庄稼人 zhuāngjiarén　　老杆儿（济）　　老把子（青）
　　庄户孙（烟）　　老伧（济宁）　　庄稼老杆（济宁）
　　庄户汉子（利）　　乡熊（牟）

下地 xià dì　　上地里（聊）　　上地（枣）　　下湖（临）
　　上坡（新）　　上山（牟）　　山去（牟）

收工 shōugōng　　　放工（青）　　　住工（诸）

刨（地）páo　　　抓（淄）

拉纤 lāqiàn　　　拉套子（利）

镰刀 liándāo　　　镰（济）

犁 lí　　　犁耙昌慎（烟）

箩筐 luókuāng　　　抬筐（利）

碌碡 liùzhóu　　　砘（烟）　　　砘子（烟）　　　石滚（菏）

鼓风机 gǔfēngjī　　　风鼓子（烟）

土坯 tǔpī　　　墼坯（烟）　　　墼（牟）

篱笆 líba　　　障子（烟）·栅拉儿（德）　　　薄障子（利）
　　　园障子（牟）

化肥 huàféi　　　料子（莱）

沥青 lìqīng　　　臭油（牟）

小炉儿匠 xiǎolúr jiàng　　　锢锅的（烟）　　　锢炉匠
　　　（德）　　　锢盆儿锢碗儿的（聊）　　　巴碗锢漏锅的（枣）
　　　锢炉子（淄）　　　锢牢子（临）　　　小锢牢儿（临）
　　　小达炉子（梁）　　　小锢炉儿（长）

瓦工 wàgōng　　　泥瓦匠（德）　　　泥水匠（菏）
　　　窑匠（潍）　　　泥巴匠（新）

窑匠 yáojiàng　　　窑花子（临）

屠户 túhù　　　宰巴子（枣）　　　宰坊（梁）　　　杀猪屠子
　　　（新）　　　杀巴子（牟）

裁缝 cáifeng　　　裁坊（烟）　　　成衣匠（梁）

商店 shāngdiàn　　　铺户（聊）　　　铺里（聊）

杂货店 záhuòdiàn　　　广货铺（利）

顾客 gùkè　　　主户（潍）

买布 mǎibù　　截布（济）　　割布（烟）

饭店 fàndiàn　　馆子（青）　　饭馆子（烟）　　饭铺（临）

炊事员 chuīshìyuán　　居长（聊）　　居近（菏）　　忙
饭的（利）

理发店 lǐfà diàn　　剃头棚儿（德）　　剃头铺儿（枣）
剃头棚子（利）　　代诏铺子（诸）

理发员 lǐfàyuán　　代诏（潍）　　剃头匠子（新）

酱园 jiàngyuán　　酱菜铺儿（聊）　　咸菜铺儿（聊）
酱园子（枣）

澡堂 zǎotáng　　澡堂子（济）　　洗澡堂子（青）　　堂子（聊）

经纪 jīngjì　　牙子（济）　　跑街的（济宁）　　跑合儿
的（济宁）　　吃合儿的（济宁）

货郎 huòlang　　货郎挑子（菏）　　喝郎挑子（梁）

带徒弟 dàitúdì　　拉离巴儿（烟）

称称 chēngcheng　　治治（菏）　　横横（枣）、

换钱 huànqián　　破钱（烟）　　串钱（淄）

借债 jièzhài　　拉饥荒（烟）

欠帐 qiànzhàng　　该帐（济）　　拉帐（新）

走运 zǒuyùn　　走字儿（潍）

学校 xuéxiào　　书房（烟）　　书房儿（德）

书呆子 shūdāizi　　书愚子（新）

点名 diǎnmíng　　点卯（青）

请假 qǐngjià　　告假（青）

逃学 táoxué　　滑学（烟）　　发学（牟）

放学 fàngxué　　散学（潍）

板擦儿 bǎncār　　黑板擦儿（济）　　黑板擦子（青）

毛笔 máobǐ　　　水笔（烟）

砚台 yàntái　　　墨盘子（牟）

算盘 suànpán　　　算盘子（烟）

尺子 chǐzi　　　尺棒子（济宁）

橡皮 xiàngpí　　　橡皮擦子（青）　　　擦子（牟）

复写纸 fùxiězhǐ　　过墨纸（枣）　　　漏纸（梁）　　隔阴纸（牟）

画儿 huàr　　　画子（潍）

别字 biézì　　　叔伯字儿（潍）

歇后语 xiēhòuyǔ　　　侃子（济宁）　　　调侃（潍）

猜谜语 cāimíyǔ　　　破闷儿（青）　　　破笈儿（烟）

　　破梦儿猜（烟）　　扒迷儿（淄）　　猜闷儿（梁）

放风筝 fàngfēngzheng　放老鸹子（烟）　放风张（梁）

　　放马挂（利）

秋千 qiūqiān　　　悠千（朐）

不倒翁 bùdǎowēng　扳不倒子（济）　扳不倒儿（青）

　　扳音辨扳倒子（利）

捉迷藏 zhuōmícáng　藏猫乎（济）　　藏蒙儿（青）

　　藏猫虎儿（青）　　趴老牟儿（烟）　　藏猫猴儿

　　（济宁）　　藏摸颜色（淄）　　藏羊猫根儿（梁）

　　趴麻儿（牟）

木偶戏 mù'ǒuxì　　　走大吼儿的（聊）　　嘟哒戏（菏）

　　搓葫芦头子（临）　　撮骨偏子（淄）　人头子（潍）

杂技演员 zájìyǎnyuán　跑马卖谐的（聊）　　玩把戏的

　　（枣）　　玩藏掖的（淄）　　　耍藏掖的（诸）　　　耍藏

　　眼儿的（牟）　　耍藏眼儿法儿的（牟）

十一　性质、状态

好hǎo　　赛（济）　　　奥（聊）

不错bùcuò　　不孬（济）　　　不糙（烟）　　　不瓢（临）

坏huài　　孬（济）　　次毛（烟）　　孬巴·（聊）　　糙（威）

行～不～xíng　　中（菏）

傻shǎ　　迂（济）　　彪（烟）　　憨（聊）　　拼（聊）

　　松（溜）　　绍（利）　　扯干（利）

笨bèn　　拙（烟）　　腊皮（枣）

臊sāo　　臊气（济）

脏zāng　　腌臜（济）　　　窝囊（济）　　　遢遢（济）

　　肮脏（青）　　派赖（烟）　　脏歪（枣）　　恶影

　　（临）　　阿烂（新）　　艾漏（新）

稀xī　　薄（泰）

稠chóu　　厚（烟）

淡dàn　　甜（菏）　　善（威）

早zǎo　　早办（聊）

晚wǎn　　可后（聊）

小xiǎo　　没点儿（烟）

少shǎo　　稀松（聊）　　了了儿（菏）

很多hěnduō　-　老鼻子（济）　　几好儿的（烟）　　老

　　起了（牟）　　老些（长）

平滑pínghuá　　溜平（烟）

光滑guānghuá　　滑流（烟）　　出滑（溜）

舒服shūfu　　舒索（青）　　好受（青）　　得（聊）

169

如适（枣）　　　出坦（枣）　　　如作（诸）

难受 nánshòu　　难得（聊）　　不受应（临）

害羞 hàixiū　　　膴片（济）

不听话 bùtīnghuà　　驴（烟）

顽皮 wánpí　　　皮脸（济）　　不省心（青）

和睦 hémù　　　义合（淄）

高兴 gāoxìng　　欢喜音气（烟）　　喜（菏）

灵巧 língqiǎo　　灵翻（烟）

死板 sǐbǎn　　　老八板儿（菏）　　死汉（牟）

勤快 qínkuài　　下力（烟）　　勤利（枣）　　勤谨（新）

气量 qìliàng　　量气（烟）

可心 kěxīn　　　当意（烟）

稳重 wěnzhòng　　自本（淄）　　板原（牟）

急躁 jízào　　　急刨（淄）

容易 róngyì　　　稀松（济）

顺利 shùnlì　　　顺流（烟）　　顺扯（聊）　　顺续（枣）

结实 jiēshi　　　挺妥（烟）

匀称 yúnchèn　　四称（淄）

齐全 qíquán　　全和（烟）　　全还（菏）

清楚 qīngchu　　清亮（烟）

犹豫 yóuyù　　　二乎（济）　　二思（烟）　　二二思思（烟）

得志 dézhì　　　涨包（济）　　打腰（淄）

泼辣 pōlà　　　武拉（烟）

厉害 lìhai　　　辣害（烟）　　生古（潍）　　扣（新）

节俭 jiéjiǎn　　仔细（烟）　　细（牟）

吝啬 lìnsè　　　奸（青）　　生古（青）　　狗势（烟）

　　　　琐气（德）　　　斯挠（聊）　　　抠索（聊）　　　夹梢
　　（聊）　　　尖腔棒子（枣）　　　小做（临）　　　乍渣子
　　（潍）　　　夹古（新）　　　抠（牟）

贪婪tānlán　　狼（烟）

虚套xūtào　　虚言假套（烟）　　溜虚（聊）　　假三套（枣）
　　　　虚圈套（临）

糊涂hútu　　二乎（烟）

磨蹭mócèng　　愚磨（济）　　拈缠（济宁）

累赘léizhui　　带理儿（烟）　　坠世（枣）

宽敞kuānchang　　宽绰音潮（烟）　　利亮（枣）　　宽快（淄）

狭窄xiá zhǎi　　窄巴（烟）　　窄往（淄）

颤动chàndòng　　颤活（烟）

拥挤yōngjǐ　　塞人（烟）　　打嗡（聊）　　㑇农（淄）

圆形的yuánxíngde　　圆油的（聊）　　圆溜的（聊）
　　　　团团的（潍）

方形的fāngxíngde　　四方四角的（烟）

呆头呆脑dāitóudāinǎo　　彪不愣登（烟）　　憨不拉唧（枣）

残破不全cánpòbùquán　　半截拉块的（淄）

紧要关头jǐnyàoguāntóu　　紧关节腰儿（烟）

机智灵敏jīzhìlíngmǐn　　六精八怪儿（烟）

大模大样dàmódàyàng　　大马金刀（烟）

马马虎虎mǎmǎhūhu　　浮皮潦草（青）

装腔作势zhuāngqiāngzuòshì　　做音奏势（济）　　拿捏（青）

冷冷清清lěnglěngqīngqīng　　清瓜冷灶（潍）

忘恩负义wàng'ēnfùyì　　狼（淄）　　、

各有所长gèyǒusuǒcháng　　各识一经（烟）

十一　代词、副词、介词、量词

我 wǒ　　俺（济）

我们 wǒmen　　俺（济）　　俺们（济）　　俺这伙儿
　　（济）　　俺这些儿（牟）　　俺轧伙儿（长）

你们 nǐmen　　你这伙（济）　　伢音哪（烟）　　恁（诸）
　　伢音哪捏些儿（牟）　　伢音哪轧伙儿（长）

什么 shēnmo　　么儿（济）　　么个（济）　　麻（德）
　　啥（菏）　　宏么（枣）　　啥稿儿（利）

怎么 zěnmo　　咋（菏）　　怎个（牟）

怎么样 zěnmoyàng　　咋样（菏）

刚才 gāngcái　　将（济）　　才将（聊）　　将忙儿（临）

正在 zhèngzài　　喷（枣）

这种~东西 zhèzhǒng　　这户儿（济）

正巧儿 zhèngqiǎor　　正合适（烟）　　验巧儿（聊）

差点儿 chàdiǎnr　　差一忽忽（济）　　差没点儿（烟）
　　差灰儿（聊）　　凡灰儿（聊）　　血乎点儿（临）
　　兴没兴儿（牟）

立刻 lìkè　　马上马（济）　　赶某儿（青）　　跟着（烟）脚
　　下（聊）　　末下（聊）　　马时（枣）　　立时（临）
　　坐卧（潍）　　爽（诸）

任何时候 rènhéshíhòu　　多暂（济）　　管多儿（青）

幸亏 xìngkuī　　亏了（济）　　亏得（济）　　亏喽（枣）
　　亏儿亏儿（牟）

一起 yīqǐ　　一堆儿（烟）　　一筏儿（济宁）

单独dāndú 各则`（淄）

故意gùyì 特音得为地（济） 特音得为意儿地（济）

　　处心（潍） 净意（新）

顺便儿shùnbiànr 捎带着（济） 就手儿（烟）

　　就利儿（烟） 捎搭子（聊） 一趟腿儿（诸）

　　一就儿（牟） 一便儿（牟）

压根儿yàgēnr 验根儿（聊） 一起了儿（聊）

　　一共（济宁）

统共tǒnggòng 一共拢总（济） 共言（淄）

　　一包糟（潍） 统笼共（牟） 统共一（牟）

初次chūcì 一乍儿（牟） 头一乍儿（牟）

最初zuìchū 以先（烟） 一起先（牟）

最后zuìhòu 末末了（济） 落末了儿（烟）

　　末音天了儿，（济宁） 压末了儿（牟）

从小儿cóngxiǎor 一小儿（烟） 起小儿（济宁）

很hěn 冷阴平（济） 乔（济） 刚（济） 精

　　（烟） 老（烟） 忒（济宁） 透（枣） 享（淄）

　　綦（潍） 刚的（诸）

非常fēicháng 海儿（青）

没有méiyǒu 没价（济） 没嘎（潍）

一直yīzhí 一共（济宁）

难怪nánguài 原当不的（淄） 无怪道（牟）

大致dàzhì 估则儿（枣） 大荒儿（牟）

仅仅jǐnjǐn 满共（聊） 纯眼（淄）

大概dàgài 大是的（聊） 敢莫（烟） 大概其儿（牟）

稍微shāowēi 但凡（烟）

突然tūrán　　大不潮儿（烟）　　　忽大帮儿（烟）

猛不丁的（菏）　　冒不突然地（临）　　猛戛丁地（潍）

忽拉巴儿（莱）　　忽大麻儿（牟）

顿时dùnshí　　马时间里（聊）　　　手等子（聊）

经常jīngcháng　　常不常儿（聊）　　回回（枣）　　靠（临）

总是zǒngshì　　管几儿（青）　　　到老儿（烟）

到处dàochù　　满场儿（烟）　　满山儿（牟）　　管哪儿（牟）

全部quánbù　　一糟儿（潍）

额外éwài　　余外（聊）

权作quánzuò　　权当（烟）

敢情gǎnqing　　捏敢自（烟）

快点儿kuàidiǎnr　　快溜的（烟）　　爽当的（枣）　　爽（诸）

尽力jìnlì　　量量儿（聊）　　　可子劲儿（聊）

可能kěnéng　　当么子（聊）　　　敢莫（牟）

值得zhíde　　值过（济）

不值得bùzhíde　　不犯如（淄）　　　值不当的（潍）

犯不上（新）

不见得bùjiàndé　　不见其（烟）　　没场迟（烟）　　　备不

住（潍）

说不定shuōbùdìng　　当不了（烟）　　　碍不着（菏）

巧喽（枣）　　当不住（潍）

来不及láibùjí　　迭不当的（潍）　　　迭不得（梁）　　　不

赶趟儿（牟）

不一定bùyīdìng　　不叫准（淄）　　　不把准儿（牟）

经不住jīngbuzhù　　架不住（烟）　　　搁不住（枣）

没关系méiguānxi　　没啥（济）　　　没有事儿（烟）

174

不碍事（菏）

一连yīlián　　一连光儿（烟）　　　一连尖子（济宁）

一阵yīzhèn　　一筏子（济宁）

一个劲地yīgéjìnde　　紧着（济宁）　　　紧个（梁）
　　　　直个（梁）　　直着杆儿（牟）

依着yīzhe　　济着（济）

依从yīcóng　　由眼（淄）

象（～他妈）xiàng　　随（淄）

用（～手拿）yòng　　下（烟）　　掌（济宁）　　　使（淄）

比（这个～那个大）bǐ　　伴（济）

和（～他一起）hé　　给（济）　　杭（青）　́黄（烟）

沿着yánzhe　　旅着（潍）

从（～那儿走）cóng　　待（济）　　跟儿（烟）　　　起（济宁）
　　　贴（枣）　　把（潍）　　满（诸）

向（～南去）xiàng　　上（济）　　可（枣）

在（～家里）zài　　从（济）　　待（烟）

之类zhīlèi　　郎咸的（济）

上下shàngxià　　来往（济宁）　　大么么（威）

几口人jǐkǒurén　　几口家（烟）

嘟噜（一～葡萄）dūlu　　穗（潍）

眼（一～井）yǎn　　面（诸）

场（一～电影）chǎng　　块儿（烟）

条（三～街）　　根（潍）

双（一～手）shuāng　　担（诸）

行（一～树）háng　　溜（济）

段（一～木头）duàn　　骨嵝（济宁）

层（三~楼）céng　　　起（济）

一会儿（干了~）yīhuìr　　　一气儿（烟）　　一盼子（诸）

圈儿（跑了一~）quānr　　　旮旯儿（临）

次（去了一~）cì　　　遭（烟）　　末子（淄）

一边…一边（~吃饭~说）yībiān…yībiān　　　随…随（聊）

　　赶着…赶着（淄）　　　一马…一马（新）

第三章　语　法

第一节　语法常识

　　语法是语言的结构规则。就象盖房子，一是要知道砖瓦门窗是怎么制造出来的，二是要知道这些材料应怎样得到恰当的安置才能盖成合适的房子。语言中的词是按照一定的语法规则构成的，词又按一定的语法规则构成句子。无论语素构成词还是组词成句，都不能违反语言的语法规则。例如，"火车"、"读书"、"推广"不能倒过来说成"车火"、"书读"、"广推"；"柴火"、"生产"、"科学"如果倒过来说成"火柴"、"产生"、"学科"，意思就完全变了。又如："我吃饭"不能说成"饭吃我"、"我饭吃"；"他唱歌"如果说成"歌唱他"意思也就改变了。以上的差别并不是由于词义造成的，而是由不同的语法规则决定的。所以，我们平常说话，光懂得每个词的意义还不行，还得符合词和词、词和句子、句子和句子之间所存在的各种关系。学习普通话，也要使说出来的话符合普通话的语法规则。

　　语法规律是客观存在的，不是哪一个人创造出来的，而是人们在长期语言使用中约定俗成的。语法学的任务就是要通过对大量的语言事实进行分析归纳，科学地总结出客观存在的语法规则。对词的构成和变化归纳出来的规则叫做词法，对词组或句子的结构进行分析总结出来的规则叫做句法。例如："刷子"、"盖子"、"垫子"是由实语素加虚语素构成的名词，其中的构词规律便是部分动词性实语素后加虚语素"子"可以构成名词。又如："哥哥踢足球"、"妹妹看小说"、"妈妈洗衣服"等句子，包含的词不同，意义也不一样，但结构上有共同之处，如果把这些句子的结构进行概括，就得出"主语（名词）——谓语（动词）——宾语（名词）"这一普遍的语法规则。按照这一规则又可以造出无穷的结构相同而意义不同的句子来。一种语言或一种方言，具体句子的数目是无限的，但句子的结构规则却是有限的。

表达语法结构需要一定的语法手段。这种手段在各种语言中有不同的特点。汉语中，语序、虚词是重要的语法手段。

语序就是词在句子中的先后顺序。同样几个词，排列顺序不同，意思就不一样。例如"我要学习普通话"一句中，如果把"要"字放在句首，变成"要我学习普通话"，两句意义便有了差异。

虚词也是汉语中重要的语法手段之一。例如，"我"和"妈妈"两个名词，中间加虚词"的"便构成偏正词组"我的妈妈"；中间加虚词"和"就构成了联合词组"我和妈妈"。尽管虚词在汉语中的数量有限，但它的功能非常大，成为汉语词与词、句子与句子之间联系的重要成分。

语法虽然是语言中最稳固的部分，但各种方言仍然存在许多不同的地方。在北方方言中，山东话的语法跟普通话相比有许多明显的特点，这些特点表现在词法和句法的各个方面。山东人要学好普通话，就应该了解山东话和普通话的语法差别，有针对性地纠正本方言中不符合普通话说法的语法规则。

第二节 山东话语法特点
与普通话对照

本节将目前已搜集到的山东话的语法特点跟普通话作出比较。所谓特点，是指方言跟普通话存在差别的部分，分为词法和句法两方面。因为山东各地方言的语法特点并不一致，各项特点的分布地域有宽有窄，这里仅作举例性的说明。读者可以从这些比较中知道本方言语法中不合规范的部分应如何说才能符合普通话的标准。

一 词法

（一）词缀

普通话常用的前缀有"老"、"阿"、"第"、"初"等，后缀有"子"、"头"、"员"、"者"、"士"等，中缀比较少见。山东话前缀与普通话相同，后缀、中缀与普通话有一些出入。

1.名词后缀

山东话最常见的名词后缀有"子"、"头"、"厮"、"汉"、"巴"、"巴子"等。下面分别讨论：

山东许多地方以"子"为后缀的名词比普通话稍多，普通话中许多不带后缀"子"的词，在山东的一些地方是带"子"的。就山东话跟普通话的对应关系看，可以分为两类：

第一，山东话以"子"为后缀，普通话是儿化韵的词。属于这种对应关系的词不算多。例如：

青州话	普通话	郯城话	普通话
酒盅子	酒盅儿	嘴角子	嘴角儿
茶碗子	茶碗儿	小米子	小米儿
灯罩子	灯罩儿	谷穗子	谷穗儿
裤衩子	裤衩儿	豆角子	豆角儿
光棍子	光棍儿	面条子	面条儿
后脑勺子	后脑勺儿	豆腐脑子	豆腐脑儿

第二，山东话以"子"为后缀。普通话不带后缀，属于这一类情况的词比较多。其中又可分为两种，一是前面的实语素山东话跟普通话相同；二是实语素不相同或不完全相同。例如：

潍坊话	普通话	潍坊话	普通话
锅子	锅	蜜虫子	蚜虫
泉子	泉	蛇虫子	蜥蜴
马子	马	屎壳郎子	蜣螂
蛹子	蛹	石头崖子	台阶
糨子	糨糊	山埠岭子	丘陵
人头子	木偶戏	油炸果子	油条

又如：

平邑话	普通话	平邑话	普通话
门栓子	门栓	毛猴子、豺嘴子	狼
腮帮子	腮	阿郎蛛子	蜘蛛
姑姑子	尼姑	门崖子	台阶
神话妈子	巫婆	旮旯子	角落

合心眼子	喉咙	死头子	小气
腻虫子	蚜虫	献浅子	献殷勤
大妮子	臭虫	老大会子	很长时间

再如：

新泰话	普通话	新泰话	普通话
鼻孔眼子	鼻孔	歪拉子	跛子
嘴头子	嘴唇	公子	雄性动物
食嗓子	食道	母子	雌性动物
下巴颏子	下巴	饭棚子	厨房
衣胞子	胎盘	影干子	痕迹
剃头匠子	理发员	圆盘子	劝解
苦菜子	苦菜	浅蓝子	浅蓝色

枣庄、滕州、邹县、平邑等地以"头"为后缀构成的名词多用于称人，含贬义，例如：

枣庄话	普通话
掠子头	外行
败乎头	败家子
强筋头	顽固的人
绝户头	没有子女的人
扒灰头	与儿媳不轨的人
养汉头	有情夫的女子

郯城话有些词也用"头"为后缀，有的还可以说成"头子"。例如：

郯城话	普通话
离巴头、外行头	外行
难缠头、强筋头	顽固执拗的人

半婚头子	二婚头
大伯头子	大伯子

淄博、潍坊、诸城、安邱、昌乐、青州、临朐等县市以"斯"、"汉"、"巴"做后缀的词，常用于指称带有生理缺陷的人，例如：

临朐话	诸城话	普通话
小斯	小斯	小子、男孩子
秃斯	秃斯	秃子
瞎斯、瞎汉	瞎汉	瞎子
聋汉	聋汉	聋子
疯汉	疯汉	疯子
嘲巴	嘲巴	傻子
瘸巴	瘸巴	瘸子

枣庄一带也有以"巴子"做后缀构成的名词，也多是指某一类人，含贬义。例如：

枣庄话	普通话
宰巴子	屠夫
甩巴子	没本事的人
撮巴子	抢夺东西的流浪汉
瘸巴子	瘸子
瘫巴子	瘫痪病人
齁巴子	气管炎病人
结巴子	口吃的人

2.动词后缀

山东话常见的动词后缀有"巴"、"达"、"由"、"查"等。这些后缀跟在单音节动词后面分别构成

"V巴"、"V达"、"V由"、"V查"（V代表单音节动词）式，并都可以重叠，分别为"V巴 V巴"、"V达 V达"、"V由V由"、"V查V查"式。大致相当于普通话单音节动词重叠中间加"一"，或动词后加"一下"。山东话这些动词后缀的分布地区不尽相同。

"巴"通行于全省各地。例如：

平度话	普通话	
提巴→提巴提巴	提一提	提一下
弹巴→弹巴弹巴	弹一弹	弹一下
压巴→压巴压巴	压一压	压一下
打巴→打巴打巴	打一打	打一下
洗巴→洗巴洗巴	洗一洗	洗一下
搓巴→搓巴搓巴	搓一搓	搓一下
踩巴→踩巴踩巴	踩一踩	踩一下
啃巴→啃巴啃巴	啃一啃	啃一下

新泰一带后缀"巴"常说成儿化的"巴儿"，接在一些动词后。例如：

新泰话	普通话	
撕巴儿→撕巴儿撕巴儿	撕一撕	撕一下
剁巴儿→剁巴儿剁巴儿	剁一剁	剁一下
缝巴儿→缝巴儿缝巴儿	缝一缝	缝一下
说巴儿→说巴儿说巴儿	说一说	说一下

"达"的通行范围也比较广泛。如：

牟平话	普通话
踌达→踌达踌达	踹一踹，踹一下
甩达→甩达甩达	甩一甩，甩一下

蹾达→蹾达蹾达　　蹾一蹾　蹾一下

跳达→跳达跳达　　跳一跳　跳一下

"由"的通行范围也比较广，聊城、淄博、临沂等地都有这种用法。例如：

新泰话	普通话	
搓由→搓由搓由	搓一搓	搓一下
转由→转由转由	转一转	转一下
缠由→缠由缠由	缠一缠	缠一下
捻由→捻由捻由	捻一捻	捻一下

"查"常见于济南、聊城、菏泽、泰安、淄博、临沂等地。例如：

聊城话	普通话	
刮查→刮查刮查	刮一刮	刮一下
扒查→扒查扒查	扒一扒	扒一下
抠查→抠查抠查	抠一抠	抠一下
划查→划查划查	划一划	划一下

烟台等地虽也有以"查"为后缀的动词，但不多，上述四例，烟台话为"刮查"、"扒拉"、"抠赤"、"划拉"。

3．形容词词缀（参见本节（三）"形容词生动形式"）

（二）代词

1．人称代词

山东话人称代词与普通话的主要不同表现在复数的表达方式上。普通话复数表示法是在单数之后加"们"而构成。山东胶东地区的烟台、威海、荣成、文登、乳山、牟平、海阳、栖霞、长岛，蓬莱、龙口等市县一般不加"们"字，而有自己的表示方法。济南话复数的说法也有两套。一套与普通话相同，另一套说法是在第一人称后加"这伙"。对照如下：

济南话	长岛话	牟平话	普通话
俺、俺们	俺	俺	
俺这伙	俺轧伙儿	俺这些儿	我们
我们			
咱、咱们	咱	伯	
咱这伙	咱轧伙儿	咱这些儿	咱们
你们	傛（音nǒ）	傛	
你这伙	傛轧伙儿	傛这些儿	你们
	傛这些儿		
他们	他轧伙儿	他这些儿	
他这伙	他这些儿	他捏些儿	他们

另外，潍坊第二人称单、复数都可用"恩"；青岛、聊城、菏泽、临沂、利津等地第二人称复数普遍用"您"（音nɛn）。

2．指示代词

普通话指示代词近指用"这"，远指用"那"，山东各地不尽相同。

枣庄、滕州、郯城等市县根据指示代词后面所接的不同的词而有三类说法。如枣庄话：

	近指	远指	
第一类：	这孩子	那孩子	名称之前
	这衣裳	那衣裳	

185

第二类：在个人　　　耐个人 } 量词之前
　　　　　在一棵树　　　耐一棵树

第三类：粽热　　　　农热
　　　　　粽热　　　　农热 } 性状、方式等词之前
　　　　　粽么　　　　农么

其中，"粽"是"这样"的合音；"农"是"那样"的合音。

潍坊、烟台、威海、利津等地的指示代词，表示近指用的词跟普通话一样都用"这"，但远指用"那"或"捏"，以"捏"更为常见。例如：

潍坊话：捏里、捏个、捏样、捏些、捏霎儿

普通话：那里、那个、那样、那些、那时

另外，淄博、潍坊等地指示代词"这样"、"那样"在口语中常说它们的合音形式，分别为"zhang阴平"、"nang阴平"。

3．疑问代词

现将下列几个方言点与普通话作一比较：

济南话	菏泽话	郯城话	文登话	普通话
谁	谁	谁个	谁	谁
么儿、么个	啥	什么	么、么个	什么
怎么	咋	怎的	怎个	怎么
怎么样儿	咋样儿	怎么样	么样儿	怎么样
哪里	哪合	哪来	哪场儿	哪里
多暂	啥会儿	早晚	么时候儿	什么时候

（三）形容词生动形式

186

普通话的形容词生动形式主要有以下几种：

A——→AA的　　红红的、大大的、深深的

A＋BB——→ABB的　　香喷喷的、喜洋洋的

A＋BC——→ABC的　　冷古丁的、酸不叽的

A＋BCD——→ABCD的　　黑不溜秋的、圆古龙冬的

AB——→AABB的　　舒舒服服的、整整齐齐的

AB——→A里AB的　　胡里胡涂的、古里古怪的

BA——→BABA的　　通红通红的、精瘦精瘦的

山东话中除了也有上述各种格式以外，还有几种跟普通话不同，下面择要介绍三类。

1．"B不A"、"B不子A"式

枣庄一带有些表示颜色、味道等方面的"BA"结构，可以在中间加"不"或"不子"，表示"过于A"的意思，含有厌恶的感情。例如：

枣庄话			普通话	
黢黑	黢不黑	黢不子黑	很黑	太黑
煞白	煞不白	煞不子白	很白	太白
焦黄	焦不黄	焦不子黄	很黄	太黄
血酸	血不酸	血不子酸	很酸	太酸
挣甜	挣不甜	挣不子甜	很甜	太甜
苦辣	苦不辣	苦不子辣	很辣	太辣
滚热	滚不热	滚不子热	很热	太热

2．"BAA"式

单音节形容词重迭后，前面再加修饰语，表示形容程度的进一步加深。例如枣庄：

黢黑黑　　　焦黄黄　　　挣甜甜

187

　　　滚热热　　　　冰凉凉

　　枣庄这种"BAA"的形式跟"BABA"是并行的，上例"黢黑黑"等也可说成"黢黑黢黑"等。

　　临沂话"BAA"形式的比较固定，有"老"、"挺"、"楞"，例如：

老远远	挺矮矮	楞宽宽
老粗粗	挺近近	楞粗粗
老厚厚	挺窄窄	楞厚厚
老苦苦	挺深深	楞好好
老硬硬	挺硬硬	楞硬硬

　　淄博、泰安、潍坊等地市，成对的单音节反义形容词多用"大AA"或"精AA"表示形容程度深。一般来说，"大AA"式表示积极意义，"精AA"式表示消极意义，后者的AA在许多地方是儿化的，形成"精A儿A儿"式。例如诸城：

大宽宽	精窄儿窄儿
大深深	精浅儿浅儿
大高高	精矮儿矮儿
大粗粗	精细儿细儿
大厚厚	精薄儿薄儿
大肥肥、大胖胖	精瘦儿瘦儿
大长长	精短儿短儿

　　3．"没是A"、"没AB儿"式和"老AB"，"没AB儿"式

　　这些形式都表示形容程度很深，双双都是两种相对的格式。两组中的前者"没是A"、"老AB"用于积极意义的方面；后者两组形式同为"没AB儿"用于消极意义的方面。"A"

和"B"多数是两个正反义对立的单音节形容词。两种形式通行于东区："没是A"、"没AB儿"式主要分布于东滩区的青岛、崂山、平度等地（平度一带"没AB儿"还可用"没A下儿"、"没B下儿"的形式代替）；"老AB"、"没AB儿"式主要分布于东莱区的烟台、威海、龙口、长岛、牟平等地。例如东滩区平度：

平度话	普通话	平度话	普通话
没是高	很高	没高矮儿、没矮下儿	很矮
没是远	很远	没距远儿、没远下儿	很近
没是宽	很宽	没宽下儿、没窄下儿	很窄
没是粗	很粗	没粗细儿、没细丝儿	很细
没是深	很深	没深浅儿、没浅下儿	很浅
没是长	很长	没长短儿、没短下儿	很短
没是厚	很厚	没厚薄儿	很薄

再如东莱区牟平：

牟平话	普通话	牟平话	普通话
老长短	很长	没长短儿	很短
老高矮	很高	没高矮儿	很矮
老深浅	很深	没深浅儿	很浅
老粗细	很粗	没粗细儿	很细
老宽窄	很宽	没宽窄儿	很窄
老厚薄	很厚	没厚薄儿	很薄
老大小	很大	没点儿	很小

（四）量词

量词总是和名词、动词结合在一起使用，有什么样的名词、动词就需要有什么样的量词来搭配，哪些量词能跟哪些名词、动词配合，有一定的习惯性（具体用法可参见吕叔湘主编《现代汉语八百词》附录"名词、量词配合表"），山东方言的量词和普通话的使用范围有一样的地方，也有不一样的地方。总的来说，普通话量词丰富、发达，区分比较细密、严格，山东话量词的区分则不太严格，混用现象不少。差别较大的是物量词。

山东话特殊物量词与普通话有这样几种对应关系：一是简单的一对一的关系，即方言的某个量词相当于普通话的某个量词。例如：

曲阜话	普通话	潍坊话	普通话
一架地	一片地	一通碑	一块碑
一荡子人	一帮人	一穗葡萄	一嘟噜葡萄
一骨鲁木头	一节木头	一停儿立糕	一支糖葫芦

二是复杂的一对多的关系，即方言的某个量词相当于普通话的几个不同量词。对此，要根据普通话和名词的配合要求，分别不同情况改用普通话的量词。例如：淄博、诸城等地常用量词"个"分别相当于普通话的"只"、"头"、"顶"、"根"、"条"、"辆"等；平度等地的常用量词"块儿"则分别相当于普通话的"节"、"支"、"部"、"辆"等。举例如下：

淄博话	普通话	平度话	普通话
一个鸡	一只鸡	一块儿电池	一节电池
一个牛	一头牛	一块儿歌儿	一支歌儿
一个帽子	一顶帽子	一块儿电影儿	一部电影儿
一个针	一根针	一块儿自行车	一辆自行车
一个裤	一条裤子		
一个汽车	一辆汽车		

山东话也有些特殊的动量词。常见动量词与普通话对照如下：

普通话	山东话（方言点举例）
（干了）一会儿	一盼子（潍坊、诸城）
	一盼儿（平邑）
	一气儿（烟台、威海）
	一木儿（郯城）
（跑了）一圈儿	一窠郎（郯城）
	一㚻晃儿（临沂）
（去了）一次	一遭（烟台、文登）
	一末子（淄博）
（打了）一下子	一盼儿（曲阜）
（洗了）一遍	一货（淄博、烟台、威海）

（五）副词

山东话与普通话副词的差别表现为两个方面：一方面，普通话的某个副词，山东话各地有与它意思和用法都一样的副词，只是具体的词不一样。以程度副词"很"、"太"为例：

普通话	山东话（方言点）	例词	
很	刚（济南等）	刚粗	刚罗嗦
	乔（济南等）	乔脏	乔难受
	稀（济南等）	稀脆	稀酸
	楞（济南等）	楞赛	楞能
	海儿（青岛等）	海儿高	海儿酸
	綦（潍坊等）	綦好	綦会说
	襄（淄博等）	襄苦	襄辣

	血 （聊城等）	血好	血不懂事儿
	刚的 （诸城等）	刚的长	刚的难
	刚着 （诸城等）	刚着凉	刚着坏
太	忒 （济宁等）	忒长	忒懒
	着 （青州等）	着高	着浅

另一方面，山东方言有少量词组里副词的位置比较特殊，需要按照普通话的说法进行调整。例如：

普通话	山东话	（方言点举例）
不知道	知不道	（济南、枣庄、潍坊）
手很冷	很手冷	（潍坊、寿光）
脚很痛	很脚痛	（潍坊、寿光）
头很疼	刚着头痛	（诸城）
快走	走快	（枣庄、新泰）

（六）助词

普通话常见的助词有表示结构的，如"的"、"地"、"得"，也有表示时态的，如"着"、"了"、"过"等等。山东人学习普通话应当注意学会正确使用普通话的时态助词。

1.着 zhe

跟在动词后面，表示一个动作正在进行，如坐着、站着。山东各地都有这个助词，只是有的地方发音不同。聊城说成 zi；菏泽、临沂说成 zhuo；威海等地说成 de；烟台话说成〔r〕e，舌尖发音时打了个滚儿。

2.了 le

跟在动词后面表示一个动作已经结束。山东方言有关助词"了"的说法大体上有这样几种情况：一种是语音的差别，聊城、菏泽等地说成"喽"lou；枣庄等地说成"拉"la；潍坊、诸城等地说成"咧"lie或"了"liao；新泰、平邑等地说成"唠"lɔ。以菏泽话为例：

菏泽话	普通话
吃喽饭了。	吃了饭了。
吓喽一跳。	吓了一跳。
走喽一趟。	走了一趟。

再一种，烟台、威海、荣成、文登、乳山、牟平、海阳、栖霞、长岛、蓬莱、龙口、莱阳等市县用动词的儿化来表达动作的完成。例如：

威海话	普通话
吃儿饭就走。	吃了饭就走。
买儿一斤鱼。	买了一斤鱼。
去儿三趟。	去了三趟。
得儿理儿也得让人。	得了理儿也得让人。
跑儿和尚跑不了庙。	跑了和尚跑不了庙。

另外一种情况是助词"了"的省略。如平度方言"了"的用法与普通话基本相同，但句中的"了"常可以通过重读并延长前面动词的读音而加以省略。例如：

平度话	普通话
照（了）一张相。	照了一张相。
笑掉（了）大牙了。	笑掉了大牙了。
倒（了）油瓶也不扶。	倒了油瓶也不扶。

3．过 guo

跟在动词后表示曾经有过某种经历。聊城一带说成

"故"（音 gu），如"我到故北京"。其他许多地方没有
"过"这个语法形式，应当注意学习和掌握它的用法。请读
下列普通话例句：

　　这个电视我看过。

　　我们曾经谈过这个问题。

　　他一次也没找过我。

　　他从来没吃过亏。

　　你问没问过他？

（七）语气词

　　句子的末尾用来表示各种语气的词叫语气词。表达陈述
语气的有：了、的、呢、着呢、嘛、啊；表达疑问语气的
有：吗、吧、呢、啦；表达命令或感叹语气的有：吧、呢、
啊。别看语气词不多，但用的地方比较多，所以要注意学习
普通话语气词的说法。

　　山东方言常见的语气词有："来"、"连"、"咧"、
"可"、"吧咋"等。

　　"来"用来表示疑问或陈述的语气，相当于普通话的
"呢"（读 ne），枣庄、菏泽、平邑、淄博等地都很常用，
例如：

枣庄话	普通话
你在家干么儿来？	你在家干什么呢？
他喷吃饭来。	他正在吃饭呢。
电影还没演来。	电影还没演呢。
这件衣裳怪好来。	这件衣裳怪好呢。
他在给一个人说话来。	他正跟一个人说话呢。

　　"连"可以用于陈述句、祈使句(又叫命令句)、感叹句之中，相当于普通话的语气词"了"、"啦"。例如：

淄博话	普通话
下雨连。	下雨了。
忒冷连。	太冷了。
我洗完衣裳连。	我洗完衣裳了。
不用再打水连。	不用再打水了。
人家可义合连！	他们可团结了！

　　"咧"相当于普通话的"了"，也是表示陈述等语气。济南、泰安等许多地方流行这种说法。例如：

新泰话	普通话
又慌咧。	又慌了。
我饿咧。	我饿了。
连黄子都淌出来咧。	连蛋黄儿都流出来了、
天亮咧，鸡叫咧。	天亮了，鸡叫了。

　　"可"通行于济南、泰安等地。它与普通话的对应比较复杂，根据句子的不同，大体相当于普通话的"吧"、"的时候"。例如：

济南话	普通话
等明儿可！	等明天吧！
好好走，看摔倒了可！	好好走，小心摔倒了！
甲：去吧！乙：吃了饭可。	甲：去吧！乙：吃了饭再去吧。
将才来可就看见你了。	刚才来的时候，就看见你了。
我完不成可，你来帮忙。	我完不成的时候，你

来帮忙。

"吧咋"表示命令、催促的语气，其作用和用法跟普通话的"吧"相当。例如：

淄博话	普通话
洗吧咋。	洗吧。
吃吧咋。	吃吧。

值得一提的是，莱州、莱阳、平度、高密、诸城、五莲等方言，表示疑问语气有时用语气词，但不用的情况更为常见。如诸城话，不用语气词时，句子的语调比较特殊，全句末尾声调上扬，并且发音时间持续较长。试比较下面句子：

诸城语	普通话
是？好看？	是吗？好看吗？
这个好？	这个好吗？
你没去？	你没去吗？
那是你兄弟？	那是你弟弟吗？

二　句法

（一）补语

补语主要用于说明动作行为的结果、数量、处所、趋向或程度。山东方言补语的说法按不同类型各有自己的表达方式。

1.可能补语

普通话一般是在动词后用"得"和"不得"来表示可能和不可能。根据所表达意义可分为肯定式、否定式和疑问式等。

①肯定式

普通话常用的格式为：动词＋得＋补语

山东话常用的格式为：动词＋补语＋语气词"喽"（或"唠"、"溜"等）。对照如下：

聊城话	新泰话	临朐话	普通话
看见喽	看见唠	看见溜	看得见
上去喽	上去唠	上去溜	上得去
说清喽	说清唠	说清溜	说得清
信着喽	信着唠	信着溜	信得过
拿动喽	拿动唠	拿动溜	拿得动

②否定式

普通话常用格式有两种，第一种如：上不去、说不清；第二种如：吃不得、去不得。其中第一种说法，山东话各地与之相同，第二种说法在山东话里就比较少见，更多的是被"不能＋动词"形式所代替。例如：

烟台话	普通话
这话可不能说。	这话可说不得。
变儿质的东西不能吃。	变了质的东西吃不得。
你可不能小看了。	你可小看不得。

③疑问式

普通话常用格式也有两种，第一种如：吃得完吃不完？第二种如：吃得完吗？山东方言也与此不同。

聊城一带的说法是：动词＋补语＋喽＋不？例如：

聊城话	普通话
写完喽不？	写得完写不完？写得完吗？
接上喽不？	接得上接不上？接得上吗？

潍坊、青州、临朐等地的说法是：动词＋补语＋溜（或了）＋啊吧？例如：

青州话	普通话
看清溜啊吧？	看得清看不清？看得清吧？
拿动溜啊吧？	拿得动拿不动？拿得动吧？
解开溜啊吧？	解得开解不开？解得开吧？

2. 处所补语

普通话处所补语的表示方法，是在动词谓语之后接介词"在"、"到"等组成的介词词组。山东话的位置与普通话相同，只是介词"在"、"到"有些不同。

潍坊、诸城、青州、新泰等地把"在"、"到"说成了"唎"、"撂"等。比较如下：

潍坊话	新泰话	普通话
掉唎地上了。	掉撂地上了。	掉在地上了。
放唎窗台上吧。	放撂窗台上吧。	放到窗台上吧。
你搁唎哪了？	你搁撂哪了？	你搁到哪里了？

济南、泰安、青岛等地的表达方法是省略"在"、"到"，动词直接和后面结合。例如：

青岛话	普通话
搁桌子上吧！	搁在桌子上吧！
洒地下了。	洒在地上了。
抹身上了。	抹到身上了。
跳黄河也洗不清。	跳到黄河也洗不清。

烟台、威海等胶东地区有关处所补语的说法，根据不同的句式而有复杂的变化。大体说来，命令句中全部用动词儿化，不用"在"、"到"；陈述句里，如果句末无"去

了"、"来了"，则用"在"（读dɑi），如果句末有"去了"、"来了"，则动词儿化，省去"在"、"到"；疑问句里，如果表示动作没有完成，则动词儿化；如果动作已经完成，并且句末无"去了"、"来了"，则要用"在"；如果动作已经完成，句末又有"去了"、"来了"，则使用动词儿化。看起来显得有些乱，但其规律基本上是严格的。不管怎样，都应当把方言的说法换成以"在"、"到"引导的处所补语。对照如下：

牟平话　　　　　　　普通话

命令句：稳儿桌子上吧！　　放到桌子上吧！

陈述句：┤梳稳在抽屉里。　　梳子放在抽屉里。
　　　　├走儿前头儿去了。　走到前头去了。
　　　　└鸡跑儿家儿来了。　鸡跑到家里来了。

疑问句：┤稳儿哪儿好？　　　放到哪里好？
　　　　├你把它稳在哪里？　你把它放在哪里了？
　　　　└他填儿嘴儿去了？　他填到嘴里了？

3．程度补语

普通话用动词、形容词及词组做程度补语的说法如："热死了"、"吓得要命"、"累得喘不过气来"等，山东话也大致如此。但是，普通话用副词"很"、"极"做程度补语的说法，全省各地几乎都没有，与它对应的是另外的说法。这就要求大家掌握这两种用法。试比较：

济南话　　　　烟台话　　　　　普通话

乔热。　　　　真够儿热了。　　热得很。

乔气人。　　　真够儿气人了。　气人得很。

愣有本事。　　真够儿有本事了。有本事得很。

太好了。	真够儿好了。	好极了。
太冷了。	真够儿冷了。	冷极了。
太有意思了。	真够儿有意思了。	有意思极了。

另外，普通话"A的慌"这种形式，烟台、威海等地也不存在；青岛、枣庄等地倒是有这种表达格式，但分别说成"A的杭"、"A的哄"，与"慌"字的音不同。

4. 趋向补语

普通话用趋向动词"上、下、进、出、开、**起**"等接在动词之后来表示动作的趋向。山东话中，上述大多数趋向动词的位置与普通话没有什么两样，如"跳下河"、"拿出一本书"。值得一提的是趋向动词"开"的位置比较特殊。山东西部广大地区不是把它放在动词之后，而是习惯于将它后置在动词宾语之后。例如：

济南话	普通话
下雨开了。	下开雨了。
骂我开了。	骂开我了。
睡觉开了。	睡开觉了。

（二）"把"字句

利用介词"把"字将动词所支配、涉及的对象放在动词之前的句型叫"把"字句。例如："扫扫地"变成把字句就成了"把地扫扫"。

菏泽把"把"字说成"来"，枣庄、聊城则把"把"字说成"败"。例如：

菏泽话	枣庄话	普通话
来桌子擦擦。	败桌子擦擦。	把桌子**擦擦**。

来书弄脏了。	败书弄脏了。	把书弄脏了。
我来衣裳洗干净了。	我败衣裳洗干净了。	我把衣裳洗干净了。
谁能来这件事办妥喽？	谁能败这件事儿办妥？	谁能把这件事儿办妥？

"把"字句是普通话里一种很常用的句型，一些带有趋向补语或处所补语的动词谓语句常常用把字句。但山东西部却不习惯于此，而是喜好把"代词宾语"放在动词之后或复合趋向动词（如出来、起来）之间。请看：

济南话	普通话
抓他起来；抓起他来。	把他抓起来。
拉他上去；拉上他去。	把他拉上去。
推他地下。	把他推到地上。
锁你屋里。	把你锁到屋里。
他关我门外了。	他把我关在门外了。

（三）比较句

普通话对两件或几件事物进行程度差别的比较时，有几种表达形式。其中之一是用"比"字，句式结构为：A＋比＋B＋比较语。如：笑比哭好。山东方言内部比较句的说法在具体用词及格式等方面与普通话都有很大不同。

济南、泰安等地比较句的句式与普通话相当，但"比"字常常说成"伴"字。例如：

泰安话	普通话
他伴你高。	他比你高。
他不伴你高。	他不比你高。

这里伴那里干净。　　　　　这里比那里干净。

这个不伴那个好吃。　　　　这个不比那个好吃。

临沂等地使用"给"或"跟"引进比较的对象。如：

临沂话　　　　　　　　　　普通话

他给你高。　　　　　　　　他比你高。

他不给你高。　　　　　　　他不比你高。

他学得给你好。　　　　　　他学得比你好。

青岛、烟台、威海、潍坊、淄博、新泰等大片地区比较句最常见的结构为：A＋比较语＋起＋B。例如：

烟台话　　　　　　　　　　普通话

一天强起一天。　　　　　　一天比一天好。

一天热起一天。　　　　　　一天比一天热。

他长得不高起我。　　　　　他长得不比我高。

这本书不好看起那本。　　　这本书不比那本好看。

论手艺他不差起你。　　　　论手艺他不比你差。

全班儿没聪明起他。　　　　全班没有比他再聪明的了。

我不知道起你？（反问）　　我不比你知道吗？

利津一带比较句常见的格式为：A＋比较语＋的＋B。例如：

利津话　　　　　　　　　　普通话

这个不强的那个。　　　　　这个不比那个好。

他跑得不快的你。　　　　　他跑得不比你快。

你穿着不好看的我穿着。　　你穿着不比我穿着好看。

普通话还有"A不如B＋比较词"的说法。菏泽、青州、临朐等地把"不如"说成"不跟"，例如：

青州话　　　　　　　　　　普通话

老二长得不跟老三高，	老二长得不如老三高。
你跑得不跟他快。	你跑得不如他快。
今们儿不跟夜来热闹。	今天不如昨天热闹。
这件不跟那件漂亮。	这件不如那件漂亮。

普通话的"A赶不上B"的说法很常用，也是用于比较句。烟台、牟平、文登等地有关此说法的特点是："赶"字儿化，省去"上"字，格式为"A赶儿不b"。例如：

牟平话	普通话
你还赶儿不我呢！	你还赶不上我呢！
这样来还赶儿不不来。	这样来还赶不上不来。

关于比较句的说法，山东方言内部还有另外的许多说法，在此不一一罗列。

（四）反复问句

普通话的反复问句，在形式上也是一种选择问句，不过选择的项目是一件事物的肯定和否定，常说成"A不A"、"AB不AB"，"A没A"、"AB没AB"等形式。山东方言有关反复问句的说法各地不同，有的差别很大。下面分别叙述并跟普通话对照。

烟台（老派）、威海、荣城、文登、乳山、牟平等县市，没有普通话的上述说法，而采用把固定单位"是不"或"是没"加放在单音节或双音节动词、形容词的前头，构成"是不A"、"是不AB"；"是没A"、"是没AB"式。例如：

文登话	普通话
你是不去？	你去不去？

你是不看电影？	你看不着电影？
这件衣裳是不合身？	这件衣裳合不合身？
你自个儿走道儿是不害怕？	你一个人走路害怕不害怕？
家里是不热？	家里热不热？
他是不聪明？	他聪明不聪明？
今儿的戏是不热闹？	今天的戏热闹不热闹？
家里是没有人儿？	家里有没有人？
你是没吃饭？	你吃没吃饭？
外面儿是没下雨？	外面儿下没下雨？
他哥是没将媳妇？	他哥娶没娶媳妇？
你是没有钱？	你有没有钱？
天是没黑？	天黑没黑？

龙口、蓬莱、长岛等地方也较少见到有人使用类似于普通话的表达方式。常见的是用"实"前置在动词、形容词前构成"实A"、"实AB"等的格式。例如：

龙口话	普通话
西瓜实甜？	西瓜甜不甜？
家里实干净？	家里干净不干净？
人长得实漂亮？	人长得漂亮不漂亮？
电影儿实好看？	电影好看不好看？
你实去？	你去不去？
他实能来？	他能不能来？
你实爱吃干饭？	你爱吃不爱吃米饭？
他实来喽？	他来没来？
老大实有媳妇喽？	老大有没有媳妇？
他实是老师？	他是不是老师？

　　招远等地还可以用动词、形容词重叠的形式来表示反复问的意义，构成"AA"、"AAB"式。例如：

招远话	普通话
这花香香？	这花香不香？
他聪聪明？	他聪明不聪明？
他做事认认真？	他做事认真不认真？
你想想去？	你想不想去？
他来来没呐？	他来过没来过？

　　聊城、枣庄、济宁、潍坊、临沂等许多地方，常用省略的形式表示疑问，即只在动词、形容词后面加上"不"，构成"A不"或"AB不"的格式，"不"后面的动词、形容词不再补出，例如：

济宁话	普通话
坐不？	坐不坐？
家走不？	回家不回家？
他能来不？	他能来不能来？
脸红不？	脸红不脸红？
难学不？	难学不难学？

　　菏泽等地则直接在动词、形容词后加助词"啵"来表示疑问。例如：

菏泽话	普通话
热啵？	热不热？
难受啵？	难受不难受？
家里有人啵？	家里有人没人？

　　淄博、青州、临朐、寿光等地通用的格式是一样的，说成"A啊吧？"、"AB啊吧？"；或者"A啊不？"、"AB啊

不？"。试比较：

临朐话	寿光话	普通话
中啊吧？	中啊不？	行不行？
快啊吧？	快啊不？	快不快？
愿意啊吧？	愿意啊不？	愿意不愿意？
有钱啊吧？	有钱啊不？	有钱没有钱？

除上述六种明显的不同用法之外，还有些方言的反复问句尽管也是采取普通话肯定与否定重叠的办法，但遇到双音节的动词、形容词时，一般只重叠第一个音节，构成"A不AB"、"A没AB"式，这与普通话两音节都重叠的"AB不AB"、"AB没AB"的说法还是有点儿不一样。青岛、烟台、枣庄等地都有这种情况。例如：

青岛话	普通话
海边儿凉不凉快？	海边儿凉快不凉快？
你心里清不清楚？	你心里清楚不清楚？
问谁愿不愿意？	问谁愿意不愿意？
他答没答应？	他答应没答应？

（五）复句和关联词语

复句是由两个或两个以上意义有联系、结构又相互独立的分句组成的较复杂的句子。复句里各个分句之间都有一定的关系，这种关系常常通过一定的关联词语来表示。不同类型的复句，所使用的关联词语常常是不一样的。

就山东话复句的关联词语和普通话比较来看，虽以相同之处占大多数，但也有些分歧时常会影响交际效果。下面将山东话与普通话复句中用法不同的关联词语做一分析比较，以便大家学习。

1．并列关系

几个分句分别说明或描写几件事情、几种情况或同一事物的几个方面，这就是并列关系。普通话常用关联词是："也"、"又"、"还"、"既…又"、"一边儿…一边儿""一方面…一方面"等。山东话也有这些说法，当然还有自己的特殊用法。比如，聊城一带用"随…随"，淄博、烟台等地用"赶着…赶着"；临沂、曲阜一带用"一门…一门"；新泰一带用"一马…一马"；临朐等地用"一抹儿…一抹儿"。试与普通话比较：

聊城话：咱随吃饭，随说话。

淄博话：咱赶着吃饭，赶着说话。

曲阜话：咱一门吃饭，一门说话。

新泰话：咱一马吃饭，一马拉。

临朐话：咱一抹儿吃饭，一抹儿说话。

普通话：咱们一边吃饭，一边说话。

2．递进关系

这种复句，后一分句比前一分句有更进一层的意思。普通话常用的关联词语是："不但（不光、不仅）…而且（并且）"。青岛，烟台，潍坊等地常用"不光…还得"。例如：不光叫他说，还得叫他说清楚。

3．选择关系

分句与分句之间的关系是分别列出几种情况，要求从中选择一种。

济南、青岛、烟台、聊城、潍坊等广大地区常说"要不…要不"，相当于普通话表示选择的关联词语"要么…要么…"、"或者…或者"。比较：

山东话：要不你去，要不我去，要不咱一块儿去。

普通话：或者你去，或者我去，或者咱一块儿去。

　4．取舍关系

　　分句和分句的关系是分列出几方面的情况，采取其中的一面，舍弃其中的另一面。普通话有关此种复句的关联词语可以有两组。

　　第一组：普通话用"宁肯…也"，其特点是肯定前一分句，舍弃后一分句。山东方言中，聊城等地用"马非儿（就算、就是）…也不"，青岛、烟台等地用"就是…也不"，枣庄、临沂、郯城等鲁南地区用"情愿…也不"，潍坊、牟平等用"能…也不"，等。比较如下：

　　聊城话：马非儿我去，也不能叫你去。

　　　　　　就算我去，也不能叫你去。

　　青岛话：就是我去，也不能叫你去。

　　临沂话：情愿我去，也不能叫你去。

　　潍坊话：能我去，也不能叫你去。

　　普通话：宁肯我去，也不能叫你去。

　　第二组：普通话用"与其…不如"，表示舍弃前一分句，肯定后一分句。聊城话用"要是…不胜"；潍坊、烟台用"要…还不如"。例如：

　　聊城话：要是他去，不胜我去。

　　烟台话：要他去，还不如我去。

　　普通话：与其他去，不如我去。

　5．条件关系

　　分句与分句的关系是一个分句提出条件，另一个分句说出具备这一条件后产生的结果。普通话常用的说法可分三种类型：第一种，"只要…就"；第二种，"无论（不论）…都"；第三种，"只有…才"，"除非…才"。其中，一二类型的说法，山东方言与普通话一致。只有"除非…才"这一说法各地有些分歧。牟平等地用"离非儿…才"，枣庄话用"除娄…才"。例如：

　　牟平话：离非儿天下雨，我才不去。

　　枣庄话：除娄天下雨，我才不去。

　　普通话：除非天下雨，我才不去。

　　6. 假设关系

　　分句与分句之间的关系是一个分句假设一种情况，另一分句说明假设的情况实现了就会有怎样的结果，常用"如果（假如、要是）…就"等表明这种关系。山东各地以"要是…就"为常见。烟台、威海、荣成、牟平、龙口、蓬莱、长岛等地还有一种很独特的说法，这就是"不着…就"。它表达的含义比较复杂，相当于普通话的"如果不是因为…就"。例如：

长岛话	普通话
不着他扶着我，我就磕儿那去了。	如果不是因为他扶着我，我就跌倒在那儿了。
不着你，他就不来了。	如果不是因为你，他就不来了。
不着你碰它，碗能打了吗？	如果不是因为你碰它，碗能打碎吗？

　　7. 因果关系

　　分句与分句的关系是一个分句说明原因，另一个分句说明由此产生的结果。"因为…所以"、"既然…就"是两个最常用的说法。聊城话除具有这些说法之外，还说"自凡…就"，与"既然…就"相当，例如：

聊城话	普通话
自凡下雨了，你就不要去了。	既然下雨了，你就不要去了。
自凡给喽人家了，就不能再要了。	既然给了人家了，就不能再要了。

烟台、牟平等地还可以说"即便…就"，例如：

牟平话：即便你已经知道了，我就不重复了。

普通话：既然你已经知道了，我就不重复了。

第四章　会话与朗读

第一节　会话

SHÀNG KÈ
一　上课

　　　QYìlì!
乙：起立!

　　　Tóngxuémen hǎo!
甲：　同学们　　好!

　　　Lǎoshī hǎo!
众：　老师　好!

　　　Qǐng zuò!
甲：　请　坐!

　　　　　Bàogào !
丙：（门外）　报告!

　　　Qǐng jìn!
甲：　请　进!（丙进教室）

　　　Lǎoshī, wǒ chídào le.
丙：　老师，我　迟到　了。

　　　Yǐhòu zhùyì.
甲：以后　注意。

　　　Shì!
丙：是!（丙回自己座位）

　　　Tóngxuémen, shàng yī kè wǒmen xuéxíle Zhū Zìqīng
甲：同学们，　上　一　课　我们　学习了　朱　自清

211

de sǎnwén 《Hétáng Yuèsè》, nǎ wèi tóngxué lái
的　散文　《　荷塘　月色》, 哪　位　同学　来

shuō yīxià, zhè piān sǎnwén biǎoxiànle zuòzhě de
说　一下, 这　篇　散文　表现了　作者　的

shénmeyàng de sīxiǎng gǎnqíng?　　　Hǎo,
什么样　的　思想　感情?（同学举手）好,

qǐng Liú Xīn tóngxué lái huídá.
请　刘　新　同学　来　回答。

　　　　　Zhè piān sǎnwén biǎoxiànle zuòzhě bùmǎn
丁：（起立）这　篇　散文　表现了　作者　不满

xiànshí, huànxiǎng tuōlí xiànshí, què yòu wúfǎ tuō-
现实,　幻想　脱离　现实, 却　又　无法　脱

lí xiànshí de fùzá sīxiǎng gǎnqíng.
离　现实　的　复杂　思想　感情。

Hǎo, qǐng zuò!　　　　　Liú Xīn tóngxué huídáde
甲：好,　请　坐!（丁坐下）刘　新　同学　回答得

hěn hǎo. Xuéxí 《Hétáng Yuèsè》, chúle bǎwò zhù
很　好。学习　《　荷塘　月色》, 除了　把握　住

zuòzhě de sīxiǎng zhīwài, zài jiùshì yào xuéxí xì-
作者　的　思想　之外,　再　就是　要　学习　细

nìde miáoxiě jǐngwù de fāngfǎ hé zhǔnquède yòng-
腻地　描写　景物　的　方法　和　准确的　用

cí, xīnxiān tiēqiède bǐyù, fùyú yīnyuèměi de yǔ-
词,　新鲜　贴切的　比喻, 富于　音乐美　的　语

yán. Tóngxuémen háiyǒu shénme wèntí ma?
言。　同学们　还有　什么　问题　吗?

Méiyǒu le.
众：没有　了。

Hǎo, xiànzài kāishǐ xué xīnkè. Nǎ wèi tóngxué xiān
甲：好,　现在　开始　学　新课。哪　位　同学　先

212

dú yī biàn kèwén?　　　　Qǐng.Xú Gāng tóngxué
读 一 遍 课文？（学生举手）请 徐 刚 同学

dú yī biàn kèwén.
读 一 遍 课文。

　　　　　Sānyuè shísì rì xiàwǔ liǎng diǎn sān kè,
戊：（读课文）三月 十四日 下午 两 点 三 刻，

dāngdài zuì wěidàde sīxiǎngjiā tíngzhǐ sīxiǎng le.
当代 最 伟大的 思想家 停止 思想 了。

……

Qǐng zuò! Dú kèwén de shíhou shēngyīn bù néng
甲：请 坐！读 课文 的 时候 声音 不 能

tài xiǎo, yào zhùyì gǎnqíng yǔqì de biǎodá,hái yào
太 小， 要 注意 感情 语气 的 表达，还 要

zhùyì zhòngyīn、tíngdùn, dàjiā tīng wǒ lǎngdú quán
注意 重音 、停顿， 大家 听 我 朗读 全

kè.
课。（教师朗读课文，然后讲解课文）

Xiànzài bùzhì zuòyè, qǐng tóngxuémen fāndào
甲：现在 布置 作业， 请 同学们 翻到

yībǎi qīshísì yè, zuò liànxí sān. Míngtiān
一百 七十四 页， 做 练习 三。 明天

shàngwǔ bǎ zuòyè jiāo shanglai. Xiàkè!
上午 把 作业 交 上来。 下课！

Qǐlì!
乙：起立！（全体同学起立，行注目礼，老师还礼）

　　　　　　　FǓDǍO
二　　　辅导

Lǎoshī lái le!　　　　Lǎoshī, nín qǐng
乙：老师 来 了！（起立，让座） 老师， 您 请

zuò!
坐!

甲：Xièxiè. Tóngxuémen zuòyè zhōng yǒu shénme wèn-
谢谢。 同学们 作业 中 有 什么 问

tí ma?
题 吗?

乙：Dì-wǔ xiǎo tí dàjiā bù tài míngbai, méiyǒu zuò,
第五 小 题 大家 不 太 明白, 没有 做,

qǐng lǎoshī zài gěi wǒmen jiǎng yíjiǎng.
请 老师 再 给 我们 讲 一讲。

甲：Zhè dào tí shì ràng dàjiā yùnyòng xuéguo de luó-
这 道 题 是 让 大家 运用 学过 的 逻

ji zhīshi, lái fēnxī jùzi cúnzài de máobing. Jìrán
辑 知识, 来 分析 句子 存在 的 毛病。 既然

"méiyǒu yī sī yúncai", nǎli huì yǒu "huǒhóngde
"没有 一 丝 云彩", 哪里 会 有 "火红的

zhāoxiá" ne?
朝霞" 呢?

乙：O! Wǒ míngbai le. Zhège jùzi de máobing shì
噢! 我 明白 了。 这个 句子 的 毛病 是

wéibèi le máodùnlǜ.
违背 了 矛盾律。

甲：Duì!
对!

丙：Lǎoshī, nín kàn dì-liù xiǎotí shì shénme máo-
老师, 您看 第六 小题 是 什么 毛

bìng a?
病 啊?

甲：Lǐ Qiáng de huídá wéibèile páizhōnglǜ. Lǎoshī
李 强 的 回答 违背了 排中律。 老师

214

wèn tā dúguo Máo Dùn de chángpiān xiǎoshuō 《Zǐ-
问 他 读过 茅 盾 的 长篇 小说 《子

Yè》 méiyǒu? Tā yàome shuō dúguo, yàome shuō
夜》 没有? 他 要么 说 读过， 要么 说

méi dúguo, kě tā què shuō "méi zěnme dúguo".
没 读过； 可 他 却 说 "没 怎么 读过"。

Zhè shì hánhúqící.
这 是 含糊其辞。

丙: Wǒ guāng juéde zhège jùzi bièniu, nín yī jiǎng wǒ
我 光 觉得 这个 句子 别扭 您 一 讲 我

jiù míngbai le.
就 明白 了。

甲: Zhǐyǒu duō zuò liànxí, cái néng bǎ xuéguò de
只有 多 做 练习， 才 能 把 学过 的

zhīshi gǒnggù zhù. Jīběn zhīshi zhǎngwòde zhā-
知识 巩固 住。 基本 知识 掌握得 扎

shi, yùdào shíjì wèntí jiù néng bǐjiào róngyide
实， 遇到 实际 问题 就 能 比较 容易地

jiějué.
解决。

乙: Tiān bù zǎo le, lǎoshī huíqu xiūxi ba!
天 不 早 了，老师 回去 休息 吧!

甲: Méi guānxi. Tóngxuémen háiyǒu shénme wèntí
没 关系。 同学们 还有 什么 问题

ma?
吗?

众: Méiyǒu le.
没有 了。

甲: (起身) Tóngxuémen zàijiàn!
同学们 再见!

215

Lǎoshī zàijiàn!
众：老师　再见！

JIÈ　SHŪ
三　借　书

Nín hǎo? Jiè shū ma?
甲：您　好？借书　吗？

Wǒ xiǎng jiè jǐ běnr zhéxué fāngmiàn de shū.
乙：我　想　借几本儿　哲学　方面　的书。

Zhéxué fāngmiàn de shū hěn duō, nín xiān qù chá
甲：哲学　方面　的书很多，您　先去查

yīxia mùlù suǒyǐn, kàn jiè nǎ jǐ běnr hǎo, jìxià
一下　目录　索引，看借哪几本儿　好，记下

hàomǎ lai, wǒ zài gěi nín zhǎo shū.
号码　来，我再给　您　找　书。

Hǎo. Xièxie.
乙：好。谢谢。

Túshū guǎnlǐyuán tóngzhì, qǐng wèn yǒng 《Zhōng-
丙：图书　管理员　同志，请　问有　《中

guó Xiàndài Wénxuéshǐ》 ma?
国　现代　文学史》吗？

Yǒu, nín xiǎng jiè nǎge bǎnběn de?
甲：有，您　想　借哪个版本　的？

Wǒ yě bù zhīdào shénme bǎnběn hǎo, qǐng nín
丙：我也不知道　什么　版本　好，请　您

jièshào yī zhǒng hǎo ma?
介绍一种　好吗？

Táng Tāo zhǔbiān de nà tào jiù búcuò, hěn shìhé
甲：唐弢　主编　的那套就不错，很适合

zìxué, nín kàn xíng ma?
自学，您看行吗？

丙：Xíng, xíng, jiù jiè zhè yī tào ba. Zhè shì wǒde
行，行，就借这一套吧。这是我的

jièshūzhèng, qǐng nín dēngjì.
借书证，请您登记。

甲：Hǎo le, zhè tào shū gòng sān cè, liú nín sān
好了，这套书共三册，留您三

zhāng kǎpiàn. Nín hái jiè biéde ma?
张卡片。您还借别的吗？

丙：Xiān bù jiè le. Xièxie.
先不借了。谢谢。

甲：Nín náhǎo jièshūzhèng. Xià cì jiè shū zàijiàn!
您拿好借书证。下次借书再见！

乙：Guǎnlǐyuán tóngzhì, hàomǎ wǒ cháhǎo le, jiù jiè
管理员同志，号码我查好了，就借

zhè jǐ běnr.
这几本儿。

甲：Hǎo, wǒ qù gěi nín zhǎo shū. (取书回来) Nín
好，我去给您找书。（取书回来）您

yàode shū zhǎoqí le, yīgòng wǔ běnr, qǐng liúxia
要的书找齐了，一共五本儿，请留下

wǔ zhāng kǎpiàn.
五张卡片。

乙：O, duì bù qǐ, gāngcái wàngle gěi jièshūzhèng.
哦，对不起，刚才忘了给借书证。

Gěi nín!
给您！

甲：Méi guānxi. 《Qùwèi Zhéxué》 zhè běn shū yào jiè
没关系。《趣味哲学》这本书要借

217

de rén hěn duō, qǐng nín zǎo yīdiǎnr huán
的　人　很　多，　请　您　早　一点儿　还

huilai.
回来。

Xíng. Zàijiàn!
乙：行。　再见!

四　问　路
WÈN LÙ

甲：Láojià, tóngzhì, qǐng wèn dào Wèishēngtīng
　　劳驾，　同志，　请　问　到　卫生厅

Zhāodàisuǒ zěnme zǒu?
招待所　怎么　走?

乙：Duì bù qǐ, wǒ zhǐ zhīdào Wèishēngtīng zài Qīng-
　　对不起，我只　知道　卫生厅　在　青

nián Dōnglù, bù qīngchu Wèishēngtīng Zhāodàisuǒ
年　东路，　不　清楚　卫生厅　招待所

zài shénme dìfang. Nín yǒu jùtǐ dìzhǐ ma?
在　什么　地方。您　有　具体　地址　吗?

甲：Méiyǒu. Rénjia zhǐ gàosu wǒ zhù zai Wèishēng-
　　没有。　人家　只　告诉　我　住　在　卫生

tīng Zhāodàisuǒ, lí Qiānfó Shān Yīyuàn bù yuǎn.
厅　招待所，　离　千佛　山　医院　不　远。

乙：Wǒ duì zhè yī dài bù shúxi, qǐng nín dào shízì
　　我　对　这　一　带　不　熟悉，　请　您　到　十字

lùkǒu wènwen jǐngchá ba!
路口　问问　警察　吧!

甲：Xièxie, máfan nín le.
　　谢谢，　麻烦　您　了。

乙：Méi guānxi.
　　没　关系。

甲：（走到路口，警察身旁）Tóngzhì, qǐng wèn Wèi-
　　　　　　　　　　　　　同志，　请　问　卫
　　shēngtīng Zhāodàisuǒ zěnme zǒu wa?
　　生厅　　招待所　　怎么　走　哇？

丙：Wèishēngtīng Zhāodàisuǒ zài Zhōngyī Xuéyuàn
　　卫生厅　　　招待所　　　在　中医　学院
　　duìguò. Cóng qiánmiàn zuò sānshíyī lù qìchē, zuò
　　对过。　从　　前面　　坐　　31　　路　汽车，　坐
　　liǎng zhàn, dào Shānshī Dōnglù xià chē, ránhòu
　　两　站，　到　山师　东路　下　车，　然后
　　bùxíng yībǎi duō mǐ jiù dào le.
　　步行　　100　多　米　就　到　了。

甲：Xièxie nín, jǐngchá tóngzhì.
　　谢谢　您，　警察　同志。

丙：Bù yòng xiè.
　　不　用　谢。

BÀIFǍNG
五　拜访

甲：（敲门）Wáng lǎoshī zài jiā ma?
　　　　　王　老师　在　家　吗？

乙：（开门）Xiǎo Lǐ lái la, wǒ zhèng děngzhe nǐ na!
　　　　　小　李　来　啦，我　正　　等着　你　哪！

甲：Wáng Lǎoshī, nín hǎo.
　　王　老师，　您　好。

乙：Nǐ hǎo, qǐng lǐmiàn zuò ba.
　　你　好，　请　里面　坐　吧。

甲：
Wáng lǎoshī, shàng cì sònglai de nà liǎng piān
王　老师，上　次　送来　的　那　两　篇
lùnwén, nín dàgài yǐjīng kànguòle ba, biānjíbù
论文，　您　大概　已经　　看过了　吧，　编辑部
ràng wǒ lái zhēngqiú nínde yìjiàn.
让　我　来　征求　您的　意见。

乙：
Wǒ yǐjīng zǐxì kànguo le. Zhè liǎng piān wén-
我　已经　仔细　看过　了。这　两　篇　文
zhāng dōu bù cuò, dōu yǒu yī xiē xīnde jiànjiě.
章　都　不　错，都　有　一　些　新的　　见解。
Kànlái, bù shǎo niánqīngde tóngzhì háishì yǒu
看来，不　少　年轻的　　同志　还是　有
yīdìng shuǐpíng de. Wǒ bǎ jǐ diǎn xiángxì yìjiàn
一定　水平　的。我　把　几　点　详细　意见
fù zài wénzhāng hòumiàn le, qǐng biānjíbù dìnggǎo
附　在　文章　后面　了，请　编辑部　定稿
shí cānkǎo.
时　参考。

甲：
Hǎo! Wǒmen huíqu rènzhēn yánjiū. Huāle nín bù
好！我们　回去　认真　研究。花了　您　不
shǎo shíjiān, xièxie nín duì wǒmen kānwù de
少　时间，谢谢　您　对　我们　刊物　的
zhīchí, jīnhòu hái shǎo bù liǎo máfan nín.
支持，今后　还　少　不　了　麻烦　您。

乙：
Béng kèqi.
甭　客气。

甲：
Wǒ gāi zǒu le. Nín hái yǒu biéde shì ma?
我　该　走　了。您　还　有　别的　事　吗?

乙：
Méi biéde shì, yǒu kòngr lái wánr! (起立送客)
没　别的　事，有　空儿　来　玩儿! (起立送客)

甲：　Hǎo. Qǐng liúbù ba!
好。　请　留步　吧!

六　乘　火车
CHÉNG　HUǑCHĒ

甲：　Tóngzhì, wǒ mǎi yī zhāng èrjiǔbā cì dào Běijīng
同志，　我　买　一　张　298　次　到　北京

de kuàichē piào.
的　快车　票。

乙：　Dào Běijīng kuàichē piào shí'èr kuài liù.
到　北京　快车　票　十二　块　六。

甲：　Gěi nín èrshí.
给　您　二十。

乙：　Hǎo, zhǎo nín qī kuài sì, qǐng náhǎo qián hé
好，　找　您　七　块　四，　请　拿好　钱　和

chēpiào.
车票。

甲：　Xièxie.
谢谢。

乙：　Bù xiè. (甲到候车室等候检票)
不　谢。

丙：　Lǚkèmen qǐng zhùyì, èrjiǔbā cì lièchē kāishǐ
旅客们　请　注意，　298　次　列车　开始

jiǎnpiào. Qǐng dàjiā bǎ chēpiào zhǔnbèi hǎo,
检票。　请　大家　把　车票　准备　好，

páiduì jiǎnpiào.
排队　检票。

甲：　Qǐng wèn èrjiǔbā zài jǐ zhàntái?
请　问　298　在　几　站台?

Zài sān zhàntái, qǐng guò tiānqiáo, xiàng yòu
丙：在　三　　站台，　请　过　天桥，　　向　右

guǎi.
拐。

Xièxie.
甲：谢谢。

Bù xiè. Xià yī wèi.
丙：不　谢。下　一　位。（甲上了火车，坐下。列车离开
　　　　　　　　　　车站）

Qǐng wèn lièchēyuán tóngzhì, yǒn kāishuǐ ma?
甲：请　问　列车员　　同志，　有　开水　吗？

Duì bù qǐ. Shuǐ mǎshang jiù kāi, qǐng shāo
丁：对　不　起。水　　马上　　就　开，请　稍

děng.
等。

Méi guānxi.
甲：没　关系。（过了一会儿，列车员送水来了）

Kāishuǐ lái le, qǐng lǚkèmen bǎ bēizi zhǔnbèi
丁：开水　来了，请　旅客们　把　杯子　准备

hǎo.
好。

Qǐng gěi wǒ dào yī bēi.
甲：请　给我　倒　一　杯。

Hǎo de.
丁：好　的。（列车员为旅客倒水）

Xièxie. Qǐng wèn lièchēyuán tóngzhì, chē shang
甲：谢谢。　请　问　列车员　　同志，　车　上

hái yǒu wòpù ma? Mǎi wòpù piào zài nǎr dēng-
还　有　卧铺　吗？买　卧铺　票　在　哪儿　登-

jì?
记？

222

Hái yǒu liǎng zhāng, qǐng dào bā hào chēxiāng

丁：还 有 两 张， 请 到 8 号 车厢

dēngjì.

登记。

Xièxie.

甲：谢谢。

七 住 旅馆
ZHÙ LǙGUǍN

Huānyíng nín guānglín!

甲：（起身招呼旅客） 欢迎 您 光临！

Xièxie. Yǒu kòng fángjiān ma?

乙：谢谢。 有 空 房间 吗？

Yǒu, qǐng nín xiān lái dēng ge jì.

甲：有， 请 您 先 来 登 个 记。

Hǎo, zhè shì wǒde gōngzuòzhèng hé jièshàoxìn.

乙：好， 这 是 我的 工作证 和 介绍信。

Qǐng nín zuì hǎo gěi ānpai yī ge dānrén fáng-

请 您 最 好 给 安排 一 个 单人 房

jiān.

间。

Kěyǐ. Nín zhù èrlíngwǔ fángjiān ba,

甲：可以。（登记）您 住 205 房间 吧，

zhè shì ge dài wèishēngjiān de fángjiān. Nínde

这 是 个 带 卫生间 的 房间。 您的

gōngzuòzhèng qǐng shōuhǎo.

工作证 请 收好。

Xièxie. Qǐng wèn cāntīng jǐ diǎn kāifàn?

乙：谢谢。 请 问 餐厅 几 点 开饭？

甲：
Zǎofàn qī diǎn, wǔfàn shí'èr diǎn, wǎnfàn liù
早饭　7　点，　午饭　12　　点，　　晚饭　6
diǎn. Qǐng nín kāifàn shí dào fúwùtái lái mǎi
点。　请　您　开饭　时　到　服务台　来　买
cānzhèng, ránhòu qù cāntīng chīfàn. Cāntīng zài
餐证，　然后　去　餐厅　吃饭。　餐厅　在
dōnglóu. Xiànzài qǐng èrshíwǔ hào fúwùyuán péi
东楼。　现在　请　25　号　服务员　陪
nín qù fángjiān.
您　去　房间。

乙：
Nà hǎo, xièxie nín.
那　好，　谢谢　您。

甲：
Bù yòng xiè.
不　用　谢。

丙：
Qǐng nín gēn wǒ lái ba. （把旅客引到房间）Dào
请　您　跟　我　来　吧。（把旅客引到房间）到
le, zhè jiùshì nínde fángjiān, shì cháo dōng de,
了，这　就是　您的　房间，　是　朝　东　的，
kěyǐ ma?
可以　吗？

乙：
Kěyǐ kěyǐ. Tóngzhì, yǒn kāishuǐ ma?
可以　可以。　同志，　有　开水　吗？

丙：
Yǐjīng dǎhǎo le.
已经　打好　了。

乙：
Ò, nà tài hǎo le, xièxie!
噢，　那　太　好　了，谢谢！

丙：
Nín rúguǒ yǒu shénme shì jiào wǒmen yī shēng
您　如果　有　什么　事　叫　我们　一　声
jiù xíng le, zhè shì fángmén yàoshi, qǐng nín dài
就　行　了，这　是　房门　钥匙，　请　您　带

ǎo．
好。

Xièxie, wǒ yǒu shì zài zhǎo nín ba.
乙：谢谢，我 有 事 再 找 您 吧。

…·…

Nín zhè jiù yào zǒu wa?
甲：您 这 就 要 走 哇？

Shì a, zhè xiē tiān máfan nǐmen le.
乙：是 啊，这 些 天 麻烦 你们 了。

Nǎli nǎli, wǒmen lǚguǎn tiáojiàn bù tài hǎo, fúwù
甲：哪里 哪里，我们 旅馆 条件 不 太 好， 服务

yě hěn bù zhōudào, hái děi qǐng nín duō yuánliàng.
也 很 不 周到， 还 得 请 您 多 原谅。

Hěn hǎo hěn hǎo, nǐmende fúwù rèqíng zhōudào,
乙：很 好 很 好， 你们的 服务 热情 周到，

hěn shì bùcuò.
真 是 不错。

Xīwàng nín yǐhòu yǒu jīhui zài lái.
甲：希望 您 以后 有 机会 再 来。

Yīdìng yīdìng.
乙：一定 一定。

Zhù nín yī lù píng'ān!
甲：祝 您 一路 平安！

Xièxie, zàijiàn!
乙：谢谢， 再见！

MǍI DŌNGXI
八　买 东西

Tóngzhì, nín mǎi shénme?
甲：同志， 您 买 什么？

225

乙：请　您　给　我　拿　一　条　浴巾。
Qǐng nín gěi wǒ ná yī tiáo yùjīn.

甲：（取货，递给顾客）给　您。青岛　产的，三
Gěi nín. Qīngdǎo chǎnde, sān
块　八　一　条。
kuài bā yī tiáo.

乙：（掏出钱）对　不　起，零钱　不　够　了，请　您
Duì bù qǐ, língqián bù gòu le, qǐng nín
找　吧。
zhǎo ba.

甲：没　关系，　您　这　是　十　块　的，找　您　六
Méi guānxi, Nín zhè shì shí kuài de, zhǎo nín liù
块　二，您　点　一下。
kuài èr, nín diǎn yīxia.

乙：对，　正好。
Duì, zhènghǎo.

甲：您　还　要　别的　吗？
Nín hái yào biéde ma?

乙：不　要　了。谢谢！
Bù yào le. Xièxie!

甲：不　谢！（转向另外一对青年顾客）两　位　同志
Bù xiè! Liǎng wèi tóngzhì
买　点儿　什么？
mǎi diǎnr shénme?

丙：同志，　请　您　给　我们　拿　床单儿　看-
Tóngzhì, qǐng nín gěi wǒmen ná chuángdānr kàn-
看。
kan.

甲：这儿　有　几　种　花样，　你们　要　哪种？
Zhèr yǒu jǐ zhǒng huāyàng, nǐmen yào nǎzhǒng?

丁：Nín xiān gěi wǒmen ná nà tiáo lán tiáor de kàn-
您 先 给 我们 拿 那条 蓝 条儿 的 看-

kan.
看。

甲：（取货）Zhè shì Shànghǎi chǎnde, tú'àn bǐjiào
这 是 上海 产的， 图案 比较

xīnyǐng.
新颖。

丙：（对丁）Wǒ bù xǐhuān zhè yī zhǒng. Tóngzhì, nín
我 不 喜欢 这 一 种。 同志， 您

zài gěi wǒmen ná nà tiáo júhóngde kànkan.
再 给 我们 拿 那条 桔红的 看看。

甲：Zhè tiáo shì Tiānjīn chǎnde, hěn shìyú xīnfáng pū
这 条 是 天津 产的， 很 适于 新房 铺

yòng.
用。

丁：Zhè yánsè dàoshì tǐng xīnxian, kěshì méi nà tiáo
这 颜色 倒是 挺 新鲜， 可是 没 那 条

hòushi.
厚实。

丙：Tóngzhì, nín zài gěi wǒmen huàn yī tiáo hǎo ma?
同志， 您 再 给 我们 换 一 条 好 吗？

甲：Kěyǐ.（再取货）Nín kànkan zhè tiáo.
可以。 您 看看 这 条。

丁：Zhè yánse ànle yīdiǎnr, xiǎnde yǒu diǎnr jiù.
这 颜色 暗了 一点儿， 显得 有 点儿 旧。

丙：Tóngzhì, hái yǒu-méiyǒu júhóngsède, Shànghǎi
同志， 还 有 没有 桔红色的， 上海

chūde?
出的？

甲：Méiyǒu le.
　　没有 了。

丁：Tóngzhì, nín shōu qilai ba, wǒmen dào biéchu
　　同志， 您 收 起来 吧， 我们 到 别处
　　kànkan. Máfan nín le.
　　看看。 麻烦 您 了。

甲：Méi guānxi. Duìmiàn hái yǒu yī jiā bǎihuòdiàn.
　　没 关系。 对面 还 有 一 家 百货店。

丙
丁：Hǎo, xièxie!
　　好， 谢谢！

甲：Bù xiè!
　　不 谢！

DǍ DIÀNHUÀ
九 打 电话

甲：（拨号）Wèi!
　　　　　喂！

乙：Nín hǎo! Wǒ shì Chángtútái, nín yào nǎr?
　　您 好！ 我 是 长途台， 您 要 哪儿？

甲：Máfan nín, wǒ yào ge Jílín, 《Yǎnjiǎng Yǔ Kǒu-
　　麻烦 您， 我 要 个 吉林， 《演讲 与 口
　　cái》 Zázhìshè, zhǎo Yīn Míng tóngzhì, Zázhìshè
　　才》 杂志社， 找 殷 铭 同志， 杂志社
　　de diànhuà shì liùyāowǔlíngqī.
　　的 电话 是 61507。

乙：Qǐng wèn nínde suǒ zài dānwèi, diànhuà hàomǎ,
　　请 问 您的 所 在 单位， 电话 号码，
　　zhànghào, nínde xìngmíng.
　　帐号， 您的 姓名。

甲: Wǒ shì Yī-Shāng-Jú Tuánwěi, diànhuà hàomǎ shì
我 是 一商局 团委, 电话 号码 是

sānliùyāowǔ'èr, zhànghào èrliùwǔ, wǒ jiào Lǐ
36152, 帐号 265, 我 叫 李

Lěi.
磊。

乙: Hǎo de. Qǐng nín děng yīhuǐr, Jílín tōngle jiù
好 的 请 您 等 一会儿,吉林 通了 就

jiào nín.
叫 您。

甲: Xièxie! Wǒ zài zhèr děngzhe.
谢谢! 我 在 这儿 等着。

乙: Jílín ma? Qǐng jiē liùyāowǔlíngqī.
吉林 吗? 请 接 61507。

丙: Hǎo de. (拨号) liùyāowǔlíngqī ma?
好 的。(拨号) 61507 吗?

丁: Duì, nín shì nǎr?
对, 您 是 哪儿?

丙: Jǐnán de chángtú, qǐng tīngzhe.
济南 的 长途, 请 听着。

乙: (拨号) Shì sānliùyāowǔ'èr ma? Lǐ Lěi tóngzhì
(拨号)是 36152 吗? 李 磊 同志

zài ma?
在 吗?

甲: Duì, wǒ jiùshì.
对, 我 就是。

乙: Jílín lái le, qǐng jiǎnghuà.
吉林 来 了, 请 讲话。

甲: Wèi! 《Yǎnjiǎng Yǔ Kǒucái》 Zázhìshè ma?
喂! 《演讲 与 口才》 杂志社 吗?

丁：Duì! Nín shì nǎr?
对！您 是 哪儿？

甲：Wǒ shì jǐnán Yī-Shāng-Jú Tuánwěi, qǐng wèn
我 是 济南 一商局 团委， 请 问

Yīn Míng tóngzhì zài ma?
殷铭 同志 在 吗？

丁：Tā chūfā le, zhǎo biérén xíng ma?
他 出发 了， 找 别人 行 吗？

甲：Qǐng wèn nín guì xìng?
请 问 您 贵 姓？

丁：Wǒ xìng Gāo.
我 姓 高。

甲：Nà nín yīdìng shì Gāo Yuán tóngzhì ba!
那 您 一定 是 高 原 同志 吧！

丁：Duì, nín yǒu shénme shìr a?
对， 您 有 什么 事儿 啊？

甲：Wǒmen gǎo yǎnjiǎng bǐsài, xiǎng mǎi 《Yǎnjiǎng
我们 搞 演讲 比赛， 想 买 《演讲

Yǔ Kǒucái》 hédìngběn zuò jiǎngpǐn, qǐng xiān jì
与 口才》 合订本 作 奖品， 请 先 寄

shí'èr tào lái, shūkuǎn suíhòu jìdào. Bù zhī zhè
12 套 来， 书款 随后 寄到。 不 知 这

yàng xíng-bùxíng?
样 行 不行？

丁：Hǎo, wǒmen jǐn zǎo bǎ shū jìqù, bǎozhèng bù
好， 我们 尽 早 把 书 寄去， 保证 不

dānwù bǐsài fā jiǎng.
耽误 比赛 发 奖。

甲：Nà tài hǎo la! Xièxie nín le, Gāo Yuán tóngzhì.
那 太 好 啦！ 谢谢 您 了， 高 原 同志。

230

丁：Bù yòng xiè! Qǐng wèn nín guì xìng?
不 用 谢! 请 问 您 贵 姓?

甲：Ò, wǒ xìng Lǐ, jiào Lǐ Lěi, sān ge shí zìr de
噢，我 姓 李， 叫 李 磊， 三 个 石 字儿 的

"lěi".
"磊"。

丁：Hǎo, Lǐ Lěi tóngzhì, wǒmen zhíjiē bǎ shū jìgei
好， 李 磊 同志， 我们 直接 把 书 寄给

nín. Biéde nái yǒu shìr ma?
您。 别的 还 有 事儿 吗?

甲：Wǒ gēn Yīn Míng lǎoshī shì lǎo péngyǒu, děng
我 跟 殷 铭 老师 是 老 朋友， 等

tā chūfā huílai, qǐng dài wèn tā hǎo!
他 出发 回来， 请 代 问 他 好!

丁：Yīdìng yīdìng. Zàijiàn!
一定 一定。 再见!

甲：Zàijiàn! （稍停） Chángtútái ma?
再见! （稍停） 长途台 吗?

乙：Wǒ shì Chángtútái, jiǎng wánle ma?
我 是 长途台， 讲 完了 吗?

甲：jiǎng wánle.
讲 完了。

乙：Nín jiǎngle sì fēn zhōng, jì liǎng cì.
您 讲了 4 分 钟， 记 两 次。

甲：Hǎo de. Xièxie nín.
好 的。 谢谢 您。

乙：Bù yòng xiè.
不 用 谢。

231

ZÀI YÓUJÚ
十　　在　邮局

乙：Qǐng wèn tóngzhì, yǒu jìniàn yóupiào ma?
　　请　问　同志，　有　纪念　邮票　吗？

甲：Yǒu, shì jìniàn Táo Zhù tóngzhì dànshēng bāshí
　　有，是纪念　陶　铸　同志　　诞生　　80

　　zhōunián de yī tào, gòng liǎng méi.
　　周年　的一套，　共　两　枚。

乙：Wǒ mǎi liǎng tào.
　　我　买　两　套。

甲：Qián zhènghǎo. Zhè shì liǎng tào yóupiào, gòng
　　钱　正好。　这是　两　套　邮票，　共

　　sì zhāng, qǐng shōuhǎo
　　四张，　请　收好。

乙：Xièxie!
　　谢谢！

丙：Tóngzhì, qǐng gěi jì yīxia zhège bāoguǒ.
　　同志，　请　给寄一下　这个　包裹。

甲：Lǐmiàn zhuāngde shì shénme?
　　里面　装的　是　什么？

丙：Liǎng jīn máoxiàn, hái yǒu yī fēng xìn.
　　两　斤　毛线，　还有一封　信。

甲：Bāoguǒ li bù néng fàng xìnjiàn, qǐng nín ná chulai
　　包裹　里不能　放　信件，　请　您　拿　出来

　　lìng jì ba.
　　另　寄吧。

乙：Hǎo de.
　　好的。

232

丁：Tóngzhì, qǐng wèn yīxia, wǒ yào wàng Xī'ān
同志， 请 问 一下， 我 要 往 西安

lǎojiā fā yī fēng diànbào, ràng tāmen hòutiān dào
老家 发一 封 电报， 让 他们 后天 到

Huǒchēzhàn lái jiē wǒ, néng láidejí ma?
火车站 来 接 我， 能 来得及 吗？

甲：Láidejí, cóng Jǐnán fāwǎng Xī'ān de diànbào
来得及， 从 济南 发往 西安 的 电报

èrshísì xiǎoshí yǐnèi jiù néng shōudào.
24 小时 以内 就 能 收到。

丁：Nà jiù qǐng nín gěi wǒ ná yī zhāng diànbàozhǐ ba.
那就 请 您 给我 拿一 张 电报纸 吧。

甲：Diànbàozhǐ èr fēn qián yī zhāng.
电报纸 二 分 钱 一 张。

丁：Hǎo de. Láojià, qǐng nín gàosu wǒ yīxia diànbào-
好 的。 劳驾， 请 您 告诉 我 一下 电报

dān yīnggāi zěnyàng tiánxiě?
单 应该 怎样 填写？

甲：（按电报单） Qǐng nín bǎ lǎojiā suǒ zài de shěng shì
请 您 把 老家 所 在 的 省 市

míngchēng tián zai dì-yī lán li. Zhè yī lán de zì
名称 填 在 第一 栏里。 这 一栏 的 字

shì bù shōufèi de. Shōubàorèn de jùtǐ dìzhǐ hé
是 不 收费 的。 收报人 的 具体 地址 和

xìngmíng tián zai dì-èr lán de gézi li, diànwén
姓名 填 在 第二 栏 的 格子里， 电文

tián zai dì-sān lán de gézi li, měi gé tián yī ge
填 在 第三 栏的 格子里， 每 格 填 一 个

zì. Zhè liǎng lán yào àn zì shōufèi, suǒyǐ diànwén
字。 这 两 栏 要 按 字 收费， 所以 电文

yào jiǎndān míngliǎo. Zuìhòu, zài xiàmian tiánshang
要　　简单　　明了。　　最后，　　在　下面　　填上

nínde míngzi、 zhùzhǐ hé diànhuà, zhè yī lán zhǐ
您的　　名字、　　住址　和　电话，　这一栏只

gōng liánxi yòng, bù pāifā, suǒyǐ yě bù shōufèi.
供　　联系　　用，　不　拍发，　所以　也不　　收费。

Xièxiè nín le.
丁：谢谢　您了。

Bù xiè.
甲：不　谢。

ZUÒ DIÀNCHĒ
十一　坐　　电车

Qǐng dàjiā páihǎo duì, àn shùnxu shàng chē.
甲：请　大家　排好　队，按　顺序　上　车。

Lǎo dàye, qǐng nín xiān shàng ba.
乙：（让一老人）老　大爷，请　您　先　上　吧。

Xièxiè.
丙：谢谢。

Xiǎopéngyou, bùyào jǐ, qǐng ràng bào xiǎoháir
甲：小朋友，　　不要　挤，请　让　抱　小孩儿

de āyí xiān shàng.
的阿姨先　　上。

Xièxiè!
丁：谢谢！

Qǐng tóngzhìmen shàng chē hòu wàng lǐ zhǒu,
甲：请　同志们　　上　车　后　往　里　走，

ràng zhè jǐ wèi tóngzhì yě shàngqu.
让　这几位　　同志　也　上去。（车内满员，

已经很难上人）

甲： Tóngshì, duì bù qǐ, shízài jǐ bù xià e, qǐng
同志， 对 不 起， 实在 挤 不 下 了， 请

děng xià yī tàng chē ba! （转身对车内乘客）Dàjiā
等 下 一 趟 车 吧！（转身对车内乘客）大家

qǐng zhànhǎo fúhǎo, Yǒu yuèpiào de qǐng chūshì
请 站好 扶好，有 月票 的 请 出示

yuèpiào, méi mǎi piào de tóngzhì qǐng zhǔnbèi hǎo
月票， 没 买 票 的 同志 请 准备 好

língqián mǎi piào.
零钱 买 票。

乙： Dào Dàguān Yuán liǎng zhāng. Wǒ méi dài líng-
到 大观 园 两 张。 我 没 带 零

qián, shì wǔ kuài de, qǐng gěi zhǎo yīxia.
钱， 是 五 块 的， 请 给 找 一下。

甲： Méi guānxi, Měi zhāng yī máo, zhǎo nín sì kuài
没 关系， 每 张 一 毛， 找 您 四 块

bā, qǐng náhǎo.
八， 请 拿好。

乙： Xièxie.
谢谢。

甲： Nàbiān de tóngzhì qǐng bāngmáng chuán yīxia.
那边 的 同志 请 帮忙 传 一下。

Hǎo, xièxie. Dàyé, nín dào nǎr?
好， 谢谢。大爷， 您 到 哪儿？

丙： Wǒ yào dào Dàmíng Hú, gāi zài nǎr xià chē a?
我 要 到 大明 湖， 该 在 哪儿 下 车 啊？

甲： Zài Xī Mén xià chē, ránhòu huàn shíyī lù qìchē.
在 西 门 下 车， 然后 换 11 路 汽车。

235

　　　　Dào Xī Mén yī máo wǔ, zhǎo nín wǔ fēn qián.
　　　　到　西　门　一　毛　五，找　您　五　分　钱。

　　　　Qǐng zài bāngmáng chuán guoqu.
　　　　请　再　帮忙　　传　过去。

　　　　Xièxie!
丙：　谢谢！

　　　　Qiánmiàn shì Dàguān Yuán, yǒu huàn sì lù、wǔ lù、
甲：　前面　是　大观　园，有　换　4 路、5 路、

　　　　shíwǔ lù、shíbā lù qìchē de tóngzhì qǐng xià chē.
　　　　15　路、18 路　汽车　的　同志　请·下车。

　　　　Tóngzhì, zhè shì Yī lù diànchē ma?
戊：　同志，这　是　1 路　电车　吗？

　　　　Duì, dàniáng nín shàng nǎr?
甲：　对，大娘　您　上　哪儿？

　　　　Wǒ shàng Jiěfàng Qiáo.
戊：　我　上　解放　桥。

　　　　Qǐng shànglai ba, wǒ lái fú nín.
甲：　请　上来　吧，我　来　扶　您。

　　　　Bù Yòng bù Yòng, wǒ zìjǐ néng xíng.
戊：　不用　不用，我　自己　能　行。

　　　　Nǎ wèi tóngzhì gěi zhè wèi dàniáng ràng ge zuòr.
甲：　哪　位　同志　给　这　位　大娘　让　个　座儿。

　　　　　　　　Dàniáng, qǐng zhèbiānr zuò ba!
丁：（起立，让座）大娘，请　这边儿　坐　吧！

　　　　Xièxie!
甲
戊：　谢谢！

KÀN BÌNG
十二　看　病

甲：Qǐng guà ge hào.
请挂个号。

乙：Tóngzhì, nín guà nǎ yī kē?
同志，您挂哪一科？

甲：Nèikē.
内科。

乙：（填写挂号单）Nèikē shíliù hào, qǐng náhǎo, dào hòu-
内科 16 号，请拿好，到候
zhěnshì qù děng.
诊室去等。

甲：Hǎo, xièxie.
好，谢谢。

丙：（看病历）Qǐng shíliù hào jìnlai!
请 16 号 进来！

甲：Wǒ shì shíliùhào.
我是 16号。

丙：Ò, qǐng zuò, nín nǎr bù shūfu?
噢，请坐，您哪儿不舒服？

甲：Lǎo dǎ pēnti, liú bíti, sǎngzi yě téng.
老打喷嚏，流鼻涕，嗓子也疼。

丙：Zhāngdà zuǐ, ràng wǒ kànkan. Sǎngzi chōngxiě
张大嘴，让我看看。嗓子 充血
le, késou ma?
了，咳嗽 吗？

甲：Késou, dàn bù lìhai.
咳嗽，但不厉害。

丙：
Qǐng jiěkai yīfu, ràng wǒ tīngting. Fāshāo
请 解开 衣服， 让 我 听听 。（听诊） 发烧
ma?
吗？

甲：
Fāshāo, tèbié shì bàngwǎn shāode lìhai.
发烧 ， 特别 是 傍晚 烧得 厉害。

丙：
Fèibù méiyǒu shénme wèntí, shàng hūxīdào yǒu
肺部 没有 什么 问题， 上 呼吸道 有
yánzhèng. Nín déde shì liúxíngxìng gǎnmào. Zhè
炎症 。 您 得的 是 流行性 感冒。 这
jǐ tiān fābìnglǜ jiào gāo, hěn róngyi chuánrǎn.
几天 发病率 较 高， 很 容易 传染。

甲：
Shì a, wǒmen tóngshì bìngle hǎo jǐ gè, zhēn yǐng-
是 啊， 我们 同事 病了 好 几个， 真 影
xiǎng gōngzuò. Dàifu, nín shuō gāi zěnme yùfáng
响 工作。 大夫， 您 说 该 怎么 预防
ne?
呢？

丙：
Liúgǎn bù shì yībānde gǎnmào, shì yóu bìngdú
流感 不 是 一般的 感冒， 是 由 病毒
chuánrǎn de, bǐ yībān gǎnmào lìhai. Yùfáng liú-
传染 的， 比 一般 感冒 厉害。 预防 流
gǎn shǒuxiān yào jiāqiáng shēntǐ duànliàn, zēng-
感 首先 要 加强 身体 锻炼， 增
qiáng dǐkànglì. Lìngwài, háiyào zhùyì shì nèi
强 抵抗力。 另外， 还要 注意 室 内
tōngfēng, bǎochí kōngqì xīnxian. Nín dǎdǎ tuì
通风 ， 保持 空气 新鲜。 您 打打 退
shāo de zhēn, zài chī diǎnr xiāoyányào ba!
烧 的 针， 再 吃 点儿 消炎药 吧！

甲：Xíng.
行。

丙：（开方）Qǐng nín ànshí chī yào, zhùyì xiūxi.
请 您 按时 吃 药， 注意 体息。

甲：Xièxie.
谢谢。

丙：Bù kèqi. （甲离开诊室，到药房取药）
不 客气。

丁：Zhāng Wén tóngzhì.
张 文 同志。

甲：Èi.
欸。

丁：Zhè shì nínde yào. Ānnǎijìn liǎng zhī; Xīnnuòmíng
这 是 您的 药。安乃近 两 支； 新诺明

èrshí piàn, měi rì sān cì, yī cì liǎng piàn; Gǎn-
20 片， 每 日 三 次， 一 次 两 片； 感

mào Chōngjì yī hé, měi rì sān cì, yī cì yī bāo.
冒 冲剂 一 盒， 每 日 三 次， 一 次 一 包。

Qǐng nín náhǎo.
请 您 拿好。

甲：Xīnnuòmíng hé Gǎnmào Chōngjì kěyǐ tóngshí fú-
新诺明 和 感冒 冲剂 可以 同时 服

yòng ma?
用 吗？

丁：Kěyǐ.
可以。

甲：Xièxie.
谢谢。

239

十三　修　车
XIŪ　CHĒ

甲：　Qǐng wèn, zhè fùjìn yǒu chēpù ma?
　　　请　问，这　附近　有　车铺　吗？

乙：　Yǒu. Wàng qián zǒu bù yuǎn, lù zuǒbiān yǒu yī
　　　有。往　前　走　不　远，路　左边　有　一
　　　ge chēpù.
　　　个　车铺。

甲：　Hǎo, xièxie!
　　　好，谢谢，

乙：　Bù kèqi.
　　　不　客气。

丙：　Nín lái la, xiū chē ma?
　　　您　来啦，修　车　吗？

甲：　Duì, gāngcái diānle yīxia, chēzi jiù dēng bu dòng le.
　　　对，刚才　颠了　一下，车子　就　蹬　不　动　了。

丙：　Qǐng nín shāo děng yīxia, wǒ bǎ zhè wèi tóngzhi
　　　请　您　稍　等　一下，我　把　这　位　同志
　　　de chēzi xiūwán, jiù gěi nín xiū.
　　　的　车子　修完，就　给　您　修。

甲：　Méi guānxi.
　　　没　关系。
　　　…………

丙：（对甲）　Nín gāngcái shuō "diānle yīxia, chēzi jiù
　　　　　　您　刚才　说　"颠了　一下，车子　就
　　　dēng bu dòng le" duì ma?
　　　蹬　不　动　了"对　吗？

甲：　Shì de.
　　　是　的。

丙：链子　卡　在　大套　里　了。得　把　大　链套　拆
Liànzi qiǎ zài dàtào li le. Děi bǎ dà liàntào chāi-

开。
kāi.

甲：要　我　帮忙　吗？
Yào wǒ bāngmáng ma?

丙：您　扶着　车子　就　行　了。
Nín fúzhe chēzi jiù xíng le.

甲：好　吧。
Hǎo ba.

丙：（动手修车）怪不得，　链子　太　松　了，得　截　一
Kuàibude, liànzi tài sōng le, děi jié yī-

扣儿　去。（稍停）这　下儿　没　问题　啦！　别处
kòur qu. Zhè xiàr méi wèntí la! Biéchu

还　有　毛病　吗？
hái yǒu máobìng ma?

甲：车闸　不　太　灵，您　给　看看。
Chēzhá bù tài líng, nín gěi kànkan.

丙：拉杆儿　松　了。我　给　您　紧　一下。（紧车闸
Lāgǎnr sōng le. Wǒ gěi nín jǐn yīxia.

拉杆）好　啦！
Hǎo la!

甲：谢谢　您　啦！一共　多少　钱？
Xièxie nín la! Yīgòng duōshǎo qián?

丙：五　毛。
Wǔ máo.

甲：好，这　是　一　块，请　您　找　吧。
Hǎo, zhè shì yī kuài, qǐng nín zhǎo ba.

丙：找　您　五　毛。好，慢　走！
Zhǎo nín wǔ máo. Hǎo, màn zǒu!

LǏFÀ
十四　理发

甲：
Nín lái la, qǐng zuòxia děng yīhuìr, jīntiān lǐfà
您 来 啦， 请 -坐下 等 一会儿， 今天 理发

de rén bǐjiào duō.
的 人 比较 多。

乙：
Èi, hǎo, hǎo.
欸， 好， 好。

········

甲：
Gāi nǎ wèi tóngzhì le?
该 哪 位 同志 了？

丙：
Gāi wǒ le.
该 我 了。

甲：
Qǐng nín zuò zhèbān lái.　　　　　Nín lǐ shénme-
请 您 坐 这边 来。（丙坐下） 您 理 什么

yàng de? Hái liú qīngniánshì ma? Dà diǎnr háishi
样 的？ 还留 青年式 吗？ 大 点儿 还是

xiǎo diǎnr?
小 点儿？

丙：
Duì, hái liú qīngniánshì, yào dà yīdiǎnr.
对， 还留 青年式， 要 大 一点儿。

甲：
Hǎo de.
好 的。

········

甲：
Qǐng nín dào zhèbiān xǐ tóu. Nín bǎ tóu dī yī-
请 您 到 这边 洗头。 您 把头 低 一-

xia.
下。

242

丙: Hǎo de.
好 的。

甲: Chuī fēng ma?
吹风 吗?

丙: Chuīchui ba. Shǎo shǐ diǎnr yóu.
吹吹 吧。少 使 点儿 油。

甲: Xíng.（为丙吹风，然后用镜子照照后面） Nín kàn-
行 。 您 看
kan, zěnme yàng?
看， 怎么样 ?

丙: Tǐng hǎo tǐng hǎo！Xièxie!
挺 好 挺 好！ 谢谢！

甲: Bù xiè.
不 谢。

<h2 style="text-align:center">十五　　JIÙCĀN
就餐</h2>

甲: Xiànzài yǐjīng shí'èr diǎn bàn le, huíqu chīfàn
现在 已经 十二 点 半 了， 回去 吃饭
láibují le, wǒmen jiù zài wàibian suíbiàn chī diǎnr
来不及 了， 我们 就 在 外边 随便 吃 点儿
ba.
吧。

乙: Xíng a, qiánmian yǒu ge zhuān mài miànshí de fàng-
行 啊， 前面 有 个 专 卖 面食 的 饭
guǎnr, zánmen qù chī diǎnr miàntiáor ba.
馆儿， 咱们 去 吃 点儿 面条儿 吧。

甲: Wǒ bù ài chī miàntiáor, háishi chī mǐfàn ba.
我 不 爱 吃 面条儿， 还是 吃 米饭 吧。

乙：Yě hǎo, Wǒ chī mǐfàn chī miàntiáor dōu yīyàng,
也 好，我 吃 米饭 吃 面条儿 都 一样，

nà zánmen jiù dào dàjiē xītóur de nàge fànguǎnr
那 咱们 就 到 大街 西头儿 的 那个 饭馆儿

qù ba.
去 吧。

丙：Nín lái le, qǐng lǐmian zuò. Èr wèi chī dian
您 来 了，请 里面 坐。二 位 吃 点儿

shénme?
什么？

甲：Lái sì liǎng mǐfàn, yī ge xīhóngshì chǎo jīdàn,
来 四 两 米饭，一 个 西红柿 炒 鸡蛋，

yī ge sùchǎo biǎndòu ba.
一 个 素炒 扁豆 吧。

丙：Hái yào tāng ma? Yǒu jīdàntāng, zhàcàitāng, hǎi-
还 要 汤 吗？有 鸡蛋汤 、榨菜汤 、海

shēntāng.
参汤 。

乙：Lái wǎn zhàcàitāng ba.
来 碗 榨菜汤 吧。

丙：Hǎo de. Qǐng shāo děng.
好 的。请 稍 等 。

甲：Zhège xiǎo fànguǎnr hái bùcuò, fúwù zhōudào,
这个 小 饭馆儿 还 不错，服务 周到 ，

jiǎngjiū wèishēng, chī dùn fàn tǐng fāngbian de.
讲究 卫生 ，吃 顿 饭 挺 方便 的。

乙：Shì tǐng fāngbian de, wǒ cháng lái zhège fànguǎnr
是 挺 方便 的，我 常 来 这个 饭馆儿

chīfàn.
吃饭 。

丙：　Nín yàode fàn、cài lái la！
　　您　要的　饭、菜　来　啦！

甲：　Hǎo, xièxie.
　　好，谢谢。（二人吃饭，饭后付款）

丙：　Nín èr wèi chī hǎole ma?
　　您　二　位　吃　好了　吗？

甲
乙：　Chī hǎole, chī hǎole, xièxie.
　　吃　好了，吃　好了，谢谢。

丙：　Hǎo, èr wèi màn zǒu. Xià cì zài lái！
　　好，二　位　慢　走。下　次　再　来！

YÓULǍN
十六　游览

甲：　Huáng lǎo xiānsheng, Dàmíng Hú dào le, qǐng xià
　　黄　老　先生　，大明　湖　到　了，请　下

　　chē ba！
　　车　吧！

乙：　Zǎo jiù zhīdào "Sì miàn héhuā sān miàn liǔ, yī
　　早　就　知道　"四　面　荷花　三　面　柳，一

　　chéng shān sè bàn chéng hú" de míngjù, bǎi wén
　　城　山　色半　城　湖"　的　名句，百　闻

　　bù rú yī jiàn, zhè huí yào hǎohao kànkan Dàmíng
　　不　如一　见，这　回　要　好好　看看　大明

　　Hú de jǐngsè！
　　湖　的　景色！

甲：　Nín gāngcái niànde míngjù, shì Qīng Cháo Qián-
　　您　刚才　念的　名句，是　清　朝　乾

　　lóng nián jiān jìnshi Liú Fènggào tíde. Zhè shì
　　隆　年　间　进士　刘　凤诰　题的。这　是

245

duì Dàmíng Hú yōuměi jǐngsè zuì gàikuò, zuì shēng
对　大明　湖　优美　景色　最　概括、最　生

dòng、zuì tiēqiède miáohuì.
动、最　贴切的　描绘。

　　Shì a. Nánguài rénmen dōu xǐ'ài chuánsòng zhè yī
乙：是啊。难怪　人们　都　喜爱　传诵　这一

míngjù. Zhè zuò páifāng tǐng yǒu qìshi de!
名句。这　座　牌坊　挺　有　气势　的！

　　Zhè zuò mínzúshì de páifāng, huīhuáng-cànlàn,
甲：这　座　民族式　的　牌坊，　辉煌灿烂，

xióngwěi-zhuànglì. Tā běnshēn jiùshì Dàmíng Hú
雄伟壮丽。　它　本身　就是　大明　湖

de nán mén, bù shè ménfēi, biéjùyīgé. Hǎo, Huáng
的　南　门，不　设　门扉，别具一格。好，　黄

xiānsheng, zánmen cháo zuǒbiān zǒu.
先生，　咱们　朝　左边　走。

　　Qiánmiàn zhè "xiáyuán" èr zì, jiùshì zhège xiǎo
乙：前面　这 " 遐园 " 二字，就是　这个　小

yuánzi de míngzi ma?
园子　的　名字　吗？

　　Duì, Xiáyuán shì yī zuò tíngyuán jiànzhù, yuán nèi
甲：对，遐园　是　一　座　庭园　建筑，园内

gǔmù cāngténg, màoyù cuìlǜ; qūshuǐ hóngqiáo, jiǎ-
古木　苍藤，茂郁　翠绿；曲水　虹桥，假

shān tínggé, yōujìng huíláng diǎnzhuì qí jiān. Bèi
山　亭阁，幽径　回廊　点缀　其　间。被

yùwéi Jǐnán dì-yī tíngyuán.
誉为　济南　第一　庭园。

　　Quèshí bùcuò. Hěn xiàng Zhèjiāng Níngbō de cáng
乙：确实　不错。很　象　浙江　宁波　的　藏

shūlóu "Tiānyīgé".
书楼 "天一阁"。

甲： Duì, nín lǎo yǎnlì bùcuò, Xiáyuán zhèngshì fǎng
对，您 老 眼力 不错， 遐园 正是 仿

"Tiān yīgé" de shìyàng shèjì jiànzào de. Yuánlái
"天一阁" 的 式样 设计 建造 的。 原来

shì Shāndōng Shěng Túshūguǎn de yī bùfen.
是 山东 省 图书馆 的 一 部分。

乙： Ò. Běibiān jiǎshān shang de xiǎo tíngzi tǐng bié-
噢。北边 假山 上 的 小 亭子 挺 别

zhì de.
致 的。

甲： Nà jiào "Hàorántíng", zhàn zai shàngmian, jiù
那 叫 "浩然亭"， 站 在 上面， 就

néng kàndao Dàmíng Hú quánjǐng.
能 看到 大明 湖 全景。

乙： Nà zánmen shàngqu kànkan.
那 咱们 上去 看看。

甲： Hǎo de. Huáng Xiānsheng nín màn yīdianr.
好 的。黄 先生 您 慢 一点儿。

乙： Méi guānxi. Hǎo wa, Míng Hù fēngjǐng, jìn shōu
没 关系。好 哇， 明 湖 风景， 尽 收

yǎndǐ le!
眼底 了！

甲： Shì a. Húshuǐ bìbō-dàngyàng, hú zhōng xiǎo dǎo
是 啊。湖水 碧波荡漾， 湖 中 小 岛

xīngluó-qíbù, shuǐmiàn shang de yóuchuán wǎng-
星罗棋布， 水面 上 的 游船 往

lái chuānsuō, hú běi'àn de tíng gé gǔjì, yǎnyìng
来 穿梭，湖 北岸 的 亭 阁 古迹，掩映

247

　zài yī piàn cuìlù zhīzhōng, zhè húguāng-dǎosè,
　在 一 片 翠绿 之中， 这 湖光岛色，

　jiù xiàng túhuà yīyàng měilì.
　就 象 图画 一一样 美丽。

乙：Hú zhōng xiǎo dǎo shang hái yǒu tíng gé jiàn-
　湖 中 小 岛 上 还 有 亭 阁 建

　zhù, tāmen dōu yǒu míngzi ba?
　筑， 它们 都 有 名字 吧?

甲：Zhōngjiān xiǎo dǎo shang shì Húxīntíng, lí wǒ-
　中间 小 岛 上 是 湖心亭， 离 我

　men jìn yīdianr de shì Lìxiàtíng, dōngběi shang
　们 近 一点儿 的 是 历下亭 ， 东北 上

　de nàge shì Huìquántáng.
　的 那个 是 汇泉堂。

乙：Tīngshuō Lìxiàtíng shì Dù Fǔ lái Jǐnán fùyà de
　听说 历下亭 是 杜甫 来 济南 赴宴 的

　dìfang.
　地方 。

甲：Duì, tíngmén liǎng cè de duìlián, jiùshì Dù Fǔ
　对， 亭门 两 侧 的 对联， 就是 杜甫

　fùyàn shí, jíxí fùyǒng wǔyánshī 《Péi Lǐ Běihǎi
　赴宴 时， 即席 赋咏 五言诗 《陪 李 北海

　Yàn Lìxiàtíng》 zhōng de míngjù: "Hǎi yòu cǐ
　宴 历下亭 》 中 的 名句: "海 右 此

　tíng gǔ, Jǐnán míngshì duō". Tíng shang "Lìxià-
　亭 古, 济南 名士 ·多 "。亭 上 "历下

　tíng" sān ge jīn zì, shì Qīng Qiánlóng Huángdì
　亭" 三 个 金 字, 是 清 乾隆 皇帝

　shūxiě de.
　书写 的。

Nà yīdìng děi shàngqu kànkan!
乙：那 一 定 得 上去 看看！

wǒmen xiān dào xībiān kàn Jiàxuāncí, huílai zài
甲：我们 先 到 西边 看 稼轩祠， 回来 再

chéng huàfǎngchuán qù Lìxiàtíng, ránhòu dào
乘 画舫船 去 历下亭， 然后 到

běi'àn yóulǎn. Nàli hái yǒu Nánfēngcí, Huìbōlóu、
北岸 游览。那里 还 有 南丰祠、 汇波楼、

Běijímiào、 Tiěgōngcí hé xiǎo Cānglàngtíng.
北极庙、铁公祠 和 小 沧浪亭。

Hǎo ba.
乙：好 吧。

CĀNGUĀN
十七　　参观

Wáng chǎngzhǎng, zhè shì guīguó Huáqiáo Lǐ xiān-
甲：王 厂长， 这 是 归国 华侨 李 先

sheng hé fūren.
生 和 夫人。

Nín hǎo! Lù shang xīnkǔ le! Wǒ xìng Wáng, shì
乙：您 好！路 上 辛苦 了！我 姓 王， 是

zhèli de fùzérén.
这里 的 负责人。

Nín hǎo! Huíguó hòu kánle bùshǎo dìfang, jīntiān
丙：您 好！回国 后 看了 不少 地方， 今天

yào dǎrǎo nǐmen le!
要 打扰 你们 了！

Nǎlǐ nǎlǐ! Wǒmen fēicháng huānyíng nín hé fūren
乙：哪里 哪里！我们 非常 欢迎 您 和 夫人

guānglín! Qǐng ba.
光临！　请　吧。

……

Zhè shì jǐngtàilán chējiān, zhìzuò jǐngtàilán zài
乙：这　是　景泰蓝　　车间，　制作　　景泰蓝　在

Zhōngguó yǐjīng yǒu jǐ bǎi nián de lìshǐ le.
中国　　已经　有　几　百　年　的　历史　了。

Zhème jīngměide yìshùpǐn yào jīngguò jǐ dào
丙：这么　精美的　　艺术品　要　经过　几　道

gōngxù cái néng wánchéng?
工序　才　能　　完成？

Yào jīngguò zuòpī、qiāsī、diǎnlán、shāolán、mó-
乙：要　经过　做坯、掐丝、点蓝、　烧蓝、磨

guāng、dùjīn liù dào gōngxù cái néng wánchéng.
光、　镀金　六　道　工序　才　能　完成。

Zhēn bù jiǎndān!
丙：真　不　简单！

……

Cānguānle guì chǎng, zhēnshì dà kāi yǎnjiè, nán-
丙：参观了　贵　厂，　真是　大　开　眼界，　难

guài wàiguórén duì Zhōngguó gōngyì měishù de
怪　外国人　对　中国　　工艺　美术　的

shuǐpíng nàme pèifu.
水平　那么　佩服。

Wǒmen chǎng háiyǒu xǔduō quēdiǎn, qǐng Lǐ xiān-
乙：我们　厂　还有　许多　缺点，　请　李　先

sheng kànle zhīhòu gěi wǒmen títi yìjian.
生　看了　之后　给　我们　提提　意见。

Wáng chǎngzhǎng guòqiān le. Bùguò wǒ xiǎng tí
丙：王　厂长　　过谦　了。不过　我　想　提

yīxia, nǐmende chējiān shì-bùshì xiǎnde yōngjǐle
一下， 你们的   车间 是 不是   显得   拥挤了

xiē?
些？

乙：Shì a, mùqián wǒmen yě zhèngzai zhǔnbèi xiūjiàn
是 啊， 目前   我们 也 正在   准备   修建

xīn chǎngfáng, hěn kuài yào dònggōng le.
新   厂房，   很 快 要 动工 了。

丙：Nà tài hǎo le! Wǒ xīwàng jiānglái nénggòu zài
那 太 好 了！我 希望 将来   能够   再

lái, cānguān nǐmende xīn chǎngfáng.
来， 参观   你们的 新   厂房。

乙：Hǎojí le! Wǒmen qīdàizhe Lǐ xiānsheng zài cì lái-
好极 了！我们   期待着 李   先生   再 次 来

fǎng!
访！

丙：Hǎo, xièxie nǐmen! Zàijiàn.
好， 谢谢 你们！ 再见。

甲：Wáng chǎngzhǎng, zàijiàn.
王   厂长，   再见。

乙：Zàijiàn.
再见。

KĀIHUÌ

十八   开会

甲：Dōu dàole ma?
都 到 了 吗？

乙：Xiǎo Lǐ chūchāi hái méi huílai, jiù quē xiǎo Liú
小 李 出差 还 没 回来， 就 缺 小 刘

le.
了。

Duì bù qǐ, wǒ láiwǎn le.
丙：对 不 起，我 来晚 了。

Méi guānxi, huì hái méi kāishǐ ne.　　Kěyǐ
乙：没 关系，会 还 没 开始 呢。（对甲） 可以

kāihuì la.
开会 啦。

Tóngzhìmen, jīntiān wǒmen kāi ge zhīwěihuì,
甲：同志们 今天 我们 开 个 支委会，

shāngliang yīxia zǔzhī "Wǔ-sì" liánhuān wǎnhuì
商量 一下 组织 "五·四" 联欢 晚会

de shì. "Wǔ-sì" shì wǒmen tuányuán qīngnián
的 事。"五·四" 是 我们 团员 青年

de jiérì, yào hǎohao qìngzhù yīxia. Zhè cì lián-
的 节日，要 好好 庆祝 一下。这 次 联

huān wǎnhuì yīdìng yào zǔzhī hǎo, bùjǐn quán diàn
欢 晚会 一定 要 组织 好，不仅 全 店

tuányuán qīngnián dōu cānjiā, yě huānyíng lǎo
团员 青年 都 参加，也 欢迎 老

tóngzhì cānjiā.
同志 参加。

Duì. Wǒ kàn wǎnhuì de jiémù yīdìng děi zhǔnbèi
乙：对。我 看 晚会 的 节目 一定 得 准备

hǎo, yào chōngfèn fāhuī nàxiē wényì gǔgàn de
好，要 充分 发挥 那些 文艺 骨干 的

zuòyòng.
作用。

Yě bùnéng hūshì qúnzhòng de lìliang, wǒ kàn zài
丙：也 不能 忽视 群众 的 力量，我 看 再

252

kāi ge tuán xiǎozǔzhǎng huì, bǎ rènwù bùzhi xiaqu,
开 个 团 小组长 会，把 任务 布置 下去，

gè tuán xiǎozǔ dōu chū jiémù, lái yī ge jìngsài.
各 团 小组 都 出 节目， 来 一 个 竞赛。

丁： Jiémù zhǔchírén yě hěn zhòngyào, yào bǎ suǒyǒu
节目 主持人 也 很 重要， 要 把 所有

jiémù chuàn zài yīqǐ, zìrán, huópō, xīnyǐng,
节目 串 在 一起， 自然、 活泼、 新颖、

liúchàng.
流畅。

甲： Duì, wǒ kàn ràng Lǐ Gāng hé Zhōu Lì dānrèn
对， 我 看 让 李 刚 和 周 莉 担任

jiémù zhǔchírén. Xiǎo Liú, nǐ bāng tāmen bǎ jié-
节目 主持人。 小 刘，你 帮 他们 把 节

mù shùnxù páihǎo, xiěhǎo bàomùcí, dào shí, bǎ
目 顺序 排好， 写好 报幕词， 到 时， 把

wǎnhuì zhǔchí hǎo.
晚会 主持 好。

丙： Méi wèntí. Bùguò, wèile bǎozhèng zhìliang, wǒ
没 问题。 不过， 为了 保证 质量， 我

kàn zuì hǎo tíqián bǎ jiémù shěnchá yīxia.
看 最 好 提前 把 节目 审查 一下。

甲： Kěyǐ. Wǒmen wǔ yuè èr hào xiàwǔ chōu diǎnr
可以。 我们 五 月 二 号 下午 抽 点儿

shíjiān shěnchá yīxia, xiàwǔ shěn bù wán, wǎn-
时间 审查 一下， 下午 审 不 完， 晚

shang jiù jiēzhe lái. Hái yǒu yī ge bùzhì huìchǎng
上 就 接着 来。还 有 一 个 布置 会场

de wèntí.
的 问题。

Zhè shìr jiāogei wǒ ba!
乙：这 事儿 交给 我 吧!

Hǎo, nǐ dài jǐ ge rén, hǎohao bǎ huìchǎng bùzhì
甲：好，你 带 几 个 人， 好好 把 会场 布置

yīxia, zàochéng yī zhǒng rèliè, huānkuàide qìfèn.
一下， 造成 一 种 热烈、 欢快的 气氛。

Nà děi huā xiē qián、kào zán tuánzhībù zhè diǎnr
丁：那 得 花 些 钱，靠 咱 团支部 这 点儿

jiādang pà shì bùxíng.
家当 怕 是 不行。

Zhè bù yòng dānxīn. Dǎngzhībù hěn zhīchí wǒ-
甲：这 不 用 担心。 党支部 很 支持 我

mende huódòng. Wǒ qù zhǎo diàn lǐngdǎo, zài
们的 活动。 我 去 找 店 领导， 再

shēnqǐng diǎnr jīngfèi.
申请 点儿 经费。

Yǒule jīngjǐ bǎozhàng, hái pà wǎnhuì zǔzhī bù
丁：有了 经济 保障， 还 怕 晚会 组织 不

hǎo? Bǎ wǎnhuì xūyào de dōngxi liè ge qīngdān,
好？ 把 晚会 需要 的 东西 列 个 清单，

cǎigòu wǒ bāo la.
采购 我 包 啦。

Xíng. Dàjiā gè fù qí zé, jǐnmì pèihé, wǒmende
甲：行。 大家 各 负 其 责， 紧密 配合， 我们的

wǎnhuì yīdìng néng chénggōng. Hái yǒu shì ma?
晚会 一定 能 成功。 还 有 事 吗？

Méiyǒu la.
众：没有 啦。

Hǎo, jiù kāidào zhèli, sànhuì. Xiǎo Tián liú yīxia,
甲：好， 就 开到 这里， 散会。 小 田 留 一下，

yǒu jǐ ge xiǎo shìr zán zài shāngliang shāngliang.
有 几 个 小 事儿 咱 再 商量 商量。

Hǎo ba.
乙: 好 吧。

第二节　　朗　读

ZHĒNYÁN　JǏNGJÙ
一　箴言　警句

Rénlèi de sīxiǎng zǒngshì wàng jìnbù de, yào
人类 的 思想 总是 望 进步 的, 要
rénlèi jìnbù biàn bùdébù chúqù fǎnduì jìnbù de
人类 进步 便 不得不 除去 反对 进步 的
zhàng'àiwù. Chúqù zhàng'àiwù, biànshì gémìng.
障碍物。 除去 障碍物, 便是 革命。
　　　　　　　　　　——孙中山

Yī gè rén yīnggāi: huópō ér shǒu jìlǜ, tiānzhēn ér
一 个 人 应该: 活泼 而 守 纪律, 天真 而
bù yòuzhì, yǒnggǎn ér bù lǔmǎng, jiéjiàng ér yǒu
不 幼稚, 勇敢 而 不 鲁莽, 倔强 而 有
yuánzé, rèqíng ér bù chōngdòng, lèguān ér bù
原则, 热情 而 不 冲动, 乐观 而 不
mángmù.
盲目。
　　　　　　　　　　——马克思

Zhēnlǐ xǐhuān pīpíng, yīnwèi jīngguò pīpíng,
真理 喜欢 批评, 因为 经过 批评,
zhēnlǐ jiùhuì qǔshèng; miùwù hàipà pīpíng, yīnwèi
真理 就会 取胜; 谬误 害怕 批评, 因为

jīngguò pīpíng, miùwù jiùhuì shībài.
经过　　批评，　谬误　就会　失败。

——狄德罗

Yī gè zhēnzhèngde　rén, tā duì kùnnán de huídá
一个　　真正的　　　人, 他 对　困难　的　回答

shì zhàndòu, duì zhàndòu de huídá shì shènglì, duì
是　战斗，　对　战斗　的　回答　是　胜利，　对

shènglì de huídá shì qiānxùn.
胜利 的　回答　是　谦逊。

——吴运铎

Wěidàde chéngjì hé xīnqínde láodòng shì chéng
伟大的　　成绩　和　辛勤的　　劳动　是　成

zhèngbǐ de, yǒu yīfēn láodòng jiùyǒu yīfēn shōuhuò,
正比　的，有　一分　劳动　就有　一分　收获，

rìjī-yuèlěi, cóng shǎo dào duō, qíjī jiù kěyǐ chuàng-
日积月累，从　少　到　多，奇迹 就　可以　创

zào chūlai.
造　出来。

——鲁迅

Kēxué xūyào yī ge rén gòngxiàn chū bìshēngde
科学　需要　一个　人　贡献　出　毕生的

jīnglì, jiǎdìng nǐmen měi gè rén yǒu liǎngcì shēng-
精力，假定　你们　每个　人　有　两次　　生

mìng, zhè duì nǐmen shuōlái yě háishì bùgòu de.
命，　这 对　你们　说来　也　还是　不够　的。

——巴甫洛夫

Shù lǎo yì kōng, rén lǎo yì sōng, kēxué zhī dào,
树 老 易 空，　人 老 易 松，科学 之 道，

256

jiè zhī yǐ kōng, jiè zhī yǐ sōng. Wǒ yuàn yībèizi
戒 之 以 空， 戒 之 以 松。 我 愿 一辈子
cóngshí yǐ zhōng.
从实 以 终。

——华罗庚

Rén bùguāng shì kào tā shēnglái jiù yōngyǒu yī-
人 不光 是 靠 他 生来 就 拥有 一
qiè, érshì kào tā cóng xuéxí zhōng suǒ dédào de yī-
切， 而是 靠 他 从 学习 中 所 得到 的 一
qiè lái zàojiù zìjǐ.
切 来 造就 自己。

——歌德

Chūncán dào sǐ sī fāng jìn, làjù chénghuī lèi shǐ
春蚕 到 死 丝 方 尽， 蜡炬 成灰 泪 始
gān.
干。

——李商隐

Yǎodìng qīngshān bù fàngsōng, lìgēn yuán zài pò-
咬定 青山 不 放松， 立根 原 在 破
yán zhōng, qiānmó-wànjī hái jiānjìng, rèn nǐ dōng xī
岩 中， 千磨 万击 还 坚劲， 任 你 东 西
nán běi fēng.
南 北 风。

——郑燮

Guǒshí de shìyè shì zūnguì de, huā de shìyè shì
果实 的 事业 是 尊贵 的， 花 的 事业 是
tiánměi de, dànshì ràng wǒmen zuò yè de shìyè ba,
甜美 的， 但是 让 我们 做 叶 的 事业 吧，

257

yè shì qiānxùnde　　zhuānxīnde chuízhe lǜyīn de.
叶 是　谦逊地　　专心地　　垂着　绿荫 的。

　　　　　　　　　　　　　　——泰戈尔

Wúyánde chúnpǔ suǒ biǎoshì de gǎnqíng cái shì
　无言的　纯朴 所　表示 的　感情 才 是

zuì fēngfù de.
最 丰富 的。

　　　　　　　　　　　　　——莎士比亚

Shībài yěshì wǒ xūyào de, tā hé chénggōng duì
　失败 也是 我 需要 的，它 和　成功　对

wǒ yīyàng yǒu jiàzhí. Zhǐyǒu zài wǒ zhīdào yīqiè zuò
我 一样　有 价值。 只有 在 我　知道 一切 做

bù hǎo de fāngfǎ yǐhòu,wǒ cái zhīdào zuòhǎo yī jiàn
不 好 的 方法 以后，我 才　知道　做好 一 件

gōngzuò de fāngfǎ shì shénme.
工作 的 方法 是 什么。

　　　　　　　　　　　----爱迪生

Zhǐyǒu zhúzi nàyàngde xūxīn, niúpíjīn nàyàngde
　只有 竹子 那样的　虚心， 牛皮筋 那样的

jiānrèn, lièhuǒ nàyàngde rèqíng, cáinéng chǎnshēng
坚韧，　烈火　那样的 热情，　才能　　产生

chū bùxiǔde yìshù.
出 不朽的 艺术。

　　　　　　　　　　——茅盾

Zǎochéng zhě wèibì yǒu chéng, wǎndá zhě wèibì
　早成 者 未必 有 成，　晚达 者 未必

bù dá. Bù kě yǐ niánshào ér zìshì, bù kě yǐ niángāo
不达。不 可 以 年少 而 自恃，不 可 以　年高

ér zìqì.
而 自弃。

——冯梦龙

Zhìzhě bù wéi fēi qí shì, liánzhě bù qiú fēi qí
智者 不 为 非 其 事， 廉者 不 求 非 其

yǒu.
有。

——韩婴

YÙYÁN GÙSHI
二 寓言 故事

Húli Hé Lǘ
1. 狐狸 和 驴

Wěi Wéi 伟韦

Yī tiān, húli hé lǘ xiāngyù le. Tāliǎ xiánliáo qi-
一 天， 狐狸 和 驴 相遇 了。 它俩 闲聊 起

lai. Húli yáozhe tóu shuō: "Nàxiē xǐhuān xiě tóng-
来。 狐狸 摇着 头 说： "那些 喜欢 写 童

huà, yùyán de zuòjiā zhēn bù shì wányìr, jìn jiǎng
话、 寓言 的 作家 真 不 是 玩意儿， 尽 讲

biérén de huàihuà. Zài tāmende bǐ xià wǒ chéngle ài
别人 的 坏话。 在 他们的 笔 下 我 成了 爱

zhān piányi de xiǎorén.
沾 便宜 的 小人"。

"Shì a, tāmen bǎ wǒ miáoxiě chéng lǎnduò ér
"是 啊， 他们 把 我 描写 成 懒惰 而

yòu yúchǔnde rénwù, hǎoxiàng zhǐyǒu tāmen zuòjiā
又 愚蠢的 人物， 好象 只有 他们 作家

259

cáishì qínláo、cōngming de.” Lǘ　　xuézhe
才是　勤劳、　聪明　　的。”驴　　学着

yàngzi yě bù fúqìde shuō.
样子　也　不　服气地　说。

　　“Zǒu, zhǎo tāmen pínglǐ qù！”
　　“走，　找　他们　评理　去！”

　　“Hǎo, wǒmen yīqǐ qù.” Lǘ fùhé dào、
　　“好，　我们　一起　去。”驴　附和　道。

　　“Zǒu, xiànzài jiù qù！Bùguò, wǒ jīntiān tài lèi
　　“走，　现在　就去！不过，　我　今天　太　累

le, nǐ néng tuó wǒ qù ma？”Húli zhuāngchū píláo ér
了，你　能　驮　我　去　吗？”狐狸　装出　疲劳　而

yòu kěliánde yàngzi.
又　可怜的　样子。

　　· · · · · ·

　　Yúshì, húli déyì-yángyángde zuòdàole lǘbèi shang
　　于是，狐狸　得意扬扬地　　坐到了　驴背　上

zǒu le.
走　了。

Báidùyā Yǔ Yǎnshǔ
2. 白渡鸦 与　　鼹鼠

Wǎrìdáyēfū　瓦日达耶夫（苏）

　　Yī zhī báidùyā bāndàole yī ge xīnde dìfang. Tā
　　一　只　白渡鸦　搬到了　一　个　新的　　地方。它

xuǎndìng zài yī kē zuì gāo、zuì cūde dàshù shang zuò
选定　　在一棵　最　高、最　粗的　大树　上　做

wō.
窝。

260

Yī zhī yǎnshǔ cóng dìdòng li zǒule chulai. Tā
一 只 鼹鼠 从 地洞 里 走了 出来。它

táiqi tóu, kànjian báidùyā zài zuò wō, shuō: "Wèi,
抬起 头， 看见 白渡鸦 在 做 窝， 说： " 喂，

báidùyā, bié zài nà kē shù shang zuò wō, nà kěshì
白渡鸦， 别 在 那 棵 树 上 做 窝， 那 可是

yào bái fèijìn de. " Báidùyā xiàozhe bǎile bǎi jiǎo-
要 白 费劲 的。 " 白渡鸦 笑着 摆了 摆 脚

zhǎng, bù dāli tā. Yǎnshǔ yòu quànshuō: "Nǐ bié
掌， 不 答理 它。 鼹鼠 又 劝说： "你 别

zài nà kē shù shang zuò wō, nàr wēixiǎn. " Báidùyā
在 那 棵 树 上 做 窝， 那儿 危险。 " 白渡鸦

guāguāde xiàozhe, fěngcìde shuō: "Ài, xiāle yǎn de
呱呱地 笑着， 讽刺地 说： "唉， 瞎了 眼 的

yǎnshǔ. zhēnshì ge yúchǔnde jiāhuo. Nǐ yǐwéi wǒ
鼹鼠， 真是 个 愚蠢的 家伙。 你 以为 我

dǒngde de dōngxi bǐ nǐ shǎo ma? Wǒ néng fēishang
懂得 的 东西 比 你 少 吗？ 我 能 飞上

yúnxiāo, yáowàng tiānxia, ér nǐ zhǐ huì wā dì-
云霄， 遥望 天下， 而 你 只 会 挖 地

dòng. " Yǎnshǔ zhīdào báidùyā bù tīng quàngào, jiù
洞。 " 鼹鼠 知道 白渡鸦 不 听 劝告， 就

zǒukāi le .
走开 了。

Báidùyā zhǐ gù máitóu zuò wō. Bùjiǔ, xiǎoyāchú
白渡鸦 只 顾 埋头 做 窝。 不久， 小鸦雏

jiù zài jiànhǎode wō li pò ké ér chū le.
就 在 建好的 窝里 破壳 而 出 了。

Yī tiān, kuángfēng xíjuǎn ér lái, dàshù de zhīgǎ
一 天， 狂风 席卷 而 来， 大树 的 枝干

yáohuangzhe. Zhè kē zuì gāo zuì dà de shù bèi chuīdǎo
摇晃着。　　　这　棵　最　高　最　大　的　树　被　吹倒

le. Báidùyā hé tāde xiǎoyā bèi shuāiluò zai dì shang,
了。白渡鸦　和　它的　小鸦　被　摔落　在　地　上，

shòule zhòngshāng.
受了　　重伤。

Yǎnshǔ cóng dìdòng li zǒule chūlai.Tā duì báidù-
鼹鼠　从　地洞　里　走了　出来。它　对　白渡

yā shuō: "Nǐ fēide gāo, jiù zì yǐwéi kànde dào yī-
鸦　说：“你　飞得　高，就　自　以为　看得　到　一

qiè, kěshì wǒ zài dì dǐxia dǎ dòng, kàndào le nǐ kàn
切，可是　我　在　地　底下　打　洞，　看到　了　你　看

bù dào de dìfang.Yào zhīdào zhè kē dàshù de gēn làn-
不　到　的　地方。要　知道　这　棵　大树　的　根　烂

le. Dāngchū nǐ tīng wǒde quàngào,jiù bùhuì yǒu jīn-
了。当初　你　听　我的　劝告，　就　不会　有　今

tiān de zāihuò le."
天　的　灾祸　了。”

Jìngzi
3．镜子

Jīn Jiāng　　金　江

Shīzi dàwáng de miànmào shēngde fēicháng chǒu-
狮子　大王　的　面貌　生得　非常　丑

lòu, dàn tā bù xiāngxìn zìjǐ de miànmào chǒulòu,
陋，　但　它　不　相信　自己　的　面貌　丑陋，

zhuānmén guài jìngzi bù hǎo. Biàn xiàlìng zhēngqiú yī
专门　怪　镜子　不　好。便　下令　征求　一

miàn zuì hǎode jìngzi.
面 最 好的 镜子。

Xǔduō dòngwù dōu zhēngzhe bǎ zìjǐ zuòhǎo de
许多 动物 都 争着 把自己 做好 的

hǎo jìngzi sònggei shīzi, xīwàng dédào zhòngshǎng.
好 镜子 送给 狮子, 希望 得到 重赏。

Kěshì yuèshì hǎode jìngzi, bǎ shīzi de chǒuliǎn
可是 越是 好的 镜子, 把 狮子 的 丑脸

zhàode yuè míngxiǎn. Shīzi shēngqi qǐ lai, hěnhěnde
照得 越 明显。 狮子 生起 气 来, 狠狠地

bǎ sòng jìngzi de dòngwù dōu yǎosǐ le.
把 送 镜子 的 动物 都 咬死 了。

Húli zhīdàole shīzi de xīnyì, jiù huàle yī zhāng fēi-
狐狸 知道了 狮子 的 心意, 就 画了 一 张 非

cháng měilìde liǎnxiàng, qiàn zài jìngzi dāngzhōng,
常 美丽的 脸相, 嵌 在 镜子 当中,

biàn bǎ zhè jìngzi xiàngěile shīzi.
便 把 这 镜子 献给了 狮子。

Shīzi náqǐ jìngzi yī zhào, lǐmiàn yìngchūde shì
狮子 拿起 镜子 一 照, 里面 映出的 是

yī zhāng jí měilìde liǎn, kuàilede xiào qilai shuō:
一 张 极 美丽的 脸, 快乐地 笑 起来 说:

"Zhè cáishì hǎo jìngzi!" jiù zhòngzhòngde jiǎngshǎngle
"这 才是 好 镜子!" 就 重重地 奖赏了

húli.
狐狸。

Shìjiè shang díquè yǒu yī zhǒng rén, bù shuō zìjǐ
世界 上 的确 有 一 种 人, 不 说 自己

liǎnkǒng chǒu, zhuānmén guài jìngzi bù hǎo. Zhèzhǒng
脸孔 丑, 专门 怪 镜子 不 好。 这种

263

rén jiǎrú yǒu rén ēyú tāde liǎnkǒng piàoliang，tā biàn
人　假如　有　人　阿谀　他的　　脸孔　　漂亮，　他　便

huì piāopiāorán，　zhēnzhèng juéde zìjǐ shì shìjiè shang
会　　飘飘然，　　　真正　　觉得　自己　是　世界　　上

shǎoyǒude měirén le。
少有的　　美人　了。

三　诗歌
SHĪGĒ

1. 春天　啊，请　在　中国　落户
Chūntiān A，Qǐng Zài Zhōngguó Luòhù

Zhào Lìhóng　　赵宏丽

Nǐ lái le，láide nàme qiāorán，nàme xùnsù，
你　来　了，来得　那么　悄然，　　那么　迅速，

Rán'ér，jīngyíngde bīnglíng zhèng huàzuò dīng-
然而，　晶莹的　　　冰凌　　正　　化作　叮

dōng liúshuǐ，
咚　流水，

Wǒ háishì cóngzhōng tīngjianle nǐ qīngxīnde jiǎo_
我　还是　　从中　　听见了　你　清新的：脚

bù，
步，

Nǐ lái le，láide nàme píngdàn，nàme pǔsù，
你　来　了，来得　那么　平淡，　　那么　朴素，

Rán'ér，bàoqīngde liǔsī zhèng yíngzhe nuǎnfēng
然而，　爆青的　　柳丝　正　　迎着　　暖风

piāofú，
飘拂，

264

Wǒ háishi cóngzhōng kànjianle nǐ duōzīde huānwǔ.
我　还是　　从中　　看见了　你　多姿的　欢舞。

Nǐ dàizhe bèi dōngtiān lüèqùde yīqiè huílai le,
你　带着　被　冬天　　掠去的　一切　回来　了,

Guǎngmàode dàdì shang, dàochù shì　　péngbóde
广袤的　　　大地　上,　　到处　是　　蓬勃的

fùsū……
复苏……

Chūntiān yo, qǐng liúbù, qǐng liúbù,
春天　哟,　请　留步,　请　留步,

Chūntiān a, qǐng zài wǒmen Zhōngguó luòhù!
春天　啊,　请　在　我们　　中国　落户!

Shì de, zài jiānbīng fēngdòng de suìyuè li,
是　的,　在　坚冰　　封冻　的　岁月　里,

Wǒmen jiù yòng bùqūde xīnlíng bǎ nǐ hūhuàn,
我们　就　用　不屈的　心灵　把　你　呼唤,

Tòuguò màntiān fēngxuě, nǐde wǎn'ěr yī xiào,
透过　漫天　风雪,　你的　莞尔　一　笑,

Céng shǐ duōshǎo rén wàngquèle shòudòngde tòng-
曾　使　多少　人　忘却了　　受冻的　痛

kǔ.
苦。

Rújīn, nǐ zhēnde lái le, jǐnguǎn láide cāngcù,
如今,　你　真的　来　了,　尽管　来的　仓促,

Wǒmen zěnme néng qīngyì dànmòde bǎ nǐ fàngguo!
我们　　怎么　能　轻易　淡漠地　把　你　放过!

Yúshì, wǒ cái yòng yī ge niánqīngrén chúnzhēnde
于是,　我　才　用　一　个　年轻人　　纯真的

shēngyīn,
声音，

Zhèyàng shuàizhí ér zhìhānde xiàng nǐ dàshēng
这样　率直　而　稚憨地　向　你　大声

jíhū——
疾呼——

Chūntiān yo, qǐng liúbù, qǐng liúbù,
春天　哟，请　留步，请　留步，

Chūntiān a, qǐng zài wǒmen Zhōngguó luòhù!
春天　啊，请　在　我们　中国　落户！

Wǒmen wǎnliú nǐ, juébù shì bǎ huāhóng liǔlù
我们　挽留　你，决不　是　把　花红　柳绿

míliàn
迷恋，

Wǒmen wǎnliú nǐ, yě bùshì bǎ sūyǔ nuǎnfēng
我们　挽留　你，也　不是　把　酥雨　暖风

tāntú,
贪图，

Yǒule nǐ a, cái néng gēngyún, cái néng kāituò,
有了　你啊，才　能　耕耘，才　能　开拓，

Yǒule nǐ a, cái yǒu bōzhòng, cái yǒu shōuhuò!
有了　你啊，才　有　播种，才　有　收获！

Wǒmen yào jiào suǒyǒude jīxuě dōu huàwéi chūn-
我们　要叫　所有的　积雪　都　化为　春

shuǐ,
水，

Qù zīrùn zǔguó de yòumiáo, bèilěi, shùmù;
去　滋润　祖国　的　幼苗、蓓蕾、树木；

Wǒmen yào jiào suǒyǒude chǔnǚdì dōu biànchéng
我们　要　叫　所有的　处女地　都　变成

266

liángtián,
良田,

Qù fányǎn xiāngtiánde táo-lǐ、guā-guǒ、wǔgǔ.
去　繁衍　　香甜的　桃李、　瓜果、　五谷。

Chūntiān yo, qǐng liúbù, qǐng liúbù,
春天　哟，请　留步，　请　留步，

Chūntiān a, qǐng zài wǒmen Zhōngguó luòhù！
春天　啊，请　在　我们　　中国　落户！

Yǒu rén shuō, nǐ bùguò shì yī ge bóqíngde gū-
有　人　说，你　不过　是一　个　薄情的　姑

niang,
娘,

Yǒngyuǎn shì nàyàng shāo zòng jí shì, cōngcōng
永远　是　那样　稍　纵　即　逝，　匆匆

ér guò.
而　过。

Bù, wǒ bìng bù tóngyì zhèzhǒng qiānqiángde bǐfù,
不,我　并　不　同意　这种　　牵强的　比附,

Tǎng néng zhìliède ài nǐ, nǐ bùhuì bǎ rénmen gūfù.
倘　能　挚烈地　爱你,你　不会　把　人们　辜负。

Mùguāng duǎnqiǎn de, tànxīzhe huār de diāoluò,
目光　短浅　的，叹息着　花儿　的　凋落,

Rè'ài míngtiān de, què kànjian xīnyá zài pòtǔ……
热爱　明天　的，却　看见　新芽　在　破土……

O, zhǐyào kāituò bù zhǐ, zhǐyào bōzhòng bù
哦，只要　开拓　不　止，只要　　播种　不

tíng,
停,

267

Nǐ dàilai de xīwàng hé shēngjī jiù bùhuì xiāo-
你 带来 的 希望 和 生机 就 不会 消

chú!
除!

Chūntiān yo, qǐng liúbù, qǐng liúbù,
春天 哟, 请 留步, 请 留步,

Chūntiān a, qǐng zài wǒmen Zhōngguó luòhù!
春天 啊, 请 在 我们 中国 落户!

Dāngrán, wǒmen zhèli hái bùshì jílè zhī tǔ,
当然, 我们 这里 还 不是 极乐 之 土,

Kěshì, wǒmende rénmín yǒuzhe làméi de fēng-
可是, 我们的 人民 有着 腊梅 的 风

gǔ,
骨,

Wǒmen cóng bīngxuě yánhán zhōng bǎ nǐ yíng-
我们 从 冰雪 严寒 中 把 你 迎

lái,
来,

Dāngrán yào yòng xīnqínde hànshuǐ jiāng nǐ shǒu-
当然 要 用 辛勤的 汗水 将 你 守

hù!
护!

Suìyuè liúshì, bìng bù zǒng shǐ róngmào qiáocuì,
岁月 流逝, 并 不 总 使 容貌 憔悴,

Nǐ wèi wǒmen sòng láile wàngshèngde shēngmìng
你 为 我们 送 来了 旺盛的 生命

yuánsù!
元素!

A, zài nǐ shēngqì hǔhǔ de qiánjìn jiǎobù zhōng,
啊, 在 你 生气 虎虎 的 前进 脚步 中,

Yīdìng huì juéqǐ yī ge qīngchūn huànfā de Zhōng-
一定 会 崛起 一个 青春 焕发 的 中

guó!
国!

Chūntiān yo, qǐng liúbù, qǐng liúbù,
春天 哟, 请 留步, 请 留步,

Chūntiān u qǐng zài wǒmen Zhōngguó luòhù……
春天 啊, 请 在 我们 中国 落户……

Dāng Zǔguó Xūyào Wǒmen Shí
2. 当 祖国 需要 我们 时

Chén Niànzǔ 陈念祖

Nǐ duō xiàng liútǎngde xiǎohé,
你 多 象 流淌的 小河,

Wǒ duō xiàng tiàodòngde xiǎoxī,
我 多 象 跳动的 小溪,

Liúxiàng nà yuǎnfāng, bēnténg bù xī……
流向 那 远方, 奔腾 不 息……

Ràng dàhǎi zòuchū xióngzhuàngde yuèqǔ.
让 大海 奏出 雄壮的 乐曲。

Aī!
啊!

Qīn'àide tóngxué,
亲爱的 同学,

Dāng zǔguó xūyào wǒmen shí,
当 祖国 需要 我们 时,

Yuàn nǐ shì xiǎohé,
愿 你 是 小河,

Yuàn wǒ shì xiǎoxī,
愿 我 是 小溪,

269

Bēnxiàng zǔguó de měi cùn tǔdì.
奔向　　祖国的　每　寸　土地。

Nǐ duō xiàng púgōngyīng de zhǒngzi,
你 多　象　蒲公英　的　种子，

Wǒ duō xiàng yángliǔshù de qīngxù,
我 多　象　杨柳树　的　轻絮，

Piāoxiàng nà tiānkōng, luòjìn nítǔ……
飘向　　那　天空，　落进 泥土……

Ràng tiányě xiěmǎn lǜsède xiǎoshī.
让　田野　写满　绿色的　小诗。

A!
啊!

Niánqīngde péngyou,
年轻的　　朋友，

Yuàn nǐ shì zhǒngzi,
愿 你 是　种子，

Yuàn wǒ shì liǔxù,
愿　我 是 柳絮，

Zhāgēn zài zǔguó de měi cùn tǔdì.
扎根　在 祖国的 每 寸 土地。

A!
啊!

Niánqīngde péngyou,
年轻的　　朋友，

Dāng zǔguó xūyào wǒmen shí,
当　祖国　需要　我们 时，

Yuàn nǐ shì zhǒngzi,
愿 你 是　种子，

Yuàn wǒ shì liǔxù,
愿　我 是 柳絮，

270

Zhāgēn zài zǔguó de měi cùn tǔdì!
扎根 在 祖国 的 每 寸 土地！

SĂNWÉN
四 散文

Yuèguāng Hǎi
1. 月光 海

Yì Lín 奕 林

Yuèliang shēng qilai le, yòu yuán yòu dà, xiàng
月亮 升 起来 了，又 圆 又 大，象

yùsè de guàpán, xuán zài lánhuīsè de tiānmù
玉色 的 挂盘， 悬 在 蓝灰色 的 天幕

shang.
上。

Wǒmen zuò zài jiāoshí shang, kàn yuèliang màn-
我们 坐 在 礁石 上， 看 月亮 慢

mànde yīdiǎndiǎnde wàng shàng shēng, jiànjiànde
慢地 一点点地 往 上 升， 渐渐地

biànde xiǎole qilai, jiànjiànde yuè lái yuè yǒu
变得 小了 起来， 渐渐地 越 来 越 有

guāngzé, zhōngyú biànchéng yī zhǎn yíndēng.
光泽， 终于 变成 一 盏 银灯。

Cǐkè, shéi yě méiyǒu fājué, gāngcái hái zài
此刻， 谁 也 没有 发觉， 刚才 还 在

xiōngyǒngde hǎi, tūrán biànde rúcǐ tiánjìng, yī
汹涌的 海， 突然 变得 如此 恬静， 一

zhènzhèn yínsède yǔ, wú shēng wú xíng, sǎ zài
阵阵 银色的 雨， 无 声 无 形， 洒 在

hǎimiàn, jiànqǐ jīngliàngde guāngbān. Shì hǎi zài
海面， 溅起 晶亮的 光斑。 是 海 在

bōdòng? Shì guāng zài shǎnshuò? Guāngbān tiào-
波动？ 是 光 在 闪烁？ 光斑 跳

yuèzhe, xiàng wúshù gè xiǎojīnglíng zài xīshuǎ,
跃着， 象 无数 个 小精灵 在 嬉耍，

yòu sì qiānwàn ge xiǎo yīnfú zài huānbèng,
又 似 千万 个 小 音符 在 欢蹦，

ěr páng fǎngfú yǒu yī zhī gāngqín zòumíngqǔ zài
耳 旁 仿佛 有 一 支 钢琴 奏鸣曲 在

yíngrào. Wǒmen dāidāide zuòzhe, gǎnshòuzhe,
萦绕。 我们 呆呆地 坐着， 感受着，

shéi yě bù yányu.
谁 也 不 言语。

　　Zhè wēnróude yuè, zhè tiánjìngde hǎi, wǒ gǎn-
　　这 温柔的 月， 这 恬静的 海， 我 感

shòu dàole ài de lìliang.
受 到了 爱 的 力量。

　　Wǒ chūguo hǎi, gēnzhe yúmín chéngzhe xiǎochuán
　　我 出过 海， 跟着 渔民 乘着 小船

dào hǎiwānkǒu qù tuòzhāng yúwǎng. Wǒ jǐnjǐn
到 海湾口 去 拓张 鱼网。 我 紧紧

zhuāzhù chuánxián, kǒngbùde yǐwéi dàole sǐ de
抓住 船舷， 恐怖得 以为 到了 死 的

biānyuán. Wǒ lǐnglüè dàole hǎi de mòcè. Zài
边缘。 我 领略 到了 海 的 莫测。 在

qī, bā jí táifēng li, dāshang yúmín de jīfān-
七、八 级 台风 里， 搭上 渔民 的 机帆

chuán, cóng Chénshān Yúchǎng dào Dàishān Dǎo
船， 从 陈山 渔场 到 岱山 岛

的 途 中，海，玩 一 只 机帆船 象 玩 一 只 纸船。我 领略过 海 的 矫.横 和 暴躁。可 现在 的 海，宁静得 象 个 熟睡 的 婴儿，让 人 感动，也 使 人 宁静。

十 多 年 前，我 在 农村 插队，也是 在 这样 的 夜晚，我 常常 独自 坐 在 村边 的 山溪畔，银色的 月光 洒 在 山溪 里，神秘 又 静谧，就 似 这 月光 海。痴痴地 望着 天 上 的 月，痴痴地 看着 水 中 的 光。我 想起了 舒伯特 《圣母 颂》的 圣洁、深沉的 情感 旋律，我 想起了 远方 的 母亲 和 母亲 那 无限的 爱，我 好象 又 回到了 生命 的 摇篮。肉体 和 精神 上 的 痛苦，被

zhè yuèsè xǐjìng le. Wǒde xīn gǎndào géwài pínghé.
这 月色 洗静 了。我的 心 感到 格外 平和。

Wǒ xiǎngqǐle wǒ céng zǒuguò de lù, tóngbàn-
我 想起了 我 曾 走过 的 路, 同伴

men, nǐmen zài xiǎng xiē shénme? Xiǎngdàole bùxìng
们, 你们 在 想 些 什么? 想到了 不幸

huò xìngfú? Xiǎngdàole cóngqián huò jiānglái? Yěxǔ
或 幸福? 想到了 从前 或 将来? 也许

nǐmen shénme yě méi xiǎng. Yuèguāng xià de hǎi,
你们 什么 也 没 想。 月光 下 的 海,

huì ràng nǐ huíyìqǐ yīqiè, yě huì ràng nǐ wàngquè
会 让 你 回忆起 一切, 也 会 让 你 忘却

yīqiè, zhí zhì wàngquè zìwǒ de cúnzài. Yuèguāng xià
一切, 直至 忘却 自我的 存在。 月光 下

de hǎi, shì zhérén, tā huì gàosu nǐ shēng hé sǐ de
的 海, 是 哲人, 它 会 告诉 你 生 和 死 的

àomì, zài tā miànqián, nǐ shénme dōu bùyòng
奥秘, 在 它 面前, 你 什么 都 不用

yǐnmán.
隐瞒。

Yuèliang yuè shēng yuè gāo, jiù yào shēngshang
月亮 越 升 越 高, 就要 升上

zhōngtiān. Wǒmen zuò zài jiāoshí shang, réngrán bù
中天。 我们 坐 在 礁石 上, 仍然 不

xiǎng dòngtan. Yǎnqián shì hēixūxū yòu shǎnzhe yín-
想 动弹。 眼前 是 黑魆魆 又 闪着 银

guāng de húxiàn, tiān、hǎi、rén jiù yào hé wéi yītǐ
光 的 弧线, 天、海、人 就要 合 为 一体

le, wǒ shēnshēnde chénjìn zài zhè piàn wúxiànde
了, 我 深深地 沉浸 在 这 片 无限的

níngjìng li. Fǎngfú qiánfāng yǒu rén zài qīngqīng
宁静　里。仿佛　　前方　　有　　人　在　轻轻

zhàohuàn, shì hǎi zài hūhuànzhe wǒ. Wǒ yào yǔhuà
召唤，　　是　海　在　呼唤着　　我。　我　要　羽化

le, wǒ yào biànwéi yī wěi yú……
了，我　要　变为　一　尾　鱼……

"Hōng……Lóng", jùdàde hōngmíngshēng jiāng
"轰……隆"，　巨大的　　轰鸣声　　　将

wǒ cóng huànjué zhōng jīngxǐng, nà shì Cháoyīndòng
我　从　幻觉　中　惊醒，　那　是　潮音洞

li hǎitāo pāijī jiāoyán de shēngyīn, wǒ yòu huídàole
里　海涛　拍击　礁岩　的　声音，　我　又　回到了

xiànshí zhōng. Xiànshí shìjiè li, yuèguāng xià de
现实　中。　现实　世界　里，月光　　下　的

píngjìng zhǐshì yī zhǒng biǎoxiàng. Làng, réng zài
平静　只是　一　种　表象。　浪，仍　在

chōngjīzhe shātān; tāo, réng zài pāidǎzhe jiāoyán.
冲击着　沙滩；　涛，仍　在　拍打着　　礁岩。

Shǐzhōng yángyìzhe bódà shēngmìng huólì de hǎi,
始终　　洋溢着　博大　生命　活力　的　海，

zěnme huì tíngzhǐ yùndòng ne?
怎么　会　停止　运动　呢?

Yuèliang zhōngyú shēngshàngle zhōngtiān. Yuè-
月亮　　终于　　升上了　　中天。　月

guāng xià de hǎi, duó měi a! Rán'ér, wǒmen zǒng
光　下　的　海，多　美　啊! 然而，我们　总

děi guīqù. Huáizhe juànliàn, cóng jiāoshí shang qǐ-
得　归去。怀着　　眷恋，　从　礁石　上　起

shēn, wǒmen bùyuē'értóngde shēnzhǎn shuāngbì, zuò
身，　我们　不约而同地　　伸展　　双臂，　作

yī cì shēnhūxī, ránhòu yìrán huítóu, bèi duì yuè-
一　次　深呼吸，　　然后　　毅然　　回头，　背　对　月

guāng hǎi, tàshang guītú.
光　海，　　踏上　　归途。

　　Míngtiān, wǒ jiāng yòu yào jǐshēn zài xīxī-rǎng-
　　明天，　　我　将　又　要　　跻身　在　　熙熙攘

rǎngde rénhǎi li, wǒ tūrán juéde húnshēn chōngmǎnle
攘的　　人海　里，我　突然　觉得　　浑身　　　充满了

lìliang hé zìxìn. Zhè shì yuèguāng hǎi gěi wǒ de.
力量　和　自信。　这　是　月光　　海给　我　的。

Wǒ zài yě bùhuì wàngjì jīnwǎn zhè yuèguāng xià de
我　再　也　不会　忘记　今晚　这　　月光　　下　的

hǎi.
海。

Lǜ De Gē

2.　绿　的　歌

Bīng Xīn　冰心

　　Wǒde tóngnián shì zài dàhǎi zhī bīn dùguò de,
　　我的　童年　　是　在　大海　之　滨　度过　的，

yǎnqián shì yī wàng wú jì de zhànlán-zhànlánde dà-
眼前　是　一　望　无　际的　　湛蓝湛蓝的　　大

hǎi, shēn hòu shì yīmǒ qiǎnhuángde tiándì.
海，身　后　是　一抹　浅黄的　　　田地。

　　Nà shí, wǒde dàbàn ge shìjiè shì lánsè de. Lán-
　　那　时，我的　大半　个　世界　是　蓝色　的。蓝

sè duìyú wǒ, yǒngyuǎn xiàngzhēngzhe kuòdà, shēn-
色　对于　我，　永远　　　象征着　　阔大，　深

yuǎn, zhuāngyán……
远，　庄严……

Wǒ hěn shǎo zhùyìdào huò xiǎngdào qítā de
我　很　少　注意到　　或　想到　　其他　的

yánsè.
颜色。

　　Líkāi hǎibiān, jìnrù chéngshì, shuō shì "mù mí
　　离开　海边，　进入　城市，　　说　是 "目　迷

wùsè" yě hǎo, dàn wǒ kàndào de zhǐshì zásè de àn-
五色" 也　好，但　我　看到　的　只是　杂色　的　黯

dànde yīqiè.
淡的　一切。

　　Wǒ kāishǐ xiàngwǎng kàndào yīdàpiàn de hóngsè,
　　我　开始　　向往　　看到　一大片　的　红色，

lái zhènfèn wǒde jīngshen.
来　振备　我的　精神。

　　Wǒ dào Xī Shān qù xúnzhǎo fēnglín de hóngyè.
　　我　到西　山　去　寻找　枫林　的　红叶。

Dàn yǎnqián zhè yī shǎn guāngyàn, shì qiūtiān de
但　眼前　这一　闪　　光艳，　是　秋天　的

"lín qù qiūbō", hěn kuài de biàn bèi shuòfēng chuīluò
"临去　秋波"，很　快　的　便　被　朔风　吹落

le.
了。

　　Zài chàngwǎng mímáng zhīzhōng, wǒ níngshìzhe
　　在　怅惘　　迷茫　，之中，　我　凝视着

mǎn shān mǎn gǔ de chuīluò de hóngyè, ér "xiàng
满　山　满　谷　的　吹落　的、红叶，而 "向

qián kàn" de sīlù, què bǎ wǒde xīnqíng jiànjiàn yǐnde
前　看" 的　思路，却　把　我的　心情　渐渐　引得

huānchàngle qilai!
欢畅了　起来！

277

"Luòhóng bùshì wúqíngwù", tā jiāng zài chūn-
"落红　　不是　　无情物"，它　将　在　春

ní zhōng rónghuà, lái zīrèn péiyǎng tāde xīnde yī
泥　中　　融化，　来　滋润　培养　　它的　新的　一

dài.
代。

　Zhè shí, zài wǒ yǎnqián tūwùde chūxiànle yī fú
　这　时，在　我　眼前　突兀地　出现了　一　幅

lǜyì yíng rén de túhuà! Nà shì yī nián de dōngtiān,
绿意迎　人　的　图画！那　是　一　年　的　冬天，

wǒ huídào wǒde gùxiāng qu, zuò qìchē cóng gōnglù
我　回到　我的　故乡　去，坐　汽车　从　　公路

jìnrù zǔguó de nánjiāng. Xiǎochē zài chóngluán-dié-
进入　祖国　的　南疆。　小车　在　　重峦叠

zhàng zhōng chuānxíng, liǎngpáng shì mìmì-céng-
嶂　中　　穿行，　　两旁　是　密密层

céngde cāntiān lǜshù; cānglǜde shì sōngbǎi, cuìlǜde
层的　　参天　绿树；苍绿的　是　　松柏，　翠绿的

shì zhúzi, zhōngjiān hái yǒu xǔxǔ-duōduō bùzhīmíngde、
是　竹子，　中间　还　有　许许多多　　不知名的、

sèdiào shēn-qiǎn bù tóng de lǜshù, chèn yǐ biàndì de
色调　深浅　不同　的　绿树，衬　以　遍地的

qīqīde fāngcǎo, "lǜ" bǎ wǒ bāowéi qilai le. Wǒ
萋萋的　芳草，　"绿"把　我　包围　起来了。我

cóng jīngxǐ ér chénrù tiánjìng, jìngmòde、huānyuède
从　惊喜　而　沉入　恬静，　静默地、　欢说地

táozuì zài zhè pūtiān-gàidìde lǜsè zhīzhōng.
陶醉　在　这　铺天盖地的　绿色　之中。

　Wǒ shēnshēnde tǐhuì dào "lǜ" shì xiàngzhēng,
　我　深深地　体会　到　"绿"是　　象征，

nóngyùde chūntiān, péngbóde qīngchūn, chónggāode
浓郁的 春天， 蓬勃的 青春， 崇高的

lǐxiǎng, rèqiède xīwàng……
理想， 热切的 希望……

　　Lǜ, shì rénshēng zhōng de qīngnián shídài.
　　绿， 是 人生 中 的 青年 时代。

　　Gèrén、shèhuì、guójiā、mínzú、rénlèi dōu yǒu qí
　　个人、 社会、 国家、 民族、 人类 都 有 其

shēngmìng zhōng de qīngnián shídài.
生命 中 的 青年 时代。

　　Wǒ yuàn yǐ zhè zhī "lǜ de gē" xiàngei shēnghuó
　　我 愿 以 这 支 "绿的歌" 献给 生活

zài qīngnián de shèhuìzhǔyì zǔguó de qīngniánmen!
在 青年 的 社会主义 祖国 的 青年们!

YǍNJIǍNGCÍ
五 演讲辞

Zài Gědísībǎo De Yǎnshuō
1. 在 葛底斯堡 的 演说

Línkěn 林肯（美）

　　Bāshíqī nián yǐqián, wǒmende xiānbèimen zài
　　八十七 年 以前， 我们的 先辈们 在

zhège dàlù shang chuànglìle yī gè xīn guójiā, tā yùn-
这个 大陆 上 创立了 一 个 新 国家， 它 孕

yùyú zìyóu zhīzhōng, fèngxíng yīqiè rén shēnglái
育于 自由 之中， 奉行 一切 人 生来

píngděng de yuánzé.
平等 的 原则。

Xiānzài wǒmen zhèng cóngshì yī cháng wěidàde
现在　　我们　　正　　从事　　一　　场　　伟大的

nèizhàn, yǐ kǎoyàn zhège guójiā, huòzhe shuō yǐ kǎo-
内战，　以　考验　这个　国家，　或者　说　以　考

yàn rènhé yī gè yùnyùyú zìyóu hé fèngxíng shàngshù
验　任何　一　个　孕育于　自由　和　奉行　　上述

yuánzé de guójiā shì-fǒu nénggòu chángjiǔ cúnzài
原则　的　国家　是否　能够　长久　存在

xiaqu.
下去。

　　Wǒmen zài zhè cháng zhànzhēng zhōng de yī gè
我们　在　这　场　　战争　　中　的　一个

wěidàde zhànchǎng shang jíhuì. Lièshìmen wěi shǐ
伟大的　战场　上　集会。烈士们　为　使

zhège guójiā nénggòu shēngcún xiaqu ér xiànchūle zì-
这个　国家　能够　生存　下去而　献出了　自

jǐ de shēngmìng, wǒmen zài cǐ jíhuì shì wèile bǎ
己的　生命，　我们　在　此　集会　是　为了　把

zhège zhànchǎng de yī bùfen fèngxiàn gěi tāmen zuò-
这个　战场　的一　部分　奉献　给　他们　作

wéi zuìhòu ānxī zhī suǒ.
为　最后　安息　之　所。

　　Wǒmen zhèyàng zuò shì wánquán yīnggāi érqiě
我们　这样　做　是　完全　　应该　而且

fēicháng qiàdàng de.
非常　恰当　的。

　　Dànshì, cóng gèng guǎngfànde yìyi shang lái shuō,
但是，从　更　广泛的　意义　上　来　说，

zhè kuài tǔdì wǒmen bù nénggòu fèngxiàn, wǒmen bù
这　块　土地我们　不　能够　奉献，　我们　不

nénggòu shènghuà, wǒmen bù nénggòu shénhuà. Céng
能够 圣化， 我们 不 能够 神化。 曾

zài zhèli zhàndòuguo de yǒngshìmen, huózhede hé
在 这里 战斗过 的 勇士们， 活着的 和

qùshìde, yǐjīng bǎ zhè kuài tǔdì shénshènghuà le,
去世的， 已经 把 这 块 土地 神圣化 了，

zhè yuǎn bù shì wǒmen wēibóde lìliang suǒ néng zēng-
这 远 不 是 我们 微薄的 力量 所 能 增

jiǎn de.
减 的。

　Quán shìjiè jiāng hěn shǎo zhùyì dào, yě bùhuì
全 世界 将 很 少 注意 到、 也 不会

chángqī de jìqi wǒmen jīntiān zài zhèli suǒ shuō de
长期 地 记起 我们 今天 在 这里 所 说 的

huà, dàn quán shìjiè yǒngyuǎn bùhuì wàngjì yǒngshì-
话， 但 全 世界 永远 不会 忘记 勇士

men zài zhèli suǒ zuòguo de shì.
们 在 这里 所 做过 的 事。

　Wúnìng shuō, dàoshì wǒmen zhèxiē hái huózhe
无宁 说， 倒是 我们 这些 还 活着

de rén, yīnggāi zài zhèli bǎ zìjǐ fèngxiànyú yǒngshì-
的 人， 应该 在 这里 把 自己 奉献于 勇士

men yǐjīng rúcǐ chónggāo de xiàng qián tuījìn dàn
们 已经 如此 崇高 地 向 前 推进 但

shàngwèi wánchéng de shìyè. Dàoshì wǒmen yīnggāi
尚未 完成 的 事业。 倒是 我们 应该

zài zhèli bǎ zìjǐ fèngxiànyú réng liú zài wǒmen miàn-
在 这里 把 自己 奉献于 仍 留 在 我们 面

qián de wěidà rènwù, yǐbiàn shǐ wǒmen cóng zhèxiē
前 的 伟大 任务， 以便 使 我们 从 这些

281

guāngróngde sǐzhě shēnshang jīqǔ gèng duōde xiànshēn
光荣的　　死者　　身上　汲取　更　多的　　献身

jīngshen, lái wánchéng nàzhǒng tāmen yǐjīng wán-
精神，　来　完成　　那种　　他们　已经　完

chéng chèdǐ wèi zhī xiànshēn de shìyè; yǐbiàn shǐ
成　彻底　为　之　献身　的　事业；以便　使

wǒmen zài zhèli xiàdìng zuì dàde juéxīn,bù ràng zhè-
我们　在　这里　下定　最　大的　决心，不　让　这

xiē sǐzhě báibái xīshēng, yǐbiàn shǐ guójiā zài shàng-
些　死者. 白白　牺牲；　以便　使　国家　在　上

dì fúyòu xià dédào zìyóude xīnshēng,bìngqiě shǐ zhè-
帝　福佑　下　得到　自由的　　新生，　并且　使　这

ge mínyǒu、mínzhì、mínxiǎng de zhèngfǔ yǒng shì
个　民有、　民治、　民享　的　政府　永　世

cháng cún.
长　存。

（1863年11月19日）

Zǔguó——Mǔqīn
2. 祖国 == 母亲

Lǚ Yuánlǐ 吕元礼

Rénmen cháng shuō, dì-yī cì bǎ měirén bǐzuò
人们　常　说，第一　次　把　美人　比作

huā de,shì tiāncái; dì-èr cì bǎ měirén bǐzuò huā de,
花　的，是　天才；　第二　次　把　美人　比作　花　的，

shì yōngcái; dì-sān cì bǎ měirén bǐzuò huā de, shì
是　庸才；　第三　次　把　美人　比作　花　的，是

chǔncái. Bùcuò, rúguǒ rén yún yì yún, yīngwǔ xué-
蠢才。　不错，如果　人　云　亦　云，鹦鹉　学

shé, nàme, jiùshì zài měimiàode bǐyù, yě huì shīqù
舌，那么，就是　再　美妙的　比喻，也　会　　失去

guāngcǎi. Dànshì, zài shēnghuó zhōng, què yǒu
光彩。　但是，在　　生活　　中，却　　有

zhèyàng yī gè bǐyù, jíshǐ nǐ yòng tā yībǎi cì,yīqiān
这样　一　个　比喻，即使　你　用　它　一百　次，一千

cì, yīwàn cì, yě tóngyàng jùyǒu qiángdàde gǎn-
次，一万　次，也　同样　　具有　　强大的　感

rǎnlì. Tóngzhìmen huòxǔ huì wèn: zhè
染力。　同志们　　或许　会　问：　　这

shì ge shénmeyàng de bǐyù ne? Nà
是　个　什么样　　的　比喻　呢?　那

jiùshì, dāng nǐ huáizhe yī kē chìzǐ zhī xīn,
就是，　当　你　怀着　一　颗　赤子　之　心，

xiǎngdào wǒmende zǔguó de shíhou, nǐ yīdìng huì bǎ
想到　我们的　祖国　的　时候，你　一定　会　把

zǔguó bǐzuò mǔqīn!
祖国　比作　母亲!

　　Shì a, zǔguó——mǔqīn, zài wǒmen xīn zhōng shì
　　是　啊，祖国　——　母亲，在　我们　心　中　是

liǎng gè jǐnjǐn xiānglián de cí. Diànyǐng 《Mùmǎrén》
两　个　紧紧　　相联　的　词。电影　　《牧马人》

zhōng yǒu zhèyàng yī duàn qíngjié: dāng nán zhǔrén-
中　有　这样　一　段　　情节：当　男　主人

gōng Xǔ Língjūn de fùqin yào tā dào guó wài qù xiǎng-
公　许　灵均　的　父亲　要　他　到　国　外　去　享

shòu rónghuá-fùguì shí,qīzi Xiùzhī duì tā shuōle zhè-
受　　荣华富贵　时·妻子　秀芝　对　他　说了　这

yàng yī duàn huà: wǒ zhīdào nǐ shì bùhuì zǒu de.
样　一　段　话：我　知道　你　是　不会　走　的。

Yīnwèi, nǐ shěbude zhè gāogāode Qílián Shān, nǐ shě-
因为，　你　舍不得　这　高高的　　祈连　山，你　舍

bude zhè mángmángde dàcǎoyuán, nǐ shěbude zhè shēng
不得　这　　茫茫的　　　大草原，　你　舍不得　这　　生

nǐ yǎng nǐ de zǔguó mǔqīn! Gēchàngjiā Guān Mùcūn
你　养　你的　祖国　母亲！　　歌唱家　关　牧村

zài Yīngguó yǎnchū qījiān, bǎ suǒyǒude língyòng bǔ
在　英国　演出　期间，把　所有的　　零用　补

tiē rúshù jiāogei guójiā, zìjǐ shénme yě bù mǎi. Yī
贴　如数　交给　国家，　自己　什么　也　不　买。　一

wèi wàiguó xiǎojiě wèn tā, "Nándào nǐ yīdiǎn dōng-
位　外国　小姐　问　她："　难道　你　一点　东

xī dōu bù xūyào ma?" Guān Mùcūn gǎnqíng zhēnzhì
西　都　不　需要　吗？"　关　牧村　感情　真挚

de huídá shuō, "Wǒmen Zhōngguó yǒu gè fēngsú,
地　回答　说："　我们　　中国　有　个　风俗，

gūniang cóng bù bèizhe māma mǎi dōngxi." Qīngnián
姑娘　从　不　背着　妈妈　买　东西。"　青年

zuòzhě Jīn Ānpíng xiěguo zhèyàng yī shǒu xiǎoshī,
作者　金　安平　写过　这样　一　首　小诗：

"Bùguǎn mǔqīn duōme pínqióng hé kùnkǔ, érnǚmen
"不管　母亲　多么　贫穷　和　困苦，儿女们

duì tā de ài yě juébù hánhu. Wǒ zhǐ hǎn yī shēng'zǔ
对　她的　爱也　绝不　含糊。我　只　喊　一　声'祖

guó wànsuì', gèng qiángliède ài zài nà gǎnqíng shēn-
国　万岁'，　更　强烈的　爱　在　那　感情　深

chù."
处。"

　　Wèi shénme rénmen zǒngshì bǎ zǔguó bǐzuò mǔ-
　　为　什么　人们　　总是　把　祖国　比作　母

qīn ne? Yǒu rén huì shuō: "Yīnwèi zǔguó yòng tā
亲 呢？ 有 人 会 说： "因为 祖国 用 她

jiānghé de rǔzhī wèiyǎngle wǒmen." Rúguǒ jǐnjǐn
江河 的 乳汁 喂养了 我们。" 如果 仅仅

yīnwèi zhèyàng, nàme, wǒmen hécháng bù kěyǐ bǎ zǔ-
因为 这样， 那么, 我们 何尝 不 可以 把 祖

guó bǐzuò nǎimā ne? Hái yǒu rén shuō: "Zǔguó yòng
国 比作 奶妈 呢? 还 有 人 说： "祖国 用

tāde shānchuān huáibào bàodàle wǒmen." Rúguǒ jǐnjǐn
她的 山川 怀抱 抱大了 我们。" 如果 仅仅

yīnwèi zhèyàng, nàme, wǒmen hécháng bù kěyǐ bǎ
因为 这样 ， 那么, 我们 何尝 不 可以 把

zǔguó bǐzuò bǎomǔ ne? Dànshì, bùguǎn shì "nǎimā"、
祖国 比作 保姆 呢? 但是, 不管 是 "奶妈"、

"bǎomǔ", huòzhe qítā cí, dōu fǎnyìng bùliǎo wǒ-
" 保姆 "， 或者 其他 词, 都 反映 不了 我

men duì zǔguó shēnhòude gǎnqíng; zhǐyǒu "mǔqīn"
们 对 祖国 深厚的 感情; 只有 "母亲"

══zhège rénlèi yǔyán zhōng zuì chúnjié, zuì shànliáng、
══ 这个 人类 语言 中 最 纯洁、 最 善良、

zuì wúsī、zuì wěidàde cí, cái néng biǎodá wǒmen
最 无私、 最 伟大的 词, 才 能 表达 我们

duì zǔguó de shēnqíng!
对 祖国 的 深情!

Nàme, "zǔguó══mǔqīn" zhège bǐyù de nèihán
那么, "祖国══母亲" 这个 比喻 的 内涵

dàodǐ shì shénme ne? Zhèli, wǒ xiǎng xiān gěi dàjiā
到底 是 什么 呢? 这里, 我 想 先 给 大家

jiǎng yī duàn Sūn Zhōngshān xiānsheng céngjīng jiǎng
讲 一 段 孙 中山 先生 曾经 讲

guo de gùshi:
过 的 故事：

　　Zài Nányáng Zhǎowā, yǒu yī wèi cáichǎn chāo-
　　在 南洋 爪哇， 有 一 位 财产 超

guò yīqiān wàn yuán de Huáqiáo fùwēng. Yǒu yī
过 一千 万 元 的 华侨 富翁。 有 一

tiān, tā wàichū dào yī wèi péngyou jiā zuòkè, zhí
天， 他 外出 到 一 位 朋友 家 作客， 直

dào shēnyè cái xiǎngdào gāi huíjiā le. Kěshì chū mén
到 深夜 才 想到 该 回家 了。 可是 出 门

hòu, tā yī mō kǒudài, fāxiàn wàngle dài yèjiān Tōng-
后， 他 一 摸 口袋， 发现 忘了 带 夜间 通

xíngzhèng. Ànzhào dāngdì fǎlìng guīdìng, Huárén yè-
行证。 按照 当地 法令 规定， 华人 夜

chū, yàoshì méi dài yèjiān Tōngxíngzhèng, bèi Hélán
出， 要是 没 带 夜间 通行证， 被 荷兰

xúnbǔ cháhuò, qīng zé fákuǎn, zhòng zé zuòláo. Zhè
巡捕 查获， 轻 则 罚款， 重 则 坐牢。 这

wèi fùwēng zìrán bù gǎn mào zhège fēngxiǎn le. Kě
位 富翁 自然 不 敢 冒 这个 风险 了。 可

tā yòu zǒng xiǎng dàngyè gǎnhuí jiā qù, zěnme bàn
他 又 总 想 当夜 赶回 家 去， 怎么 办

ne? Zhèng dāng tā zuǒ-yòu wéinán de shíhou, hūrán
呢？ 正 当 他 左右 为难 的 时候， 忽然

fāxiàn bùyuǎnchù yǒu yī jiā Rìběn jìyuàn, tā biàn jì-
发现 不远处 有 一 家 日本 妓院， 他 便 计

shàngxīnlái, zǒujìn jìyuàn, huāqián qǐngle yī wèi
上心来， 走进 妓院， 花钱 请了 一 位

Rìběn jìnǚ, shǒu wǎn shǒu de péi tā sànbù, yīzhí zǒu
日本 妓女， 手 挽 手 地 陪 她 散步， 一直 走

286

dào zìjǐ jiāménkǒu, cái ràng jìnǚ zhuǎnhuí jìyuàn.
到　自己　家门口，才　让　妓女　转回　妓院。

Yīnwèi yǒu zhège jìnǚ zuòbàn tóngxíng, Hélán xúnbǔ
因为　有　这个　妓女　作伴　同行，　荷兰　巡捕

biàn bù gǎn dòngwèn, suǒyǐ, tā cái nénggòu ānquán
便　不　敢　动问，　所以，他　才　能够　安全

huídào jiā li.
回到　家　里。

Jiǎngdào zhèli, tóngzhìmen yīdìng bù tài xiāng-
讲到　这里，　同志们　一定　不太　相

xìn. Yī gè shì gāoguìde fùwēng, yī gè shì dījiànde
信。一个　是　高贵的　富翁，一个　是　低贱的

jìnǚ, nándào gāoguìde fùwēng fǎn bù rú dījiànde
妓女，难道　高贵的　富翁　反　不　如　低贱的

jìnǚ bùchéng? Bùcuò, ànzhào chángqíng, fùwēng què-
妓女　不成？　不错，　按照　常情，　富翁　确

shí bǐ jìnǚ gāoguì. Kěshì, yīnwèi nà wèi fùwēng
实　比　妓女　高贵。　可是，　因为　那　位　富翁

shì Zhōngguó fùwēng, nàge jìnǚ shì Rìběn jìnǚ.
是　中国　富翁，　那个　妓女　是　日本　妓女。

Rìběn jìnǚ suīrán hěn qióng, dàn tāde zǔguó què
日本　妓女　虽然　很　穷，　但　她的　祖国　却

hěn qiángshèng, suǒyǐ, tāde guójì dìwèi jiù gāo,
很　强盛，　所以，她的　国际　地位　就　高，

xíngdòng yě jiù zìyóu; zhège Zhōngguó fùwēng suīrán
行动　也　就　自由，这个　中国　富翁　虽然

zìjǐ hěn fù, dàn tāde zǔguó què bù qiángshèng, suǒ-
自己　很　富，但　他的　祖国　却　不　强盛，　所

yǐ, lián zǒulù de zìyóu dōu méiyǒu. Yóu cǐ kějiàn,
以，连　走路　的　自由　都　没有。　由此　可见，

yàoshì zǔguó bù qiángshèng, nǐ jiùshì qiān wàn fù-
要是　祖国不　　强盛，　你　就是　千　万　富

wēng, yì wàn fùwēng, yě dǐ bù shàng rénjia yī ge
翁、　亿万　　富翁，　也抵不　上　人家　一　个

jìnǚ a!
妓女 啊！

　　Shì a, dāng zǔguó pínqióng de shíhou, tāde rén-
　　是　啊，当　祖国　贫穷　的　时候，她的　人

mín jiù ái'è-shòudòng; dāng zǔguó ruòxiǎo de shí-
民　就　挨饿受冻，　当　祖国　弱小　的　时

hou, tāde rénmín jiù shòurǔ bèiqī; dāng zǔguó fùyù
候，她的　人民　就　受辱　被欺；　当　祖国　富裕

de shíhou, tāde rénmín jiù kuàile xìngfú; dāng zǔguó
的　时候，她的　人民　就　快乐　幸福；　当　祖国

qiángdà de shíhou, tāde rénmín jiù ángshǒu tǐng-
强大　的　时候，她的　人民　就　　昂首　挺

xiōng! Lìshǐ zǎo yǐ xióngbiànde zhèngmíngle zhè
胸！　历史　早　已　雄辩地　　证明了　这

yīdiǎn. Dāng qīnlüèzhě de tiětí jiàntà zǔguó shēnqū
一点。当　侵略者　的　铁蹄　践踏　祖国　身躯

zhī shí, Shànghǎi gōngyuán de ménkǒu jiù shùqile
之时，　上海　　公园　的　门口　就　竖起了

"Huárén yǔ gǒu bù bé rù nèi" de zhāopái; dāng dì-
"华人　与　狗　不　得　入　内"　的　招牌，　当　帝

guózhǔyì de dàpào hōngjìn zǔguó de xiōngtáng zhī
国主义　的　大炮　轰进　祖国的　胸膛　之

shí, wúshù rénmín qúnzhòng jiù cǎnzāo túlù; ér
时，　无数　人民　群众　就　惨遭　屠戮；而

dāng xīn Zhōngguó de qízhì gāogāo shēngqǐ de shí-
当　新　中国　的　旗帜　高高　升起　的　时

hou, Zhōnghuá érnǚ jiù zhànle qilai; dāng zǔguó
候，　中华　儿女　就　站了　起来；　当　祖国

Nǚ - Pái dēngshàng shìjiè guànjūn bǎozuò de shíhou,
女排　登上　世界　冠军　宝座　的　时候，

hǎiwài qiáobāo yě jiù yángméi-tǔqì . Ā, wǒ zhōngyú
海外　侨胞　也　就　扬眉吐气　。啊，　我　终于

míngbai le, wèi shénme rénmen zǒngshì bǎ zǔguó
明白　了，为　什么　人们　总是　把　祖国

bǐzuò mǔqīn, yīnwèi, zǔguó hé rénmín, zhèng rú
比作　母亲，　因为，　祖国　和　人民，　正　如

mǔqīn hé zǐnǚ, shì chǐrǔ yǔ chǐrǔ lián zài yīqǐ,
母亲　和　子女，　是　耻辱　与　耻辱　连　在　一起，

róngyù yǔ róngyù lián zài yīqǐ, tòngkǔ yǔ tòngkǔ lián
荣誉　与　荣誉　连　在　一起，　痛苦　与　痛苦　连

zài yīqǐ, xìngfú yǔ xìngfú lián zài yīqǐ, xuèròu yǔ
在　一起，　幸福　与　幸福　连　在　一起，　血肉　与

xuèròu lián zài yīqǐ, mìngyùn yǔ mìngyùn lián zài yīqǐ!
血肉　连　在　一起，命运　与　命运　连　在　一起！

Zhè, jiùshì "Zǔguó——mǔqīn" zhège bǐyù de zhēn-
这，　就是　"祖国——母亲"　这个　比喻　的　真

zhèng nèihán.
正　内涵。

　　Lìshǐ shang, duōshǎo Zhōnghuá érnǚ xiàng rè'ài
　　历史　上，　多少　中华　儿女　象　热爱

zìjǐ de mǔqīn nàyàng rè'ài zìjǐ de zǔguó. Qū Yuán
自己　的　母亲　那样　热爱　自己　的　祖国。　屈　原

bào shí tóujiāng, wèide shì zǔguó; Wén Tiānxiáng
抱　石　投江，　为的　是　祖国；　文　天祥

kāngkǎi bēigē, wèide shì zǔguó; Lù Fàngwēng liú shī
慷慨　悲歌，　为的　是　祖国；陆　放翁　留　诗

shì ér, wèide shì zǔguó; Tán Sìtóng miànduì dāozǔ,
示 儿， 为的 是 祖国， 谭 嗣同 面对 刀俎，

liǎn bù biànsè, "Wǒ zì héng dāo xiàng tiān xiào,
脸 不 变色， "我 自 横 刀 向 天 笑，

qù liú gāndǎn liǎng Kūnlún", tā niànniàn bù wàng
去 留 肝胆 两 昆仑"， 他 念念 不 忘

de yě shì zǔguó; kàng-Rì mínzú yīngxióng Jí Hóng-
的 也 是 祖国； 抗日 民族 英雄 吉 鸿

chāng jiùyì shí, kāngkǎi bēigē "Hèn bù kàng-Rì sǐ,
昌 就义 时， 慷慨 悲歌 "恨 不 抗日 死，

liúzuò jīnrì xiū. Guó pò shàng rúcǐ, wǒ hé xī cǐ
留作 今日 羞。 国破 尚 如此， 我 何 惜 此

tóu", tā shìsǐ-rúguī, gān sǎ rèxuè, suǒ bàozhě
头"， 他 视死如归， 甘 洒 热血， 所 报者

háishì zǔguó. Wèile zǔguó, yī dài yòu yī dài de
还是 祖国。 为了 祖国， 一 代 又 一 代 的

yīngxióng érnǚ xiànchūle zìjǐ de rèxuè hé shēng-
英雄 儿女 献出了 自己 的 热血 和 生

mìng.
命。

　　Lǔ Xùn xiānsheng céngjīng shuōguo: "Wéiyǒu
　　鲁迅 先生 曾经 说过： "惟有

mínzúhún shì zhíde bǎoguì de, wéi yǒu tā fāyáng qǐ-
民族魂 是 值得 宝贵 的， 惟 有 它 发扬 起

lai, Zhōngguó cái zhēn yǒu jìnbù." Lǔ Xùn xiān-
来， 中国 才 真 有 进步。" 鲁迅 先

sheng suǒ zhǐ de mínzúhún shì shénme ne? Gàikuòde
生 所 指 的 民族魂 是 什么 呢？ 概括地

shuō, jiùshì "zhòng dàyì, qīng shēngsǐ" de shēngsǐ
说， 就是 "重 大义， 轻 生死" 的 生死

guān, jiùshì "guójiā xīngwáng, pǐfū yǒu zé" de shǐ-
观， 就是 "国家 兴亡， 匹夫 有 责" 的 使

mìnggǎn, jiùshì "wǒ yǐ wǒ xuè jiàn Xuānyuán" de
命感， 就是 "我 以 我 血 荐 轩辕" 的

dàwúwèide mínzú jīngshen! Yuàntiān-yóurén,
大无畏的 民族 精神！ 怨天尤人 ，

chángxū-duǎntàn, zhè dōu shì yōngrén nuòfū de
长吁短叹， 这 都 是 庸人 懦夫 的

xíngwéi, tā zhǐnéng shǐ rénshēng kōngdòng、cāngbái.
行为， 它 只能 使 人生 空洞、 苍白。

Zhèzhǒng rén shì jué bù néng chuàngzào chū guānghuī
这种 人 是 绝 不 能 创造 出 光辉

cànlànde wèilái de. Yī gè chénmiǎnyú tòngkǔ huíyì
灿烂的 未来 的。 一 个 沉缅于 痛苦 回忆

ér bùnéng zìbá de mínzú, yě shì yī gè méiyǒu xī-
而 不能 自拔 的 民族， 也 是 一 个 没有 希

wàng de mínzú. Tóngzhìmen, qǐng bù yào bàoyuàn,
望 的 民族。 同志们， 请 不 要 抱怨，

shuō wǒmende zǔguó quēfá huólì; qǐng bùyào kǎitàn,
说 我们的 祖国 缺乏 活力； 请 不要 慨叹，

shuō wǒmende mǔqīn shuāilǎo niánmài. Wǒmen yǒude
说 我们的 母亲 衰老 年迈。 我们 有的

shì mǎnqiāngde rèxuè, yǒudeshì niánqīngde shēng-
是 满腔的 热血， 有的是 年轻的 生

mìng, nà jiù yòng wǒmende rèxuè lái fùsū zǔguó
命， 那 就 用 我们的 热血 来 复苏 祖国

péngbóde shēngjī ba! Yòng wǒmende shēngmìng lái
蓬勃的 生机 吧！ 用 我们的 生命 来

huànfā mǔqīn qīngchūn de guāngcǎi ba!
焕发 母亲 青春 的 光彩 吧！

291

后　记

　　山东省的各级领导对推广普通话的工作历来比较重视，全省范围的普通话比赛也较经常。以往比赛时，山东大学应邀去参加一些工作的，一般是殷焕先师和我两人。大会给我的任务是：评判以外，有时还要结合现场比赛，根据山东各地方言的情况，向与会者讲一讲山东人学习普通话应注意的问题。

　　汉语方言调查是我国语言政策的重要组成部分，直接服务于汉语规范化。我专业从事汉语方言的教学、研究已三十余年，以大量的时间进行了山东方言的调查，编写一本内容全面的包括语音、词汇、语法在内而且能够适用于全省的学话手册是我多年来的愿望。此事本想和山东师范大学、曲阜师范大学的同志们合作，只是因为大家都忙于应付眼前工作，总是没有机会凑到一起进行研究，事情才拖了下来。

　　1985年，攻读方言硕士学位的研究生罗福腾、曹志耘毕业留校，这项工作总算得到了落实。当时的分工是曹起草语音部分，罗负责词汇、语法部分。各部分的内容和体例，是由我分别跟曹、罗二人讨论后确定的。到1986年，语音的初稿约10万字已全部完成，词汇的卡片也大部做成。孔昭琪、武传涛两同志的《普通话语音训练》出版以后，社会反映较好，又因为传涛同志在济南，参加了青年人的演讲比赛等多项活动，我们就特地邀请他参加了会话、朗读部分的编写。

　　竞争机制引进了学术界，时间在决定本书命运上有了决定性的意义，这便是我们这本书准备时间虽久最终却落了个仓促付印的原因，为节省印刷费用，减少篇幅及排版的困难，原先设计的一些图表乃至部分内容虽已成稿，也只好忍痛删去，这使我在了却多年心愿的同时又不无遗憾。此外，如何指导全省不同地区的人全面学习普通话，特别是词汇和语法，我们这次还只是初次尝试，现在这样编能行吗？心中是无数的。总之，由于主观和客观的种种原因，本书的缺点错误肯定不少，希望得到读者的批评指正。

　　感谢殷焕先师在百忙中为本书赶写序文，感谢山东大学出版社、章丘县旭升印刷厂、山东省教育厅师范教育处、山东省邮电管理局教育处、山东省广播电视厅地播处、共青团山东省委宣传部、山东省青年管理干部学院专业课教学部、共青团济南市委宣传部及其他朋友们的热情关怀和支持。

钱曾怡

1988年8月写于山东大学